Eine Untersuchung zur Vermittlung der gegenwärtigen erzählenden Literatur Chinas in den deutschsprachigen Ländern (1978-2017)

冯小冰　著

中国当代小说
在德语国家的
译介研究

（1978~2017）

社会科学文献出版社
SOCIAL SCIENCES ACADEMIC PRESS (CHINA)

本书受"西安外国语大学学术著作出版基金"资助出版

目　录

序

小冰的新书就要付梓了，我心中十分喜悦。

早就计划着利用春节长假，为小冰的新书写序，未曾想到这个 21 世纪 20 年代的第一个春节因为新型冠状病毒变得如此不同。一个小小的病毒令有着巨大惯性的社会生活停摆，往日熙攘喧闹的街头不见人影，成千上万的人不得不"宅"在家中。没有哪个时刻能够像今天这样让我们静下心来重新思考我们生活的目的；人与人、人与自然、个体与社会、我们与"他者"、中国与世界的关系。生和死重新将人性、道德、社会秩序这些终极性的问题摆在了我们面前。

新型冠状病毒的脚步并没有止于国门。2 月 14 日开幕的第 56 届慕尼黑安全会议专门为此设置了话题。它促使我们对这些终极性问题进行共同思考及相互交流，因为这种思考和交流才是沟通今天这个世界的纽带。2 月 15 日国务委员兼外交部部长王毅在慕安会上讲道："人类社会已经进入全球化时代，我们有必要摆脱东西方的划分，超越南北方的差异，真正把这个赖以生存的星球看作是一个生命共同体。我们有必要迈过意识形态的鸿沟，包容历史文化的不同，真正把我们这个国际社会看作是一个世界大家庭。"这不是外交辞令，这是一个真情的呼吁。

实现这一呼吁，十分重要的一个路径是文学，因为文学是对人类终极性问题思考的一大体现方式，它对人心灵的启迪最柔和、最温暖，也最犀利、最深刻，而对文学的译介又是摆脱东西划分、超越南北差异的一条必经之路，只有通过译介将这些启迪带给世界，世界才能更美好。有鉴于此，文学及文学的译介不是茶余饭后的风雅，也不是愤世嫉俗的表露，它是维系人类命运共存的支持体系。

自文学出现，它就和生命紧紧地结合在了一起。

德国文学批评家马塞尔·莱希·拉尼奇（Marcel Reich-Ranicki）在他的回忆录《我的人生》（*Mein Leben*）中就动情地讲到他和夫人从波兰华沙集中营逃脱后，一对波兰夫妇冒着生命危险收留了他们，他每晚在这家人的地窖里一边帮着卷烟卷以便在黑市上出售换取食品，一边给主人讲文学故事，坚持了三百多个日夜，直到苏联红军解放波兰。是文学挽救了他和夫人的生命。

今天我们寄望文学和文学译介能够支持世界这个生命共同体的生命。

小冰在这本书中用翔实的数据为我们梳理了自1978年以来当代中国文学在德语国家的译介发展脉络，通过个案研究揭示并分析了文学作品译介中的主要影响因素。这是国内首部系统研究当代中国文学在德语国家译介的著作，凝聚着作者的汗水，体现着一位年轻学者的执着，期待这本书能够给更多译介参与主体以启发。

王建斌

2020 年 2 月 16 日于海淀万柳

前　言

中国当代小说在德语国家的译介始于 20 世纪 50 年代，距今已有 60 多年的历史。但截至目前，学界依然缺乏对于中国当代小说德译的系统性研究。本研究的内容有三：其一，系统梳理 1978~2017 年中国当代小说在德语国家的译介情况；其二，深入剖析影响译介活动的多元要素；其三，探究中国当代小说本体与其德译活动之间的关系。

本研究依托卫礼贤翻译中心数据库和东亚文学杂志数据库，建立了独立的 1978~2017 年中国当代小说德译出版信息数据库。通过对数据的定量分析，研究发现中国当代小说在德语地区的译介经历了三大周期，即 1978~1991 年的高潮、1992~1999 年的低谷、2000~2017 年的新时期。

总体上，中国当代小说的德译情况欠佳，译介缺乏持续性和在场性，读者数量也很有限。报纸、杂志和文集/单行本是中国当代小说德译的三大渠道。德语地区的译介主体以学术和商业出版社为主，多受学术兴趣和商业利益的主导，而中国官方出版社的译介活动则深受国内外政治形势和市场化的影响。从选题上看，译介活动多受意识形态和诗学因素的操控，纪实性、"文革"类、禁书类以及反映中国风物的短篇作品受到德语出版机构的偏爱。

本书以拉斯韦尔的传播模式和文化翻译学派的理论为指导，提出了在文学系统中由译介主体、译介内容、译者、译介渠道、译介受众和译介效果六大环节构成的文学译介模式，文学译介模式中的外部影响因素包括赞助人、意识形态和诗学。文学译介活动具有历史观、整体观和语境观。在这一理论基础上，研究展开定性分析。结果表明：1978~2017 年中国当代小说在德语地区的译介活动受到意识形态、诗学的影响最大，背后又与中国的国家形象和中国当代小说本体的发展变化紧密相关；在固有意识形态和诗学观念的强大惯性影响下，德语读者对中国当代小说的政治和社会学解读视角将长期存在。然而，随着中国当代小说本体回归文学本体，德语读者对中国当代小说的接受逐渐摆脱了固有的思维习惯，不再仅仅局限于政治与社会学的解读视角，而是更加注重作品的文学性并日趋多元化。而这种转变也符合文学译介的历史观。

此外，本书以图书销量和媒体评论为依据，分别选取了三个译介周期内最成功的中国当代小说德译作品，针对影响其译介效果的关键因素及具体的翻译策略展开个案分析。分析显示，这种成功是各个译介环节共同作用的结果，再次印证了文学译介活动的整体观和语境观。再者，在中国当代小说在德语文学系统中身处边缘的情况下，译者主体性作用的发挥是作品成功不可忽视的因素。而译者兼顾作品文学性和可读性的面向源语的"充分性"翻译则更具借鉴意义。因而，中国文学在对外推介的过程中应树立历史观、整体观和语境观，并在此基础上，全面推进文学译介活动的本地化。

Vorwort

Seitdem die Vermittlung der gegenwärtigen erzählenden Literatur Chinas in den deutschsprachigen Ländern in den 50er Jahren des 20. Jahrhunderts ihren Anfang genommen hat, sind bereits über 60 Jahre verronnen. Aber die diesbezügliche systematische Forschung ist bis dato durch ihr fehlendes Vorhandensein wissenschaftlich nicht gerecht. Diese Arbeit sieht ihre Aufgabe darin: (1) eine systematische Bestandsaufnahme der Vermittlung der gegenwärtigen erzählenden Literatur Chinas ins Deutsche von 1978 bis 2017 vorzunehmen; (2) die verschiedenen Faktoren eingehend zu erforschen, die Einfluss auf die Vermittlung ausüben; (3) auf die Beziehung zwischen der gegenwärtigen erzählenden Literatur Chinas per se und deren Vermittlung ins Deutsche einzugehen.

Auf der Basis der jeweiligen Datenbanken des Richard-Wilhelm-Übersetzungszentrums und der Zeitschrift„ *Hefte für ostasiatische Literatur* "wird eine eigenständige Datenbank erstellt, die sich auf die deutschsprachigen Übersetzungspublikationen der gegenwärtigen erzählenden Literatur Chinas von 1978 bis 2017 bezieht. Aus der nachfolgenden quantitativen Analyse ergibt sich, dass die Vermittlung der gegenwärtigen erzählenden Literatur Chinas im besagten Zeitraum insgesamt drei Phasen durchlaufen hat: eine Hochphase 1978-1991, eine Tiefphase von 1992-1999 und den neuen Aufschwung von 2000-2017.

Im Allgemeinen erweist sich die Vermittlung als unbefriedigend. Es mangelt an Nachhaltigkeit und Präsenz, wodurch ein nur sehr kleiner Kreis deutscher RezipientInnen entstanden ist. In der Vermittlungstätigkeit fungieren Zeitungen,

Zeitschriften und buchförmige Anthologien bzw. Einzelausgaben als Hauptvermittlungsmedien. Im deutschsprachigen Raum setzt sich der Vermittlungsinitiator hauptsächlich aus wissenschaftlichen und kommerziellen Verlagen zusammen, deren Vermittlungstätigkeiten jeweils wissenschaftlich und kommerziell motiviert sind. Hingegen sind die Vermittlungstätigkeiten in den chinesischen Staatsverlagen vor allem von der inländischen und ausländischen Politik and der chinesischen Marktwirtschaft abhängig. Bezugnehmend auf den zu übersetzenden Text, kommen Ideologie und Poetik dabei voll zur Geltung. Unter ihrem Einfluss werden realitätsnahe, kulturrevolutionäre, verbotene, sowie landeskundliche chinesische Erzählungen von den deutschsprachigen Verlagen bevorzugt.

In Anlehnung an dieLasswell-Formel konstruiert die Arbeit ein literarisches Vermittlungsmodell, das aus Initiator, dem zu übersetzten Text, Übersetzer, Medium, RezipientIn und Vermittlungseffekt besteht und Sponsorschaft, Ideologie und Poetik als externe Einflussfaktoren einschließt. Dem Vermittlungsmodell ist zu entnehmen, dass die Vermittlungstätigkeit von historischer, holistischer und kontextueller Natur ist. In diesem theoretischen Rahmen werden qualitative Analysen durchgeführt. Daraus geht hervor, dass Ideologie und Poetik die Haupteinflussfaktoren sind, die wiederrum von dem Wandel des Chinabilds im deutschsprachigen Raum und der gegenwärtigen erzählenden Literatur Chinas per se geprägt sind. Unter dem Einfluss der starren Ideologie und Poetik wird die politische und soziologische Interpretationsperspektive langfristig existieren. Allerdings hat sich die Situation mit der Umwandlung der gegenwärtigen erzählenden Literatur Chinas sukzessiv verändert. Unter der „ Umwandlung " versteht man die Rückkehr der gegenwärtigen erzählenden Literatur Chinas von 1978 bis 2017 von der politischen zur literarischen Ästhetik. Diese Rückkehr hat die starre Wahrnehmung der deutschsprachigen LeserInnen gegenüber der gegenwärtigen erzählenden Literatur Chinas verändert. Sie interpretieren heute die gegenwärtige erzählende Literatur Chinas anders als in der Vergangenheit nicht nur aus der politischen bzw. soziologischen Sicht, sondern schenken auch dem literarischen Aspekt der Werke mehr Aufmerksamkeit, was der historischen Natur der Vermittlungstätigkeit entspricht.

Anhand der Auflagenhöhe und der Anzahl der Rezensionen wählt die Arbeit die erfolgreichste Übersetzung aus den jeweiligen drei Vermittlungsstufen aus und führt hinsichtlich der verschiedenen Einflussfaktoren sowie der Übersetzungsstrategien Fallstudien durch. Aus den Studien lässt sich folgern, dass der Erfolg der ausgewählten Werke duch das Zusammenwirken der einzelnen Bestandteile des literarischen Vermittlungsmodells herbeigeführt wird, was die holistische und kontextuelle Natur der Vermittlungstätigkeit erneut untermauert. Vor dem Hintergrund, dass sich die gegenwärtige erzählende Literatur Chinas in der Peripherie des Systems der deutschen Literatur befindet, leistet die Subjektivität des Übersetzers einen wichtigen Beitrag zum Erfolg der Übersetzungen. Der Einsatz der ausgangssprachorientierten *adequate Translation* (adäquate Translation), die aber auch die literarische Ästhetik und die Lesbarkeit des Werks harmonisch miteinander verbindet, hat folglich einen hohen Referenzwert. In diesem Sinne soll man bei der Vermittlung der chinesischen Literatur die historische, holistische und kontextuelle Natur stets berücksichtigen und darauf aufbauend die Lokalisierung der literarischen Vermittlungstätigkeiten in den deutschsprachigen Ländern fördern.

介工程"、2008 年国家图书馆成立的"海外中国学"文献研究中心、2009 年推出的"中国文化著作翻译出版工程"；此外，地方上也纷纷推出"本地文学海外翻译计划"。中国文学外译事业方兴未艾，并且短短几年，便已成绩斐然。其中《大中华文库》项目拟译选题达 200 种，迄今已出版 100 余种。① 就中国当代文学而言，已有 1000 余部作品被翻译出版到国外。②

乍看之下，中国文学外译事业似乎又迎来了新的高潮。然而，在华丽的数据之下，却也暗藏隐忧。仅从译介数量上看，无论是《中国文学》杂志、《熊猫丛书》系列，抑或是 21 世纪以来以《大中华文库》为代表的各种中国文学译介工程，确实可谓硕果累累，但如果从海外传播、接受的实际效果上看，却又是另一番景象。《中国文学》杂志在度过了 1980 年代的繁华之后，从 1990 年代开始，海外读者日益减少。杂志的发行量一路下滑，从开始的 3000 多万册跌至 1995 年的 535.4 万册。③ 2001 年，在多种因素的共同作用下，杂志最终停刊。此外，《大中华文库》的海外接受同样境遇尴尬，在所译的一百七八十册作品中，除个别选题被国外出版机构看中购买走版权外，多数并未进入海外市场。④

当前中国文学外译规模爆发式增长与所译作品海外接受效果不尽如人意的巨大反差引发了各界的热烈讨论。导致这一反差的原因众多：翻译质量良莠不齐、待译作品选择不当、中西文化地位不平等、中国"软实力"的欠缺、出版发行渠道不畅、对目的语读者缺乏了解等。在中国文化走出去逐渐成为国家大政方针重要组成部分的背景下，"如何走出去"便成为一个亟待解答，却又困难重重的问题。

二 中国文学外译研究

从学术研究的视角来看，中国文学的对外译介具有跨学科的特点。而

---

① 参见谢天振《中国文学走出去：问题与实质》，《中国比较文学》2014 年第 1 期。
② 参见储常胜《中国当代文学翻译出版：困与道》，《出版发行研究》2015 年第 2 期。
③ 参见王国礼《建国后中国文学的英语外译作品及其传播效果研究》，《东南传播》2014 年第 6 期。
④ 参见谢天振《中国文学走出去：问题与实质》，《中国比较文学》2014 年第 1 期。

从当前的研究现状看来，开展中国文学外译研究的学科主要为海外汉学、翻译学和文学。各学科学者尝试从不同理论视角来探讨这一当下热门话题，例如传播学、比较文学、社会学、文化翻译学，等等。截至目前，也取得了一定成果。中国文学在英语世界的传播研究现已颇具规模。耿强[①]、郑晔[②]、崔艳秋[③]、鲍晓英[④]、孙会军[⑤]等分别在博士论文或专著中从多个角度回顾了中国文学在英语世界，并且主要是美国的译介情况。而相关期刊论文的数量更是颇为可观。

然而，总体而言，目前国内对中国文学外译的研究才刚刚起步，还存在诸多不足。学者李琴、王和平通过对 2007~2016 年中国知网 CSSCI 来源期刊的相关论文进行调查后指出，现有的中国文学外译研究同质化严重，尚需在四个方面进一步深化和加强。第一，加强系统科学观对研究的指导。现有研究缺乏动态、系统科学观的指导，呈现出静态化、孤立化和零散化的面貌，仍在集中探讨微观的语言转换策略，而没有对译本选择、译者、读者接受以及整体的译介发展历程等宏观因素展开全面的动态研究。第二，研究方法和视角有待拓展。现有研究方法多以个人主观经验为主，缺乏理论探讨和实证研究。第三，加强翻译批评研究，强化翻译理论与实践的联系。第四，加强中国文学在非英语国家的译介研究。[⑥] 谈及"海外"，学界多以"欧美"为中心，论及"欧美"，又总以"英、美"为代表。虽然英语在世界上的使用范围最为广泛，从学术角度自然应给与更多关注。但如果仅以"英、美"来代指"海外"，则不免有以偏概全之嫌。

---

① 参见耿强《文学译介与中国文学"走向世界"——"熊猫丛书"英译中国文学研究》，上海外国语语大学博士学位论文，2010。

② 参见郑晔《国家机构赞助下中国文学的对外译介—以英文版〈中国文学〉（1951-2000）为个案》，上海外国语大学博士学位论文，2012。

③ 参见崔艳秋《八十年代中国现当代小说在美国的译介与传播》，吉林大学博士学位论文，2014。

④ 参见鲍晓英《中国文学"走出去"译介模式研究——以莫言英译作品美国译介为例》，上海外国语大学博士学位论文，2014。该博士论文之后以专著形式出版，名为《莫言小说译介研究》，上海交通大学出版社，2016。

⑤ 参见孙会军《葛浩文和他的中国文学译介》，上海交通大学出版社，2016。

⑥ 参见李琴、王和平《国内翻译与中国文学走出去研究：现状与展望——一项基于 CSSCI 源刊的共词可视化分析（2007~2016）》，《解放军外国语学院学报》2018 年第 1 期。

实际上，海外不同国家的文学市场和读者对中国文学的认知与期待并不完全相同，有些甚至差别明显。因而有必要在研究中对"海外"这一概念进行细分。

以德国为代表的德语国家无论是经济地位还是文化实力都位居世界前列。据统计，在世界范围内，德语出版物的数量排名第三，法语出版物排名第二，排名首位的为英语出版物。① 德语文化的世界影响力由此可见一斑。与此同时，德国还是世界上拥有最多翻译出版物的国家，共计 269724 册（1979~2014）。② 从文化交流的角度来看，中德之间的关系也非同一般，数据显示，译自德语的图书数量在中国所有的翻译出版物中排名第五。2011 和 2012 年，中国更是成为引进德语图书数量最多的国家，分别购买了 1072 和 1050 种图书的版权。中国也借此成为德国书商最重要的贸易伙伴。③ 然而，数据也引出一个问题：中文或中国文学类图书在德语地区的译介情况如何？

面对中国文学，德国汉学界一向有"重古轻今"的学术传统④，德国有关中国古代文学的研究著述汗牛充栋，蔚为大观。与其相比，关注中国现当代文学的学术著作数量则很少。其中最为著名的是德国汉学家顾彬（Wolfgang Kubin）2005 年撰写的《20 世纪中国文学史》（*Die chinesische Literatur im 20. Jahrhundert*）。此外，还有像马汉茂（Helmut Martin）、梅薏华（Eva Müller）、鲍吾刚（Wolfgang Bauer）等一众汉学家对于中国现当代文学的著述。然而，由于汉学家本就精通汉语，无需依赖翻译，因而他们有关中国现当代文学的研究著作关注的多是文学本身，对于翻译问题多是一笔带过。关于中国现当代文学的翻译问题在这些著述中只是零星可见。专门从翻译角度展开的研究屈指可数。而与国外研究相比，国内的文学译介研究起步更晚，基本上在进入 21 世纪之后才逐渐引起学界的关注，

---

① 参见加塞尔（Maria Gasser）《中国当代小说德译研究：中德文学翻译流 1990~2009》，北京外国语大学硕士学位论文，2015，第 24 页。
② 同上，第 26 页。
③ 同上，第 27 页。
④ 参见关愚谦《中国文学如何走出国门？如何成为一个好的翻译家》，《翻译家的对话》，作家出版社，2011，第 49 页。

并且在 2010 年前后才开始相对集中地出现相关研究论述。研究成果多为期刊文章、专著或者博士论文等。

经查证,与中国文学德译相关的国内外研究大致可分为三类,分别为概述式研究、个案研究和名人访谈。概述式研究多以某一特定历史时期为界,回顾、总结中国文学在该历史阶段内的译介状况,属历时研究,这类研究国内最早可追溯至 1988 年俞宝泉发表在《国际论坛》第 1 期上的《中国文学在民主德国》。作者在这篇短文中粗略回顾了中国文学1949 年以来在民主德国的译介情况,列举了一些获得译介的知名作品和作家,其中既包含中国现当代文学,亦有中国古典文学,甚至还包括语言词典的编纂、出版情况。虽然文章具有一定的宣传性质,但依然具备一定的文献价值。概述类研究在国内比较有代表性的学者是曹卫东①、谢淼②和孙国亮③。德国的代表学者为马汉茂④、雷丹（Christina Neder）⑤、尹虹（Irmtraud Fessen-Henjes）⑥、司马涛（Thomas Zimmer）⑦、汉雅娜

---

① 参见曹卫东《中国文学在德国》,花城出版社,2002。
② 参见谢淼《德国汉学视野中的中国当代文学（1978-2008）》,武汉大学博士学位论文,2009。除博士论文外,谢淼还有几篇期刊文章探讨中国当代文学德译问题,如《学院与民间:中国当代文学在德国的两种译介渠道》,《中国文学研究》2010 年第 3 期;《新时期文学在德国的传播与德国的中国形象建构》,《中国现代文学研究丛刊》2012 年第 2 期;《译介背后的意识形态、时代潮流与文化场域——中国当代文学在两德译介的迥异状况》,《比较文学与世界文学》2014 年第 2 期。
③ 参见孙国亮、李斌《中国现当代文学在德国的译介研究概述》,《文艺争鸣》2017 年第 1 期。
④ 参见 Helmut Martin: *Schöne dritte Schwester*, Dortmund: Projekt Verlag, 1996。
⑤ 参见 Neder, C.: "Rezeption der Fremde oder Nabelschau?", 载: Martin, H./Christiane Hammer（Hg.）: *Chinawissenschaften-Deutschsprachige Entwicklungen. Geschichte, Personen, Perspektiven*, Hamburg: Institut für Asienkunde, 1999, 612-626。
⑥ 参见 Fessen-Henjes, I.: "Übersetzen chinesischer Literatur in der DDR-Ein Rückblick", 载: Martin, H./Christiane Hammer（Hg.）: *Chinawissenschaften-Deutschsprachige Entwicklungen. Geschichte, Personen, Perspektiven*, Hamburg: Institut für Asienkunde, 1999, 627-642。
⑦ 参见 Zimmer, T.: "Das Stiefkind der Globalisierung. Einige Überlegungen zum Problem des Übersetzens aus dem Chinesischen", 载: Martin, H./Christiane Hammer（Hg.）: *Chinawissenschaften-Deutschsprachige Entwicklungen. Geschichte, Personen, Perspektiven*, Hamburg: Institut für Asienkunde, 1999, 643-652。

（Christiane Hammer）[①] 和吴漠汀（Martin Wösler）[②]。与概述式的广泛覆盖不同，个案研究多选取某一特定的中国当代作家或者某一特定的当代作品作为研究对象，展开以点带面的研究，代表学者如宋健飞[③]、崔涛涛[④]、陈民[⑤]、孙国亮[⑥]、赵亘[⑦]、张世胜[⑧]。名家感悟与访谈则多是以德国汉学家和翻译家的个人经验总结为内容的访谈或者学术会议报告，例如刘江凯的《关于中国文学研究与中国当代文学——德国汉学家顾彬教授访谈》、高立希的《我的三十年——怎样从事中国当代小说的翻译》、中国网的《致力于文化交流——汉学家阿克曼的中国不了情》、杜雪琴的《当代中国文学在德国——乌尔里希·雅奈茨基访谈录》。[⑨]

综合来看，虽然国内外学界看待中国当代文学德译的视角众多，涉及多个层面，但基本得出以下两点共识：首先，中国当代文学在德国的整体

---

① 参见 Hammer, C.："Kulturaustausch im Modernisierungsrausch. Über neuere Literatur aus der VR China, die Rolle der Autoren und die Politik des deutschsprachigen Buchmarkts"，载：Martin, H./Christiane Hammer（Hg.）：*Chinawissenschaften-Deutschsprachige Entwicklungen. Geschichte, Personen, Perspektiven*，Hamburg：Institut für Asienkunde，1999，653~671。1997年马汉茂主持召开了德国汉学协会第八届年会，全面总结德语区汉学的历史，并与1999年将大会报告结集出版，名为 *Chinawissenschaften-Deutschsprachige Entwicklungen. Geschichte, Personen, Perspektiven*，该书于2005年被译为中文在国内出版，名为《德国汉学：历史、发展、人物与视角》，雷丹、尹虹、司马涛和汉雅娜四人的著述便收录于该文集，是迄今德国汉学界从翻译视角对中国现当代文学德译最系统、最集中，同时也是最为全面的阐述。

② 参见 Martin, Wösler（Hg.）：*Chinesische Literatur in deutscher Übersetzung*，Bochum：Europäischer Universitätsverlag，2010。

③ 参见宋健飞《德译中国文学名著研究》，外语教学与研究出版社，2016。

④ 参见 Cui Taotao：*Der chinesische Literaturnobelpreisträger Mo Yan in Deutschland-Werke, Übersetzungen und Kritik*，Würzburg：Königshausen & Neumann，2015。

⑤ 参见陈民《苏童在德国的译介与阐释》，《小说评论》2014年第5期。

⑥ 参见孙国亮、李偲婕《王安忆在德国的译介与阐释》，《小说评论》2018年第5期；孙国亮、沈金秋：《张洁作品在德国的译介与接受研究》，《当代文坛》2019年第6期。

⑦ 参见赵亘《新时期女性作家在德语世界的译介与接受》，《小说评论》2017年第5期。

⑧ 参见张世胜《贾平凹在德语国家的译介情况》，《小说评论》2017年第3期。

⑨ 参见刘江凯《关于中国文学研究与中国当代文学——德国汉学家顾彬教授访谈》，《文艺现场》2011年第1期；高立希：《我的三十年——怎样从事中国当代小说的翻译》，《外语教学理论与实践》2015年第1期；《致力于文化交流——汉学家阿克曼的中国不了情》，中国网，http://www.china.com.cn/international/txt/2008-07/08/content_15975693.htm，2006；杜雪琴：《当代中国文学在德国——乌尔里希·雅奈茨基访谈录》，《外国文学动态》2011年第2期。

传播和接受情况不佳，背后原因纷繁复杂；其次，中国当代文学德译是一个极其复杂的社会活动，参与者与构成环节众多，并且受到内外因素的影响，绝不仅仅只是文本的翻译那么简单，因而中国当代文学在德国接受不佳的原因自然也就众说纷纭。当前的研究中虽不乏真知灼见，但研究整体呈现出零散、个人化的特点。与中国文学英译研究相比，中国当代文学乃至中国文学德译研究略显滞后。具体体现在以下三个方面。

第一，从研究对象上来看，现有的研究要么将中国文学作为一个整体，要么将中国现当代文学作为一个整体，还没有对于中国当代小说在德语世界的译介情况进行专门探讨的。整体性的研究虽然能够在文学类别和时间跨度上涵盖更广的范围，但最终却不免会使研究存在广而不深之嫌。此外，中国古代文学与中国现代文学以及中国当代文学虽在时间上存在承续关系，但在内容上却截然不同。再者，不同时期的文学又可细分为不同的文学体裁，如小说、诗歌、戏剧等，而不同文学体裁又呈现出迥异的文本和发展特点。虽然研究的主题关乎译介，但译介活动与文学本体之间的密切关系使文学本体在时间和类别上的差异性成为译介研究必须要考虑的因素。从这个意义上看，现有的中国文学德译研究似乎显得有些"简单粗暴"，译介研究需要进一步细化。

第二，从理论视角上看，当前的研究除个别从文学角度出发谈及译介之外，鲜有运用翻译理论展开研究，正是由于研究缺乏科学的理论架构，当前研究在谈及译介问题时才会出现众说纷纭，莫衷一是的现象。研究的全面性和系统性尚有所欠缺。

第三，从研究方法上看，当前的研究多以定性研究为主，量化研究明显不足。除了雷丹、马汉茂、崔涛涛、孙国亮在各自的研究中使用过定量的研究方法，其余研究则仍属于定性研究，尤其是名人感悟和访谈类研究。因此，目前中国文学德译研究在方法上还比较单一，系统的定量研究成果不足。

综上，国内外学界对于中国现当代文学的德译研究尚处于起步阶段，研究的系统性和科学性皆有待进一步加强，还具有较大的拓展和完善空间。

三 研究思路及各章主旨

用数据说话是本书的一大特色，为此本书以德国卫礼贤翻译中心数据库和东亚文学杂志数据库这两大中国文学德译出版信息数据库为基础，建立1978~2017年中国当代小说德译信息出版数据库，并将其作为系统回顾1978年以来中国当代小说德译发展历程的重要工具。在此基础上，以传播学和文化翻译学相关理论为基础，构建出文学译介模式，围绕译介模式中的译介主体、译介内容、译者、译介渠道、译介受众和译介效果等要素来梳理1978年以来中国当代小说德译的译介史。在此过程中同时探究译介活动的影响因素，如意识形态、诗学、赞助人等。研究关注的焦点不再仅仅局限在译本的微观翻译策略层面，而是从更为宏观的社会历史文化视角来审视译介活动及其影响。再者，本书还选取不同译介周期内的典型个案，用点面结合的方式来实现理论与数据间的互证，进而论证所构建的文学译介模式的适切性，并以此在研究路径上实现从宏观到微观。

此外，在结合数据和文学译介模式梳理译介史的同时，研究关注的另一焦点在于构建中国当代小说德译与中国当代小说本体发展之间的互动关系。研究的核心理念在于将中国当代小说德译本及其诞生和接受的过程视为一面镜子，一方面将其作为"历史之镜"来反映德语地区对中国当代小说及中国当代文学整体的接受态度和偏好，了解中国当代文学在德语地区的整体生态；另一方面将中国当代小说德译视为"他者之镜"，探究从自身到他者这一变化过程中所发生的碰撞、变形、质疑以及认同，并以此来反观中国当代小说自身。一如戴得尤斯（Karl Dedecius）所言，深入异语的灵魂，我们才能真正发现自身语言的潜力和美妙之处。① 这一观点并不仅仅适用于语言，同样也适用于文学。通过深入德语中的中国当代小说来看待中国当代小说本体，我们同样能够发现其未被发掘的"美"以及存在的不足，从而获得对中国当代小说更为全面、深入的认识。

---

① 参见 Dedecius, K.: *Vom Übersetzen*, *Theorie und Praxis*, Frankfurt/M：Suhrkamp Verlag，1986，176，原话为：Durch das Eindringen in den Geist der fremden Sprache entdecken wir erst eigentlich die Schönheiten und Möglichkeiten der eigenen。

本书除绪论和结论外，主体部分共分五章。

第一章，结合传播学构建中国文学外译的译介模式。该章共分五个小节。第一节简述"翻译即传播"的概念，讨论翻译活动同大众传播之间的相同之处。第二节引入拉斯韦尔（Harold Lasswell）由传播者、讯息、渠道、受传者和传播效果五个环节构成的传播模式。第三节，依照拉斯韦尔的传播模式构建初步的由译介主体、译介内容、译者、译介渠道、译介受众和译介效果六部分组成的译介模式。第四节，借助文化翻译学中的多元系统理论和操控理论，引入影响翻译活动的外在因素，即意识形态、诗学和赞助人，再结合之前的译介模式建立起完整的文学译介模式。第五节，依据所构建的文学译介模式来分析文学译介活动的特点，提出文学译介活动的历史观、整体观和语境观。

第二章，以数据分析为基础，概述中国当代小说从 1978～2017 年在德语世界的译介与接受。该章分为八个小节。第一节着重介绍作为本书研究对象的中国当代小说的内涵与外延以及构成本书量化研究基础的中国当代小说德译出版信息数据库。第二节简要回顾中国当代小说 1978 年以前的译介情况。第三节通过对数据库的初步分析大体呈现中国当代小说 1978～2017 年所经历的三个周期。第四节详述中国当代小说德译的不同渠道和载体，例如报纸、杂志、文集或单行本的图书。由于不同载体所覆盖的读者群体规模不同，因而可以通过译介渠道的分析更为真实地了解中国当代小说在德语世界的生存境况。第五节主要围绕译介主体展开论述，并将考察的重点放在文集/单行本的出版机构上，具体又分为德语地区的出版机构和中国官方出版机构。之后又从德语地区参与译介的 78 家出版社中选取了15 家知名出版社展开进一步分析，从而更为真实地了解中国当代小说在德语地区，尤其是学术圈之外的整体译介与传播情况。第六节概述译介的内容，并通过对译介作品的分析探究译介选题的整体特点和偏好。第七节结合数据梳理中国当代小说德译的译者构成。第八节为本章小结。

第三章，详述 1978～1991 年中国当代小说经历的第一个译介高潮。本章在内容上大致可分为两个主要部分。第一部分以数据分析为基础来呈现20 世纪 80 年代前后中国当代小说的译介面貌，再结合中国当代小说本体的发展以及东西德国的社会政治局势的发展变化来解释造成这一译介高潮的原因和影响因素。第二部分则以图书销量和媒体评论数量为标准而选取的这一时期在德语地区取得成功的小说作品《沉重的翅膀》作为个案，从文本的删节和文化专有因素的处理出发，通过文本对比分析来探究影响译介效果的文本外与文本内因素，例如：意识形态、诗学、赞助人、作品语言特点、译者以及翻译策略。

第四章，细述1992年市场化之后中国当代小说德译的发展历程，具体包括第二（1992~1999）和第三（2000~2017）两个译介时期。与第三章的思路保持一致，该章同样可以分为宏观与微观两个部分，宏观部分除了以数据还原第二和第三个周期的译介原貌之外，同时关注两个周期内中国当代小说本体以及德语各国的社会政治发展、探讨数据背后隐藏的深层因素以及与上一译介周期的不同之处。微观部分则分别选取1990年代和2000年之后的成功译本《美食家》与《兄弟》作为个案；从文化专有项的翻译出发，探讨影响译介效果的文本内外因素及其之间的互动关系，并在最后对三个个案的成功因素进行了共时和历时的对比分析。

第五章，根据媒体评论数量和评论内容分析中国当代小说在德语地区的接受效果。首先，通过整体的媒体评论数量统计和整理来总结1978年以来在德语地区取得热烈反响的作品。其次，通过对《法兰克福汇报》上的评论文章进行分析，探讨德语读者对中国当代小说的解读视角及其成因。

第一章 文学译介模式

翻译的本质是跨文化交流[①]，是对自我与他者关系的建构和反映，以实现自我与他者的双向交流为目标。[②] 作为一种跨文化交流方式，所有译介活动的最终目的因立场不同而又可分为两种：其一，通过译介了解、认识或者学习一个文化他者；其二，通过翻译活动让他者了解本土文化。无论是出于何种目的，首先要满足的前提条件都是要与他者文化中的具体个体建立联系，否则所谓的跨文化交流便只能流于表面，难以深入。中国文学外译也同样如此，无论最终目标多么恢宏，首先还是要让中国文学译作在他者文化中找到自己的知音，否则一切皆是空谈。从接受美学的观点来看，文本只有通过接受才能实现它的功能。文本在被接受之前，作者的创作意图只是暂时存在。接受首先使交流的情景变得完整，进而完善了文本的功能。文本通过接受才最终被实现。作品的生命并不源于它的独立存在，而是由它与人之间的互动所决定。[③] 因此要扩大中国文学、文化的海外影响力势必先要拥有读者，没有读者的阅读与接受，中国文学作品的外译本便失去了生命和存在的意义。

当前中国文学译介数量与接受效果的巨大反差引发了学界的集体反思。除了前文提及的谢天振之外，另有大批国内学界同人对于译介问题展开理论思考。吴攸、张玲认为，文学作品的"译"与"介"同等重要，

---

① 2012 年国际译联翻译日主题。
② 参见刘云虹《翻译定位与翻译成长性——中国文学外译语境下的多元系统论再思考》，《外国语》2017 年第 4 期。
③ 参见 Jauß，H. R.：*Literaturgeschichte als Provokation*，Frankfurt am Main：Suhrkamp，1970，163。

"译"是基础，"介"是目的。① 徐玉凤、殷国明认为翻译研究不仅要关注翻译阶段，更要重视"前翻译"和"翻译后"阶段。② 刘云虹在谈到中国文学外译问题时指出："'翻译什么'要比'怎么翻译'的问题更为重要，因为'择当译之本'不仅关系到翻译成果在异域文化的影响力和生命力，更决定着中国文学、文化'走出去'的内涵与实质。"③ 张春柏在分析中国文学海外接受不佳的原因时表示，翻译策略只是影响文本接受效果的因素之一。④

上述学者在中国文学外译问题上的表述方式和侧重点虽有所不同，但都表达了一个基本观点：中国文学外译研究不能仅仅停留在微观翻译策略的探讨上，而是应该从更加宏观的视角来看待翻译问题。不仅要关注"怎么样译"的问题，更要重视"译得怎么样"的问题，这里"译得怎么样"指的并非传统意义上的翻译批评，而是译作完成之后的传播与接受效果⑤，因为前者学界已争论千年，"忠实"已成常识，至于具体译法，就文学翻译而言，可以允许译者有自己独特的艺术风格与追求，但是"译得怎么样"的问题却长期以来为学界所忽视，现在应当给予更多关注。沿着这一思路，在研究中就须将译介活动精细化为不同环节并对其逐个研究。那么，文学译介活动由哪些环节组成的呢？要回答这个问题，就要从文学翻译的本质和特点说起。

第一节　翻译即传播

德国翻译理论家沃尔夫拉姆·威尔斯（Wolfram Wilss）在《翻译学：

---

① 参见吴攸、张玲《中国文化"走出去"之翻译思考——以毕飞宇作品在英法世界的译介与接受为例》，《外国语文》2015 年第 4 期。
② 前翻译阶段主要关注的是文本选择的阶段，翻译后阶段指的是译本在目的语语境中的传播和接受阶段。具体参见徐玉凤、殷国明《"译传学"刍议：关于一种跨文化视野中的新认识——对谢天振先生译介学的一种补充》，《江南大学学报》（人文社会科学版）2016 年第 1 期。
③ 刘云虹：《中国文学对外译介与翻译历史观》，《外语教学理论与实践》2015 年第 4 期。
④ 参见张春柏《如何讲述中国故事：全球化背景下中国文学的外译问题》，《外语教学理论与实践》2015 年第 4 期。
⑤ 参见谢天振《中国文学走出去：问题与实质》，《中国比较文学》2014 年第 1 期。

问题与方法》一书中指出，翻译是与语言行为和抉择相关的语际交流的一种特殊方式，如果坚持运用语言学的方法来研究翻译问题，会忽略翻译的独有特点，尤其是其作为一种信息传递行为的特点。[①] 德国功能学派的开山鼻祖赖斯（Katharina Reiß）和费梅尔（Hans J. Vermeer）同样认为翻译过程是一个信息传递的过程，译本从实质上来讲是包含原文信息的目的语信息。[②] 国内学者吕俊在谈到翻译的性质与任务时表示："翻译是一种跨文化信息交流与交换的活动，其本质是传播，无论口译、笔译、机器翻译，还是文学翻译、科技翻译，它们所要完成的任务都可以归结为信息的传播。"[③] 姚亮生则指出："翻译是传播的手段和方法，传播是翻译的目的和出发点。翻译是人类社会发展到一定阶段的产物，是较高层面的传播。"[④]

鉴于翻译与传播活动之间的同质关系，在认识翻译过程之前就有必要先了解一下信息传播的基本模式。

第二节　拉斯韦尔传播模式

作为传播学四大奠基人之一的美国政治学家哈罗德·拉斯韦尔于1948年在《社会传播的结构与功能》一书中提出了闻名于世的5W模式，概括了大众传播的基本模式。他指出，传播过程包含五大基本要素：谁（who）→说什么（says what）→通过什么渠道（in which channel）→对谁（to whom）→达到了什么效果（with what effect）。[⑤]

"谁"指的是信息传播者，负责发起和引导传播活动。"说什么"涉及传播的讯息，其内容包含特殊意义的符号，可以是语言符号，也可以是非

[①] 参见 Wilss, W.：*The Science of Translation*，Shanghai：Shanghai Foreign Language Education Press，2001，13-14。

[②] 参见 Reiß, K./Vermeer, Hans J.：*Grundlegung einer allgemeinen Translationstheorie.* 2. *Auflage.* Tübingen：Max Niemeyer Verlag，1991。

[③] 吕俊：《翻译学——传播学的一个特殊领域》，《外国语》1997年第2期。

[④] 姚亮生：《内向传播和人际传播的双向对话——论建立传播学的翻译观》，《南京大学学报》（哲学·人文科学·社会科学版）2004年第3期。

[⑤] 参见哈罗德·拉斯韦尔《社会传播的结构与功能》（中英文版），何道宽译，中国传媒大学出版社，2013，第65页。

语言符号。"通过什么渠道"牵扯信息传播的方式，如：信件、电话、报纸、广播等。"对谁"指的是所传播信息的最终接受者。"达到了什么效果"则反映了信息对接受者产生的影响。①

前四个传播要素决定了最终的接受效果，接受效果的好坏又决定了传播者下一轮传播行为所选择的内容、渠道和受众。因此，拉斯韦尔传播模式如图1-1。

图1-1　拉斯韦尔传播模式

第三节　拉斯韦尔传播模式下的译介模式②

作为信息传播的一种特殊形式，翻译活动在环节构成上也同样遵循信息传播的基本模式，包含相同的五大要素：译介主体、译介内容、译介渠道、译介受众和译介效果（见图1-2）。唯一的不同之处在于，一般传播活动大都只在同一文化背景中进行，而翻译活动则出现了文化转码，是一种更为复杂的传播活动。因此与一般的传播活动相比，译介活动增加了一

① 参见哈罗德·拉斯韦尔《社会传播的结构与功能》（中英文版），何道宽译，中国传媒大学出版社，2013，第66页。

② 按照译介学的观点，翻译研究不仅要关注翻译策略研究，还要重点探讨译作完成后在目的语语境中的传播与接受。因而，从内涵上来讲，"译介模式"要比"翻译模式"的称法更能体现文章的特点以及所关注的重点。参见谢天振《译介学导论》增订本，译林出版社，2013。

个参与者，即译者。

图 1-2　译介模式

译介主体指的是译介活动的发起人，可以是个人，也可以是机构；可以为译者个人，也可以是译介活动的组织者，比如：出版社、企业、国家机构等。译介主体与作品原作者在个别情况下重合，但多数情况下独立存在，例如，有些作家希望扩大自己作品的影响力，自发提出将个人作品译为外语，这时的译介主体与原作者便是同一人。译介主体不同，其发起译介活动的目的也就有所区别，而译介目的决定了文本的选择以及译文所要满足的要求，进而也会影响译者翻译过程中对翻译策略的选择。①

译介内容，就文学翻译来讲，首先涉及不同的文学体裁，如诗歌、小说、散文、戏剧等，再细分的话，各种体裁又包含不同的风格和流派。对译介内容的研究可以直接反映目的语文学市场的整体状况以及受众的需求和期待。

译介渠道涉及译本进入目的语国的方式，例如书店、电影、电台等。译介渠道的不同会影响作品呈现的方式以及作品所能覆盖的受众范围。例如，很多文学作品先以电影的形式出现，之后才以译本的形式出现在读者面前，

---

① 参见 Nord，C.：*Textanalyse und Übersetzen. Theoretische Grundlagen*，*Methode und didaktische Anwendung einer übersetzungsrelevanten Textanalyse*. 4. *Überarbeitete Auflage*. Tübingen：Julius Groos Verlag，2009，8。

其所达成的效果与直接以译本形式进入文学市场的作品又有所不同。

由于与一般的传播活动不同，在译介活动中存在一个文化转码的过程，而文化转码的执行者主要是译者（当然很多情况下也会有编辑的参与）。因此译者作为译介活动的重要参与者不可或缺。如果说译介主体决定了译介内容，那么译者在很大程度上决定了译介内容的呈现方式。

译介受众指的是译本的接受者。同样以文学为例，出于历史原因，文学译本的受众对于特定类型或者国别的文学作品大都会在阅读之前就已形成特定期待，所谓"期待"，接受美学将其称为"期待视野"或"期待视界"（Erwartungshorizont），指的是"文学接受活动中，读者原先各种经验、趣味、素养、理想等综合形成的对文学作品的一种欣赏要求和欣赏水平，在具体阅读中，表现为一种潜在的审美期待"。① 具体而言，对一部作品的"期待视野"要"从该作品问世时读者对该类作品的前理解、从此前已熟识的作品形式与主题、从诗歌语言和实用语言的对立中产生"。②

作为文学子系统的翻译文学，译介受众同样对其存在期待，而这些期待受制于目的语文化中流行的翻译传统，同时也受制于目的语中同类或者相似文本的形式。此外，它们还会受到文化内和文化间经济、意识形态因素以及权力关系的影响。从内容上看，读者对于翻译作品的期待涉及文本类型和对话习惯、语法性、搭配、用词等方面。③

译介受众的"期待视野"又因读者类型不同而有所区别。具体来讲，读者主要分为两类：专业读者和非专业读者。就中国文学译本来讲，专业读者包括目的语国汉学家、文学评论家以及翻译家，他们具有较高的文化教育水平和专业知识，在社会中也拥有更多的话语权，因而他们的意见具有较强的导向作用。非专业读者，即目的语国不懂汉语的普通读者以及汉

---

① 朱立元：《接受美学导论》，安徽教育出版社，2004，第61页。

② Jauß, H. R.：*Literaturgeschichte als Provokation*，Frankfurt am Main：Suhrkamp，1970，173-174，原文为：…Bezugssystem der Erwartungen beschreibt, das sich für jedes Werk im historischen Augenblick seines Erscheinens aus dem Vorverständnis der Gattung, aus der Form und Thematik zuvor bekannter Werke und aus dem Gegensatz von poetischer und praktischer Sprache ergibt。

③ 参见 Chestermann, A.：*Memes of Translation：The spread of ideas in translation theory. Revised edition*，Amsterdam/Philadelphia：John Benjamins Publishing Company，2016，62。

语初学者，他们接触源语文学译本时，具有非专业欣赏和娱乐消遣的特点，但这部分读者决定了源语作品在目的语国的传播广度与深度。

译介效果既是之前译介活动不同技术操作环节的结果，更是它们的目标，并且也是检验技术环节成功与否的标准。就中国当代小说德译来讲，译介效果直接决定了中国当代小说在德语世界的影响力以及在此基础之上建立的文学地位。而对于译介效果却存在多种评判标准和角度，例如翻译批评的角度、文学的角度等，并且不同的群体对于这一概念也有不同的理解。在本书中，"译介效果"的概念更多是从读者接受的角度来界定，这里的读者特指更侧重于汉学界以外的普通德语读者群体。为了能够科学、客观地考察小说译本在普通德语读者群体中所产生的反响，本书为"译介效果"设定了两个可以量化的参考标准，即译本销量和译本所获得的媒体评论数量。这一衡量标准也是本书个案分析部分筛选研究案例的依据。

上述六个环节各自独立，却又相互影响，相互制约。译介主体的译介目的决定了译介内容、译介渠道以及译介效果。此外，译介主体对译介内容的选择又会受到译介受众已有需求和期待的影响，所有这些因素共同决定了最终的译介效果，而译介效果则会影响下一轮译介活动的各个环节。译介活动以此模式循环往复。

第四节　文学译介模式

拉斯韦尔在探讨如何实现有效传播时指出，对于传播环境的"无知"①，是实现有效传播的障碍之一。他在书中虽未明确指出传播环境的具体所指，却也借此表明，传播活动不是凭空发生，而是在特定环境中进行。以此类推，翻译活动也同样如此。文化翻译学派的苏珊·巴斯奈特（Susan Bassnett）认为，翻译所涉及的问题远远超过两种语言间词汇和语法项目的替换，并且翻译活动永远不可能在真空里产生，也永远不可能在

---

① 哈罗德·拉斯韦尔：《社会传播的结构与功能》（中英文版），何道宽译，中国传媒大学出版社，2013，第86页。

真空里被接受。① 翻译的产生与接受都是在一定语境下进行的，这个语境就是社会文化语境。

具体到文学翻译活动与社会文化语境的关系时，埃文·佐哈尔（Itamar Even-Zohar）在多元系统理论（Polysystem theory）中提出，各种社会符号或现象是作为一个完整的系统而存在的。社会这一系统包括文学、宗教、政治等不同子系统。多元系统具有开放、异质、等级和动态的特点。这意味着一个系统中的不同层面不仅相互互动，并且始终会为了系统中的主导权而不断争斗。更因为一个系统中存在中心和边缘，所以它们之间始终充斥着一种对立关系。因此，在文学这个多元系统中，不同的文学流派会为了保持中心位置抑或夺取中心位置而争斗不休。② 一般而言，被广泛认可的文学规范和作品（包括模式和文本）位于文学系统的中心位置，获得了"经典化"地位。它们会因此被社会保留下来，成为历史遗产的一部分。③ 然而，这些文学规范和作品的中心地位并非一成不变。随着时代和文化的发展，它们可能会失去中心和经典化地位，进入系统的边缘。而那些原本"非经典化"的文学规范和作品则有可能随着社会变革而逐渐获得广泛认可而进入文学系统的中心，从而实现自身的"经典化"。

文学系统又可细分为儿童文学、成人文学、翻译文学等亚系统。其中的翻译文学系统必然也与其他平行子系统以及上级系统之间产生各种各样的联系与互动，彼此之间相互制约，相互影响。翻译文学系统同其他系统间的等级和互动关系不单单会影响多元系统的演进变化，同时也会对翻译义学系统的生产程序施加影响，例如对于源文本、译者乃至翻译策略的选择等。④ 正因如此，研究文学翻译活动就必定要将其置于大的社会文化背景中，而不应仅仅关注文学翻译活动的最终产品——译本。否则就会将因这些关系和互动所导致的翻译归咎为一般意义上所谓的"错误"或"误

---

① 参见 Bassnett, S. / Lefevere, A.：*Constructing Cultures*. Shanghai：Shanghai Foreign Language Education Press, 2001, 3。

② 参见 Even-Zohar, I.："Polysystem Theory"，载：*Poetics Today*, Volume 11, Number 1, 12-22。

③ 同上书，15。

④ 参见张南峰《多元系统翻译研究》，湖南人民出版社，2012，16。

译"等。

就翻译文学系统的位置而言，它一般处于文学系统的边缘①，受到处于中心位置的经典化目的语文学传统的制约。这时的多元系统会相对保守。保守在这里指的是翻译文学不得不去迎合现存的文学传统。翻译文学系统在三种情况下会在文学系统中获得地位上的提升，并拥有向文学系统中心移动的可能性：（1）当一个多元系统还未最终成型，换言之，当一个文学系统还很"年轻"，尚处在创建期时；（2）相较于其他文学来讲，某个文学系统尚且比较"弱小"或位处"边缘"，抑或两者兼有时；（3）当一个文学系统出现转折、危机或者真空时。② 就译者而言，当翻译文学在某个文学系统中具有较高地位时，译者会更为注重文本翻译的充分性（adequacy）。充分性意味着译者会着力复制原作的文本关系，而不是用目的语文学系统中的既有文学模式来改写原作。③ 这种文本翻译方式一旦被接受，就会一方面使翻译文学模式变得更为丰富和灵活；另一方面也会改变现有的目的语文学。相反，如果翻译文学处于系统边缘，译者便只能使用现有的次要文学模式（secondary models）来处理文本，文本翻译就显得不充分，偏向译本的可接受性（acceptability）。所谓"可接受性"指的是遵从目的语文化规范的翻译导向。可接受性翻译"将源文及其基于源语特点的独特关系网作为限制源降至次要位置"。④ 从这个意义上来看，翻译文

---

① 参见 Even-Zohar, I.: "The Position of Translated Literature within the Literary Polysystem", 载：*Poetics Today*, Volume 11, Number 1, 1990, 50。

② 同上书，47。

③ 参见 Even-Zohar, I.: "The Position of Translated Literature within the Literary Polysystem", 载：*Poetics Today*, Volume 11, Number 1, 1990, 50。埃文·佐哈尔对于"充分性"的完整定义为：充分性翻译指的是一种翻译，这种翻译在目的语中实现了源文的文本关系，并且没有破坏源语自身（基本）的语言系统。转引自 Toury, G.: *Descriptive Translation Studies and beyond. Revised edition.* Amsterdam/Philadelphia: John Benjamins Publishing Company, 2012, 79, 原文为：An adequate translation is a translation which realizes in the target language the textual relationships of a source text with no breach of its own［basic］linguistic system。

④ 参见 Toury, G.: *Descriptive Translation Studies and beyond. Revised edition.* Amsterdam/Philadelphia: John Benjamins Publishing Company, 2012, 79, 原文为：…thus relegating the source text and its unique web of relations based on SL features to a secondary position as a source of constraints。

学在文学系统中的位置制约着翻译规范的选择。① 那么，要考察中国当代小说在德语国家的译介和接受情况，则势必要一方面观察中国当代小说在德语文学系统中的地位；另一方面还须对具体译本翻译规范的选择进行分析。

埃文·佐哈尔的多元系统理论给中国当代小说在德语国家的翻译与接受这一研究话题提供了一个更为宏观的理论视角，并且对分析译介主体在文本的选择上给予了理论支持。然而，多元系统理论却没有指出影响译介主体译本选择的具体因素有哪些。安德烈·勒弗菲尔（Andre Lefevere）对埃文·佐哈尔的理论做了进一步的拓展，他认为，在文学系统中进行的翻译活动主要受到三大社会文化因素的影响：意识形态（ideology）、诗学（poetics）和赞助人（patronage）。意识形态不仅仅局限于政治领域，而是包括形式、传统和信仰这些决定并调节个人行为的因素。意识形态的作用在于控制文学形式和主题的选择与发展。意识形态又受控于赞助人。赞助人往往位于文学系统之外，指的是所有那些促进或阻碍一部文学作品的写作、接受和改写的力量。这一角色决定了一部文学作品的意识形态、作家和译者的收入及地位，并且可以由不同的机构来担当，比如可以是个人、群体、宗教机构、政党或出版社等。②

诗学包含两个方面。一方面，它指的是关于文学手法、流派、人物原型和情景、象征和题材的一份清单。这份清单有利于维持文学系统的稳定。另一方面，诗学还包含文学在整个社会多元系统中究竟发挥或应当发挥什么样作用的这样一种观念。这种观念从外部影响文学多元系统并因此可以促进文学的新发展。诗学构成的第一个方面涉及的是其构成内容。第二个方面体现的是诗学在文学系统中的功能。诗学的功能要素又显然与外部的意识形态关系紧密，并由文学系统环境内的意识形态力量催生。严格来讲，诗学因素受制于赞助人和文学系统内的专业人士，即：评论家、教

---

① 参见 Even-Zohar, I.：" The Position of Translated Literature within the Literary Polysystem "，载：*Poetics Today*，Volume 11，Number 1，1990，50。

② 参见 Lefevere, A.：*Translation*, *Rewriting and the Manipulation of literary Fame*. Shanghai：Shanghai Foreign Language Education Press，2010，15。

师、编辑以及译者，但赞助人作为专业人士的上层机构对于意识形态的关注要远高于诗学。因而，诗学的控制人实为文学系统内的专业人士。[①]

勒弗菲尔所说的赞助人、专业人士同上文提及的译介主体均是文学翻译活动中的重要角色。但是涉及的角度和层面不同，前面两者侧重点在于文学翻译内外各因素的相互关系，属于宏观层面；而译介主体则涉及翻译的组织执行，属于技术层面。从内容上看，三者之间有重合的部分，他们之间并无严格区分。视具体情况不同，他们可以相同，也可以不同。以中国文学外译为例，在目的语国的汉学界，汉学家出于个人兴趣翻译一本中国文学作品，译成之后再发表在自费创办的刊物上。在这种情况下，汉学家不仅是译者和译介主体，同时也扮演了赞助人和专业人士的角色。有时候，译者的翻译活动会受到官方机构的赞助，这时候译介活动的发起人便与赞助人相区别。在一般的目的语国文学市场上，译介主体与赞助人通常情况下由出版社或文化机构担当。虽然译者以及专业人士能够提供建议，但是译介文本的选定与译介活动的发起还是由出版社掌控。

借助传播学，翻译活动的整个流程得到清晰的呈现。而通过文化翻译学派的多种理论，翻译活动，尤其是文学翻译活动所处的社会文化背景以及宏观影响因素也得以明晰。将其融合在一起，文学译介活动的过程及其在目的语文化中所处的位置便比较清楚，具体如图1-3所示。

在目的语文化中，源语文学同其他同类文学一道作为独立的子系统存在于目的语国翻译文学这一属系统中，由于系统又有中心和边缘之分，各方为了争夺系统中心位置而相互竞争，各源语文学都希望占据目的语文化中翻译文学系统的中心位置并保持这一位置，进而才有可能逐级而上进入目的语文学及其文化的主流视野。同时，处在各系统中心位置的子系统也会竭力保持自己的位置，排挤处在非中心位置并企图夺取中心位置的其他子系统，因而系统之间总是处在相互作用、相互竞争的状态之下。要在同

[①]　参见 Lefevere, A.：*Translation，Rewriting and the Manipulation of literary Fame*. Shanghai：Shanghai Foreign Language Education Press，2010，14、26-27。

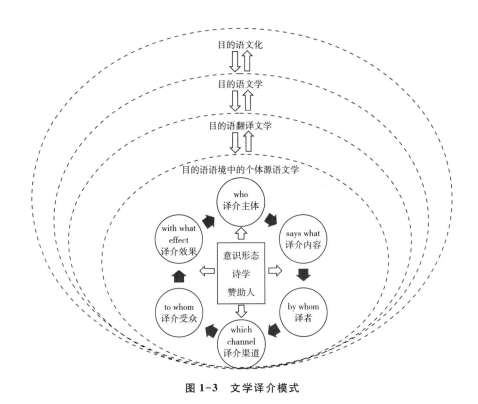

图 1-3　文学译介模式

其他源语文学的竞争中占得优势，起决定作用的便是翻译活动的各个环节能否流畅衔接，获得良好的译介效果。而要取得好的译介效果，就同时要考虑影响译介活动的意识形态、诗学和赞助人因素。

第五节　文学译介模式下的文学译介

一　文学译介的历史观

文学系统的动态性使文学译介活动增加了历史和发展的维度，也即翻译的"成长性"。① 这意味着，译介活动具有阶段性发展的特点。歌德曾提

① 刘云虹：《翻译定位与翻译成长性——中国文学外译语境下的多元系统论再思考》，《外国语》2017 年第 4 期。

出文学翻译的三个发展阶段及相应的翻译策略：第一阶段，译者帮助我们用自己的方式来理解外来事物，实为语言上的归化翻译，即用熟悉的语言传递陌生的信息；第二阶段，在语言归化的基础上更进一步，对作品的内容和思想也进行归化，力图在原文内容的基础上，加以改写；第三阶段，追求与原作完全一致，采用近乎逐行对应的译法。[①] 今天看来，三阶段论虽然在内容上还有值得商榷之处，但它却极好地体现出文学译介活动的历史观与发展观。这同时也表明，读者的阅读口味可以通过逐步引导而加以改变。如此来看，无论是迎合读者口味的选题以及归化策略，还是降低文本可读性的异化方法都有其合理性，关键取决于当时文学译介活动所处的历史发展阶段。如果一国文学在目的语国尚且处于译介传播的初始阶段，那么归化为主的策略无疑更加适合拓展读者群体。相反，如果一国文学在目的语国已经拥有相对长久的传播基础和较为庞大的读者群体，那么读者阅读的宽容度会更高，译介活动也会拥有更多选择。这个时候，异化为主的翻译策略无疑更有利于读者了解该国文学、文化更为多样的面貌。

　　从中国文学英译来看，中国文学在英美文学系统中目前尚处于边缘地带。美国翻译家，同时也是"纸托邦"（Paper Republic）的创始人陶建（Eric Abrahmsen）表示，海外读者对于中国文学不存在喜欢或者抵制的问题，而是根本对其一无所知。[②] 美国汉学家桑禀华（Sabina Knight）也表示："在美国提到中国作家，连美国知识分子也可能只知道高行健和莫言而已。"[③] 中国文学的对外译介传播尚处于初始阶段，国外读者对于中国文学缺乏了解和需求。[④] 这是中国文学海外接受不佳的内在原因。中国文学

---

① 参见王辉《从歌德的翻译三阶段论看归化、异化之争》，《外国语言文学研究》2006 年第 2 期。

② 参见刘爽爽《翻译中国文学有多难：像用细水管连接水坝》，http：//news. k618. cn/finance/cjxs/201609/t20160927_9065195. html，2016。

③ 桑禀华：《解读中美文化交流中的差异》，中国作家协会外联部（主编）《翻译家的对话Ⅲ》，作家出版社，2015，第 193 页。

④ 参见马会娟《英语世界中国现当代文学翻译：现状与问题》，《中国翻译》2013 年第 1 期；类似观点参见张南峰《文化输出与文化自省——从中国文学外推工作说起》，《中国翻译》2015 年第 4 期。

目前在海外的主要任务在于培养读者。为实现这一目标，译本和翻译策略的选择就需要灵活对待，适当妥协。从这个角度来看，无论是葛浩文（Howard Goldblatt）还是出版社编辑对于中国文学译本的删改便有其合理之处。葛浩文译本的成功当然有作品本身的原因，但是他所采用的翻译策略也功不可没。清末翻译家林纾在翻译西方小说时采用了更为大胆的归化策略，甚至将原著改译为章回体小说，当时刚刚进入中国的西方小说正是通过林纾的这种"改译"才获得大范围传播，而今天的我们却早已习惯了更加"原汁原味"的西方译本。这是译介活动阶段性特点的最好体现。因此，面对今天中国文学外译的种种妥协或者不尽如人意之处，我们需以发展的态度理性对待。

二　文学译介的整体观

文学译介活动包含六个环节：译介主体、译介内容、译者、译介渠道、译介受众和译介效果。它们共同决定了译介活动的成功与否，因而译介活动便具有了一种整体观。从这个角度来看，学界部分学者将中国文学海外（主要是英语世界）接受不佳的原因完全归结于译者翻译能力和翻译策略上的说法就有失偏颇。译者的翻译活动固然是整个译介活动中的重要一环，但也仅仅只是环节之一而已。无论是译介活动的发起还是译本的选择，抑或是译介渠道的确定都不是译者个人所能决定的。中国文学译者葛浩文曾直言，　部作品能否翻译，很多时候要看出版社的决定。① 中国文学的德语翻译家高立希（Ulrich Kautz）和马海默（Marc Hermann）也都曾表示，在译本的选择上，他们基本都遵从出版社的安排，极少提出个人建议。② 此外，即便译者在翻译环节拥有自主性，但是在译本完成时，出版社的编辑依然有权对文本进行删减、调整。所以很多时候学者批评某些译本不够忠实，删改过多等其实与译者并无太大关系。译者在译介活动中固然身肩重任，但是良好译介效果的实现却需要各个环节的顺利进行和完美

---

① 参见季进《我译故我在——葛浩文访谈录》，《当代作家评论》2009 年第 6 期。
② 该内容出自笔者与两位译者的对谈。

衔接。任一单个环节的运行不畅都会影响最终的接受效果。因而我们在看待译介活动时要树立整体观，在关注单个环节的同时更要通观全局。

三　文学译介的语境观

从文学译介模式来看，由于译本多数都在目的语语境下发挥作用，整个译介活动自然也一般在目的语语境中进行。有鉴于此，翻译理论家图里（Gideon Toury）曾指出：翻译研究应当以目的语为导向。他表示，翻译是一个存在于目的语文化体系中的文化事实。[①] 然而，在现实情况中，由于实际条件的限制，如政治上对立或者当源语文学译出的愿望远远高于目的语对于源语文学的需求时，发生在源语语境中的面向目的语受众的译介活动便成为常见现象，例如中国文学外译。

表面上看，目的语语境下的译入与源语语境下的译出只是角度和立场的不同，译介的对象、流程和影响因素未曾发生变化，但其实际内涵却发生了改变。无论在目的语语境还是在源语语境中进行的译介活动，都受到意识形态、诗学等因素的影响，但意识形态和诗学只有依附于具体的社会文化语境才能存在。语境不同，两者的内涵也会随之变化，有时甚至会相去甚远。译介活动影响因素内涵上的改变会造成译介活动根本上的不同。

除此之外，一如前文所述，译本最终发挥作用的语境是目的语语境[②]，面对的受众也是目的语语境中的读者，因此与在目的语语境下生产出的译本相比，诞生于源语语境中的译本还要多经历一个语境的转换与适应过程。以此来看，目的语语境中的译介活动便比源语语境中的译介活动在译介效果上更具优势。这也决定了源语语境下进行的译介活动只能在整体译介活动中发挥辅助作用，主角依然是目的语语境下的译介活动。

以文学译介的语境观来看待中国文学外译活动，许多问题便能找到其症结所在。无论是《中国文学》杂志、《大中华文库》，还是各种文学外译

---

① 参见 Toury, G.: *Descriptive Translation Studies and Beyond. Revised edition.* Amsterdam/Philadelphia: John Benjamins Publishing Company，2012，17–18。

② 当然出于一些特殊目的也有一些目的语译本仅在源语语境中发挥作用，例如专供源语人群学习目的语用的译本和材料，但这些文本不在本研究的讨论之列。

工程，皆是源语语境下的译介活动，受到源语语境中的意识形态、诗学等因素的操控，最终生产出的译本还要经历一个由汉语语境到目的语语境的转变。其最终适应效果如何则受控于中国文化和目的语文化语境间的差异程度，而这种差异不言自明。因此，上述诸多外译工程产出的译本海外受挫便在情理之中了。

依据研究构建的文学译介模式，笔者提出了文学译介活动具有历史观、整体观和语境观的理论假设。虽然只是将文学译介作为整体来谈，但中国当代小说德译亦在适用之列。因而，这一理论假设自然也适用于中国当代小说在德语世界的译介。在接下来的章节中，本书一方面以其为理论指导，构建中国当代小说德译研究的框架；另一方面将通过定性和定量的方法进一步求证这一理论假设的适切性。

第二章　1978~2017 年中国当代小说德译概述

第一节　中国当代小说与中国当代小说德译
出版信息数据库

一　中国当代小说

本书选取的研究对象为德译中国当代小说，既涉及中国当代小说，亦包含其德译本，其中便包含了一个跨越不同文化语境的过程。因而"中国当代小说"这一概念的内涵便有些变化。在此有必要对其加以界定。

1949 年中华人民共和国成立，标志着中国进入了一个新的历史阶段。这一新生的人民民主专政的社会主义制度重塑了中国文学存在的社会文化环境。五四运动之后到 20 世纪 40 年代的文学还是新民主主义性质的文学，1949 年之后的中国文学则具备了社会主义属性。[①] 正是由于文学性质的变化，1949 年之后的中国文学便与五四运动之后的新文学有所区别。

1949 年 7 月 2 日至 19 日，中华全国文学艺术工作者代表大会（即第一次文代会）在北平举行。此次会议系统回顾了五四新文化运动之后的中国文学，尤其对 20 世纪 40 年代的国统区、沦陷区和解放区的文学做了梳理和评判。会议最终将延安文学树立为文学的正统与范本，并在全国范围内推广，从而正式拉开了中国当代文学的序幕。虽然之后随着时间的发

[①] 参见李赣、熊家良、蒋淑娴《中国当代文学史》，科学出版社，2004，第 2 页。类似观点参见洪子诚《中国当代文学史》，北京大学出版社，2007，第 2 页；孟繁华、程光炜《中国当代文学发展史》，人民文学出版社，2004，第 2~3 页。

展，学界对于以意识形态和社会历史的断代方式来划分中国文学的方法表示质疑，并提出许多新的文学分期理念，例如"20世纪中国文学"的提法，但整体而言，以1949年为时间节点的中国当代文学划分方式依然为主流学界所认可并使用。

本书沿用了学界的主流分期方法。文中涉及的中国当代小说皆指1949年之后中国大陆作家以及具有大陆生活背景的海外华人作家所撰写的作品。港、澳、台地区由于社会制度和历史发展背景的不同，其文学也呈现出与大陆文学迥异的发展路径和面貌，值得专门撰文研究。为保证研究的深度，本书并未将其纳入研究的考察范围。此外，本书将具有大陆生活背景的海外华人作家也纳入研究范畴主要是从读者接受的角度来考虑。虽然就国籍而言，这些海外华人作家已不能称为严格意义上的中国作家。他们中的一些甚至已不再以汉语作为创作语言，但他们的小说讲述的依然是中国故事，更确切地说是发生在大陆的中国故事。从读者接受的角度来看，他们和中国大陆本土作家并无太大差别。

再者，由于译介过程中文化背景的变化，一些非小说体裁的中国文学作品在译介到德语语境的过程中也被视为小说作品，例如已故作家杨绛于2003年创作的长篇散文《我们仨》，作品讲述了作家一家三口几十年相守相助的平淡家庭生活。在中文语境下，作品中涉及的人物身份广为人知，因此读者可以轻易地判断出，这并非虚构的小说作品。然而到了德语语境中，作品人物和作者关系的信息对于读者而言是缺失的，因此德译本仍被当作小说作品来阅读，德译本封面明确注明这是一部长篇小说（Roman）。对于这类作品，本书同样从德语读者接受的角度出发，将其作为小说作品纳入数据统计和分析的范围中。

二　中国当代小说德译出版信息数据库

坚持用数据说话，尽可能确保研究的客观性与科学性是本书秉承的理念。为此，本书专门建立了涵盖1978～2017年的中国当代小说德译出版信息数据库。数据库中的出版信息分别源自德国波鸿大学卫礼贤翻译中心（Richard-Wilhelm-Übersetzungszentrum）和东亚文学杂志（*Hefte für ostasiatische Literatur*）

这两个关于中国文学作品德译的出版信息数据库。上述两大数据库的数据信息和原始文献构成本书量化研究的基础，因而在此对两大数据库作简要介绍。

1. 东亚文学杂志数据库

该杂志是一本专业文学杂志，创刊于 1983 年，中国文学部分的初始编委成员包括顾彬、马汉茂、包慧夫（Wolf Baus）、梅儒佩（Rupprecht Mayer）、阿克曼（Michael Kahn-Ackermann）等，基本涵盖了德国当时以及现在的知名汉学家和翻译家。

杂志创办之初，一年出版一期，之后稳定在每年两期，旨在向德国读者推介中日最新作家及其作品，后来韩国文学也被纳入推介范围。创刊之初，在莫芝宜佳（Monika Motsch）教授和弗洛里安·赖兴格尔（Florian Reissinger）的提议之下，杂志开始着手建立与中国有关的出版文献数据库，具体由鲁毕直（Lutz Bieg）教授负责。杂志编委一开始就明确指出："对于文献收录而言，出版物的重要性无关紧要。我们会收录一切相关出版信息，无论是博士论文，抑或是刊登在手工业者行会杂志上的单个诗歌译文。"① 从中不难看出该数据库内容的全面性。

杂志每年会将之前一年所有以德语出版并与中国有关的文献做成目录，在杂志的最后部分列出。涵盖的时间范围从 1983 年杂志创刊之日起至今，从未间断。另外，为了便于检索，杂志对于出版文献进行了极为细致的分类，常设目录包括"古代文学"、"现当代文学"和"其他"共计三个大类，"其他"涵盖了除文学以外所有涉及中国的出版物，如：美学、传记、中国形象、电影、电视、漫画、戏剧，并且会根据之前一年出版物的具体类别而临时增加新的分类。因此，该数据库的主要特点在于数据全面，时效性强。截止到 2018 年，该数据库的出版物在录条目已经累积到

---

① 参见 Baus, W./Klöpsch, V.："Deutschsprachige Veröffentlichungen zur chinesischen Literatur 1982/3"，载：*Hefte für ostasiatische Literatur*，Nr. 2，1984，130，原文为：Wie gewichtig eine Veröffentlichung ist, spielt für die Erfassung keine Rolle. Wir möchten alles aufnehmen, die Dissertation ebenso wie eine isolierte Gedichtübersetzung im Fachblättchen etwa einer Handwerkerinnung.

12741 条。

2. 卫礼贤翻译中心数据库

德国波鸿大学卫礼贤翻译中心（Richard-Wilhelm-Übersetzungszentrum）创立于 1993 年，其主要任务是将中国古代和现当代文学中的重要作品译为德文并出版。除此之外，该中心还建立了一个专业的中国文学德语翻译文献数据库和图书馆。数据库收录了约 4500 份文献和 1700 本独立出版物，其中包含 900 多个汉语文学译本（截止到 1995 年）。[①] 中国文学史上各个时期文学作品的德译本基本涵盖在内，从代表中国文学开端的《诗经》到颇具争议的 21 世纪都市小说《上海宝贝》。此外，该数据库拥有电子版本，使查询检索摆脱了地点的限制，网上可下载的电子数据库涵盖了 1998 年之前所有译介到德语中的中国文学作品信息。[②]

两大数据库特点各异，两者相互补充，相互印证，共同构成本书研究中国当代小说德译数据库的原始数据来源。然而，在数据搜集和整理过程中，作者发现，上述两大数据库在数据收录的方式和编排上仍存在不足。首先，卫礼贤翻译中心数据库的数据虽然全面，但缺少文学类别的细分，并且同一作家作品的译介出版信息零散分布在数据库中。集中性的缺乏使数据库信息显得凌乱，不便查询。

其次，东亚文学杂志数据库所收录的信息虽然定期更新，时效性更强，并且划分了不同主题类别，但因为是每年定期更新，同样造成作家作品译介数据的零散分布，给查询带来不便，而杂志的纸质化出版形式则进一步增加了信息查询的难度。如果要查询某一作家历年的作品译介信息，则必须翻遍杂志从创刊到最新一期的所有纸质目录。这意味着海量的查询工作。

再次，两大德语数据库在信息收录时只收录了作家姓名的字母拼音和

---

① 参见 Neder, C.: Rezeption der Fremde oder Nabelschau? Historisch-quantitative Bestandaufnahme literarischer Übersetzungen aus dem Chinesischen im deutschsprachigen Raum，载：Martin, H./Christiane Hammer（Hg.）: *Chinawissenschaften-Deutschsprachige Entwicklungen. Geschichte, Personen, Perspektiven*，Hamburg: Institut für Asienkunde, 1999, 614。

② 参见 http://www.ruhr-uni-bochum.de/oaw/slc/uebersetzungs-zentrum.html。

作品的德文译名，而没有同时收录作家姓名的汉字和作品的汉语名称。汉语拼音的模糊性会给作家身份的确定带来困难，例如作家"阿城"和"阿成"的姓名拼音均是 A Cheng。此外，出于市场营销等多种因素的考虑，很多作品在译为德语的过程中名称发生了变化，例如刘震云的小说《我不是潘金莲》的德译本名称为《中国式离婚》（*Sheidung auf Chinesisch*），毕飞宇的《推拿》德译本名称为《看得见的手》（*Sehende Hände*）。作品名称的变化在翻译中并非个案，而是一种常态。但对于研究者而言，这一现象无疑会增加研究中信息搜集和查询的难度。

有鉴于此，本书在建立专门的中国当代小说德译出版信息数据库时并非只是简单地奉行"拿来主义"，而是一方面在上述两大中国文学德译出版信息数据库的基础之上，从中析出 1978～2017 年中国当代小说在德语世界的译介出版信息，并将其以 Excel 表格的形式尽数集中收录，从而建立一个独立的关于中国当代小说的译介出版信息电子数据库，实现数据的电子化，从而便于查询；另一方面，经过大量的文献查阅和对比之后，数据库实现了中德对照，使数据更加准确，避免因数据的模糊性而导致的潜在问题。同时数据库以字母排序的形式将单个作家历年的作品译介信息集中收录，从而能够直观看到单个作家作品在德国的总体译介情况。本书以该数据库中的信息为支撑，展开量化分析，以数据来还原 1978～2017 年中国当代小说在德语世界的译介原貌。

第二节　1978 年以前的译介情况

二战之后，随着民主德国、联邦德国的建立，两德的汉学研究也就此分道扬镳，走上各自不同的发展道路。作为汉学细小分支的中国现当代文学研究与翻译也相应地呈现出迥异的历史面貌。[①]

两德成立之初，由于政治意识形态上的关系，民主德国率先对新中国

---

① 鉴于瑞士和奥地利译介中国当代小说的数量过少，本书在译介背景中并未对其单独展开论述，主要以两德和中国为主要探讨对象。

产生了浓厚兴趣。因而，民主德国汉学界在建国伊始除了延续对中国古典文学的研究传统外，更是不遗余力地译介中国现当代文学。汉学家梅薏华表示："民主德国的汉学家一开始就给自己定下任务，要让德语读者了解中国现当代文学，并在现有基础上继续开拓中国古典文学。"[1] 其间，中国和民主德国的作家以及出版社之间互访频繁，合作密切。[2] 20 世纪 50 年代，民主德国成为中国当代文学德译的主力军，大量中国现当代文学作品被译成德语。然而随着中苏关系破裂，民主德国同中国的关系也渐行渐远。中国当代文学德译的数量在 1970 年跌入谷底。[3] 从 60 年代初直至 80 年代初期，中国文化在民主德国始终是一块禁区。[4] 中国当代文学自然也在禁忌之列。

与民主德国不同，联邦德国汉学界在二战后最初的十多年中对中国现当代文学兴味索然。直到 60 年代末期，联邦德国在经历了初期的战后重建之后，经济、社会、政治等均有所发展，此时的汉学家和翻译家们才将目光投向中国现当代文学。此外，1968 年联邦德国的大学生运动爆发，由这一运动所引发的人们对于中国的热情乃至狂热也对中国现当代文学德译起到了推动的作用。由学生运动引发的中国热延续到 1970 年代。

1978 年，无论是对于中国，还是对于渴望了解中国的世界来讲，都是历史性的一年。首先，标志着新时期的十一届三中全会召开了，无论是国家抑或是普通个人，都从此告别了各种"运动"充斥生活的日子。"新时

---

① 参见 Müller, Eva: "Chinesische Literatur in der DDR", 载：Hsia, A./Siegfrid Hoefert (Hg.): *Fernöstliche Brückenschläge：zu den deutsch-chinesischen Literaturbeziehungen im 20. Jahrhundert*, Frankfurt/M./Bern/New York：Peter Lang, 1992, 199, 原文为：Von Anfang an stellte man sich in der DDR die Aufgabe, das deutschsprachige Leserpublikum mit der modernen und Gegenwartsliteratur Chinas bekanntzumachen und die Erschließung der klassischen Literatur und der bereits vorhandenen Basis fortzusetzen。

② 具体参见俞宝泉《中国文学在民主德国》，《国际论坛》1988 年第 1 期，第 26 页。

③ 参见 Neder, C.: "Rezeption der Fremde oder Nabelschau?", 载：Martin, H./Christiane Hammer (Hg.): *Chinawissenschaften-Deutschsprachige Entwicklungen. Geschichte*, *Personen*, *Perspektiven*. Hamburg：Institut für Asienkunde, 1999, 619。

④ 参见 Fessen-Henjes, I.: "Übersetzen chinesischer Literatur in der DDR-Ein Rückblick", 载：Martin, H./Christiane Hammer (Hg.): *Chinawissenschaften-Deutschsprachige Entwicklungen. Geschichte*, *Personen*, *Perspektiven*. Hamburg：Institut für Asienkunde, 1999, 634。类似观点参见 Marin, H.: *Schöne dritte Schwester-Übersetzungen*. Dortmund：Projekt, 1996, 378。

期"的称法便能直观体现出人们告别过去、重新开始的美好希冀与坚定信念。具体到中国文学,一方面,它在国家政策层面获得了更大的创作空间,这无疑推动了中国文学,尤其是新时期文学的繁荣;另一方面,中国的作家们在经历了持续多年的文化混乱和荒芜之后终又能执笔书写心声,重续创作。文学活动的复苏与繁荣自然也就孕育出更多值得对外译介的优秀作品。此外,新时期的到来也使以外文出版社为代表的国内出版机构的文学译介活动得以恢复。这些国内出版机构在 1980 年代陆续推出了大量中国当代文学译作。

其次,中国 1978 年开始实施以发展经济为中心的对外开放政策,国门大开。自我封闭多年之后,中国终又和世界联通。西方社会对于中国的认识也不再仅仅停留在自我想象的阶段,他们终于有机会接触真实的中国社会。在进入"新时期"以来,无论是联邦德国汉学家还是普通大学生对中国的方方面面都投来好奇的目光。因此,80 年代成为联邦德国大规模译介中国当代文学,尤其是新时期文学的黄金期。此外,"文革"的结束也使中国同民主德国近乎中断的关系开始回暖,中国当代文学的译介工作也得以接续。

1978 年之后的中国当代文学德译事业以充满希望的美好开端翻开了新的篇章。

第三节 1978～2017 年的总体译介情况

为了能够详细、充分地体现获得译介的当代作家和作品的规模,数据库将 1978～2017 年所有在德语世界的报纸、杂志、图书乃至电台出版或播出的中国当代作家的小说作品信息逐条收录,1978～2017 年共计876 条。这 876 条信息显示的是获得译介的小说作品数量,而并非一般意义上译介载体(报纸、杂志、文集/单行本等)的出版数量,视载体不同,每一条目可为报纸、杂志或文集上发表的一篇短篇小说作品或节选,也可是以单行本形式出版的一部中长篇小说。而译介载体,尤其是文集/单行本的出版量会在以"条"为单位的数据基础上再做析出统计,具体见图2-4。

通过对数据库的统计分析，1978~2017年中国当代小说作品德译数量的时间分布如图2-4所示。

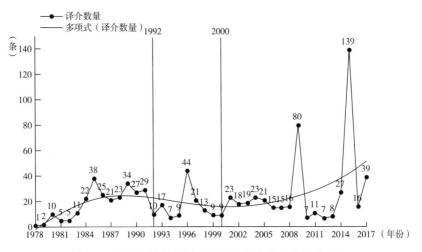

图2-1 1978~2017年以来中国当代小说译介数量分布

从图2-1中的整个译介趋势（多项式）上看，中国当代小说德译呈现波浪式发展的特点，但整体起伏不大。中国当代小说德译大致经历了三个大的周期：在经历了80年代的潮起后，中国当代小说的译介数量在90年代开始回落，进入2000年之后又有所回暖，译介活动再次迎来一个增长期。2009年的译介数量更是在法兰克福书展这一文化事件的带动下达到史无前例的高峰，并且2015年译介数量的井喷式增长同样与2009年法兰克福书展这一文化事件紧密相关，具体关系详见第四章的分析。

通过数据可以确定大致的译介发展历程，而具体译介周期的划分则是在数据的基础上同时结合影响中国文学发展以及译介的重要事件来最终确定的。1978年之后，政治上的稳定和开放为中国文学创造了良好的环境，80年代成为中国文学发展的"黄金期"。这一良好态势一直持续到1992年。1992年中国实行市场经济，文学也进入市场化阶段。这一变化不仅影响了中国人对文学的认知以及文学的社会地位①，并且也改变了德国学界对中国当代文学的认识与评价。② 因此，1992 年对于中国文学自身及其译介都是极为重要的一个时间节点。对于中国文学外译而言的另一个重要时间点是 2000 年，进入 21 世纪之后，中国官方正式提出文化"走出去"这一概念。中国文学以及文化的对外推介自此开始获得官方助力。因此，1978～2017 年中国当代小说德译的发展历程可具体划分为三个阶段：1978～1991、1992～1999 和 2000～2017。

就 80 年代的数据来看，当代小说的译介高潮出现在 1985 年，随后的译介数量便开始减少。而 1989 年的译介数量紧随 1985 年的峰值，在整个 80 年代位居次席。这一现象虽有它特殊的原因，但从中也不难看出，文学译介活动受到多种因素的影响，有它自己的发展规律与特点。

第四节　译介渠道

按照译介渠道的不同，统计数据又可大致分为四类：电台、报纸、杂志以及文集/单行本形式的图书。不同的译介渠道所能覆盖的读者群体大小也有所不同。通常而言，电台和报纸的受众群体要大于杂志和图书所能覆盖的受众群体。因此，通过对不同渠道的译介数据进行分析，人们可以更为具体、真实地了解中国当代小说在德语世界的影响力和生存状况。

通过对数据的初步统计发现，这四大渠道中又以最后两种为主，即杂志和文集/单行本。以电台节目播送的中国当代小说作品在所有数据中只有 2 条，并且只是一次性播出，因此参考意义不大。而对于电台之外的三种译介渠道研究将分而述之。

---

① 参见洪子诚《中国当代文学史》，北京大学出版社，2007，第 327～331 页。
② 参见 Kubin, Wolfgang：*Die chinesische Literatur im 20. Jahrhundert.* München：K・G. Saur, 2005，382。

一　报纸

通过数据统计，以报纸为载体刊登的小说作品共有 7 部，见表 2-1。

表 2-1　1978～2017 年以报纸为载体的中国当代小说作品

报纸名称	时间	作品信息
Der Tagesspiegel《每日镜报》	1986. 7. 27	张辛欣：《北京人》节选 *Der Sohn*
Die Tageszeitung《德国日报》	1987. 7. 13	王安忆：《小城之恋》节选 *Kleinstadtliebe*
Die Tageszeitung《德国日报》	1987. 9. 17	叶文玲：*Kein weiteres Problem*（原著名不详）
Deutsche Volkszeitung[1]《德国人民周报》	1989. 6. 30	张洁：《沉重的翅膀》节选 *Rhythmus des Lebens*
Deutsche Volkszeitung	1989. 6. 30	冯骥才：《啊！》节选 *Ach*
Frankfurter Allgemeine Zeitung《法兰克福汇报》	2000. 10. 14	高行健：《一个人的圣经》节选 *Du bist kein Drache，kein Insekt*
Frankfurter Allgemeine Zeitung《法兰克福汇报》	2000. 12. 9	高行健：《朋友》节选 *Freunde*

注：1.《德国人民周报》（*Deutsche Volkszeitung*）创立于 1953 年，1990 年与《星期日》（*Der Sonntag*）合并，更名为《星期五》（*Der Freitag*）周报。

通过表 2-1 的数据可以直观看到，1978～2017 年参与译介的报纸中虽不乏《法兰克福汇报》这样的主流大报，但整体译介数量却屈指可数，时间集中在 80 年代。获得译介的作品都曾在德引起热烈反响，如张辛欣的《北京人》以及张洁的《沉重的翅膀》。前者仅口袋书的销量就达到 2 万册[1]，后者的累积销量有 8～10 万册。[2] 这些作品以节选形式在报纸上得以刊登也再次证明了其在德的广泛影响。

---

[1]　参见 Martin，H.：*Schöne dritte Schwester-Übersetzungen*. Dortmund：Projekt，1996，374。

[2]　参见谢淼《译介背后的意识形态、时代潮流与文化场域——中国当代文学在两德译介的迥异状况》，《比较文学与世界文学》2014 年第 2 期，第 41 页。关于《沉重的翅膀》在德国的销量问题，马汉茂（Helmut Martin）统计的数据为近 7 万册（截止到 1992 年）。具体参见 Martin，H.：*Schöne dritte Schwester-Übersetzungen*. Dortmund：Projekt，1996，374。

然而，80 年代之后随着国际局势的变化，德语读者对于中国文学的关注降低。德语报纸上也就难以见到中国当代小说作品的身影。而与 80 年代获得译介的作品不同，2000 年高行健的两部作品获得译介只是诺贝尔文学奖这一热点事件的附带影响。高行健在获奖之前仅有三篇短篇小说被译介到德语中，并且无一例外是学术性出版物。[①] 因而对于德语读者而言，高行健及其作品还是一个陌生的存在，其作品在德影响力有限。

总体而言，报纸的时效性决定了其译介活动更多受时事热点的影响。而报纸作为发行量最大的载体极少译介刊载中国当代小说。这一方面说明报纸并非译介中国当代小说的主要渠道，另一方面也间接表明中国当代小说在德语地区的影响力有限。

二　杂志

以杂志为载体的译介作品条目数量共计 236 条，占数据库总量的 1/4强，是主要译介渠道之一。具体数量分布见图 2-2。

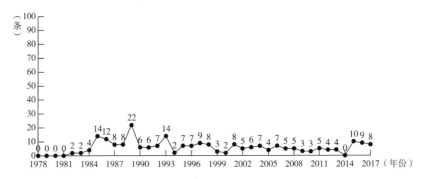

图 2-2　1978~2017 年以杂志为载体的小说译介数量分布

从图 2-2 可以看出，以杂志为译介渠道的作品译介数量除 80 年代浮动较大以外，稳定保持在一个较低的水平上。而 80 年代异乎寻常的高水平

---

① 这三篇小说作品分别为：《朋友》（于 1986 年刊载于杂志 *Umbruch* 第 4 期，德文译名为 *Freunde*）、《车祸》（刊载于文学杂志 *die Horen* 1989 年特刊 *Wilde Lilien. Chinesische Literatur im Umbruch.* 第 1 卷，德文译名为 *Verkehrsunfall*）和长篇小说《灵山》节选（刊载于杂志 *Orientierungen* 1998 年第 1 期，德文译名为 *Berg der Seelen*）。

增长则主要归功于汉学家的努力。80 年代前后有多种重要的汉学杂志创立，例如：《新中国》（*Das neue China*）、《中国报》（*Chinablätter*）、《东亚文学杂志》（*Hefte für ostasiatische Literatur*）、《龙舟》（*Drachenboot*）、《东方视角》（*Orientierungen*）以及《袖珍汉学》（*minima sinica*）等。

　　杂志在译介活动中的稳定低水平表现主要受两方面因素影响。首先，刊登中国当代小说作品的杂志多数为专业文学或者汉学杂志，例如《意义与形式》（*Sinn und Form*）、《时序》（*die horen*）、《新人鱼》（*Neue Sirene*）以及前文提到的汉学杂志。因此，以杂志为载体的译介数据主要体现的是德国学术界对于中国当代文学的译介投入。这些杂志专业性强，又相对独立。《时序》杂志主页上的介绍准确概括了这类杂志的办刊宗旨，即"既无所惧，亦不随流"①，可谓自成一个较为封闭的体系。因此，这些杂志受市场、读者等外部因素的影响极小。再者，这些杂志虽风格各异，栏目却基本固定。这两个因素保证了以杂志为载体的中国当代小说译介数量的稳定性。

　　其次，中国当代小说只是上述专业文学和汉学杂志推介内容的一小部分。虽然理论上来讲，杂志的出版周期更短，出版频率更高，整体译介数量更高，但通过对相关文学杂志的实际分析发现，大部分译介出版中国当代小说的德国杂志多是半年刊，例如《东亚文学杂志》、《东方视角》以及《袖珍汉学》。因此，这些杂志在出版频率上的优势并不明显，整体译介数量不高。

　　这些杂志的专业性确保了所译文学作品的艺术水准和质量，但在另一方面也限制了刊物所能辐射到的读者群体。德国目前专业汉学杂志的发行量一般只有 100~200 册。② 汉学家司马涛（Thomas Zimmer）表示，德国的这些专业汉学杂志印数低的原因在于杂志运营的经济条件不足。杂志通常

---

① 参见 http：//www.die-horen.de/die-horen.html#geschichte，原文为：ohne Scheuklappen und unabhängig von Moden。

② 参见高立希《我的三十年——怎样从事中国当代小说的翻译》，《外语教学理论与实践》2015 年第 1 期。

由编辑、作者和译者自费出版。① 由此看来，中国当代小说如果要覆盖更大的读者群体势必要依赖德语学术圈以外的出版社，尤其是大型出版社的参与。② 耿强在分析《熊猫丛书》在英美国家接受不佳的问题时也曾表示，《熊猫丛书》没有选择英美主流的商业出版社作为图书发行方是丛书海外传播效果不佳的影响因素之一。③

虽然通过上述分析，我们发现这些专业杂志在译介中国文学方面的局限，但是其优势却也显而易见。这些杂志的独立性使其在译介的作品选择、翻译以及译本最终的出版方面都更加灵活、快速，无须经过像大型出版社那样烦琐的审核、编辑程序。这种灵活、快速的特点也使这些杂志成为大型德语出版社了解中国当代文学发展的渠道和窗口，并为后者选择值得译介的文本提供了参考和借鉴，尤其在中德之间文学交流平台缺失的情况下。数据库中的信息也证实了这些专业文学杂志在译介中国当代小说中的"先锋"作用。许多作家的作品正是先以杂志为媒介译介出版部分内容之后，才经由各类商业出版社发行其全译本。例如作家冯丽的《所谓先生》的节选内容首先译介发表在《东亚文学杂志》上，之后才由东亚书局（Ostasien Verlag）译介出版全文。④ 张贤亮的代表作《男人的一半是女人》、高行健的《灵山》等也同样如此。⑤

---

① 参见 Zimmer, T.: "Das Stiefkind der Globalisierung-Einige Überlegungen zum Problem des Übersetzens aus dem Chinesischen", 载：Martin, H./Christiane Hammer（Hg.）: *Chinawissenschaften-Deutschsprachige Entwicklungen. Geschichte*, *Personen*, *Perspektiven.* Hamburg：Institut für Asienkunde, 1999, 651。

② 类似观点汉学家司马涛（Thomas Zimmer）和马汉茂（Helmut Martin）都表示过。具体参见同上 651。以及 Martin, H.: *Schöne dritte Schwester-Übersetzungen.* Dortmund：Projekt, 1996, 373。

③ 参见耿强《文学译介与中国文学"走出去"》，《解放军外国语学院学报》2010 年第 3 期。

④ 冯丽的作品《所谓先生》（*Ein sogenannter Herr*）首先发表在杂志 *Hefte für ostasiatische Literatur* 2004 年第 2 期，译者为高立希（Ulrich Kautz）。Ostasien Verlag 随后于 2009 年出版该书的全译本名为 *Ein vermeintlicher Herr*。译者相同。

⑤ 张贤亮的长篇小说《男人的一半是女人》节译内容最先于 1986 年发表在杂志 *Chinablätter* 第 13 期上，Limes Verlag 在 1989 年出版了该书的全译本。高行健的《灵山》节译本最初发表在杂志 *Orientierungen* 1998 年第 1 期，之后 Fischer 出版社在 2001 年出版了该书的全译本。

合之后，得出 1978~2017 年德语地区译介出版中国当代小说的作品总量，共计 270 部，平均每年接近 7 部，具体数量分布如图 2-4 所示。

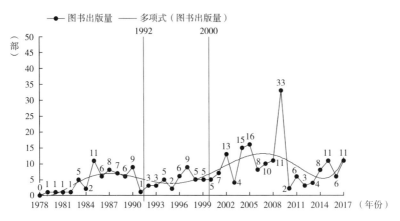

**图 2-4　1978~2017 年德语地区以文集/单行本形式译介出版的
中国当代小说数量分布**

与图 2-3 中的数据不同，图 2-4 中文集/单行本的数量以书为单位，而不是以作家和作品为单位，因此能够更客观地看出 1978~2017 年中国当代小说作品的图书译介出版情况。从表中趋势线（多项式）可以清楚看出，与之前数据类似，图书的出版也大致经历了三个阶段：1978 年以及之后 80 年代的增长期、90 年代的低谷和 2000 年以后的新一轮增长。唯一不同之处在于图书出版的鼎盛时期不是 80 年代，而是出现在 2000 年以后。

参与出版文集/单行本的德语出版机构按其性质可分为学术出版机构和商业出版社，两者的译介活动又各有特点。

（一）学术出版社

从数量上看，1978~2017 年共计有 78 家德语地区的出版社参与译介出版这 270 部文集和单行本。其中学术出版机构主要是两家大学出版社：布罗克迈尔大学出版社（Universitätsverlag Brockmeyer）和欧洲大学出版社（Europäischer Universitätsverlag）。

布罗克迈尔大学出版社创建于 1974 年，隶属于德国波鸿鲁尔大学。出版社创建之初主要出版鲁尔地区大学学者的著作，后来也开始出版文学作品①，其中也包括中国当代文学译作。1978～2017 年，该出版社共译介出版中国当代小说作品 5 部（见表 2-2）。

表 2-2 布罗克迈尔大学出版社译介出版的中国当代小说作品（1978～2017）

年份	作者	译者	作品名称
1989	王蒙	InseCornelssen/Helmut Martin u. a.	*Lauter Fürsprecher und andere Geschichten*（《说客盈门》等）
1990	Stefan Hase-Bergen	Stefan Hase-Bergen	*Suzhouer Miniaturen：Leben und Werk des Schriftstellers Lu Wenfu*（《苏州缩影：作家陆文夫生平与作品》）（收录小说《围墙》*Die Mauer*）
1990	张贤亮	Beatrice Breitenmoser	*Die Pionierbäume*（《绿化树》）
1992	陆文夫	Stefan Hase-Bergen	*Der Gourmet*（《美食家》）
1992	北岛	不详	*Glückgasse 13*（《幸福大街 13 号》）

德国波鸿鲁尔大学作为研究中国现当代文学的重镇在 2000 年以前拥有像马汉茂等热衷于研究中国现当代文学的学者。因此作为波鸿大学下属的布罗克迈尔大学出版社集中在 1990 年前后出版了上述五部中国当代小说译作。从中不难看出大学学者的学术倾向对于出版内容的影响。但诚如前文所言，大学出版社的出版物面对的多是专业读者，因此其作品的影响范围有限。例如表 2-2 所示，布罗克迈尔大学出版社在 1992 年译介出版了陆文夫的中篇小说《美食家》②，但该译本推出后并未引起太大反响，很快被人遗忘。但在随后的 1993 年，这部作品又由瑞士第欧根尼出版社委托知名翻译家高立希重新翻译出版。该译本后来成了一部畅销作品。通过这一对

---

① 参见 http：//s292386895. website-start. de/。

② 该版本的译者为 Stefan Hase-Bergen，通过查询数据库发现他并非从事中国文学德译的专业译者，所译作品数量极少，只译介了陆文夫的《美食家》、《围墙》和王蒙的一部短篇小说。作为译者，他的知名度不高。

比不难看出，知名出版社和知名译者对于作品译介效果的巨大影响。

欧洲大学出版社是一家新生的出版机构，成立于 2003 年，主要目的在于将欧洲各大学联系起来，形成网络。这家出版社自创立以来共出版了两部有关中国当代小说的文集和专著，见表 2-3。

表 2-3　欧洲大学出版社译介出版的中国当代小说作品

年份	作者	译者	作品名称
2003	Martin Woesler	Martin Woesler	*Politische Literatur in China 1991-1992*（《1991-1992 年的中国政治文学》）这部专著于 1994 年首次出版，其中收录了王蒙的短篇小说 *Zäher Brei*（《坚硬的稀粥》）
2005	Thilo Diefenbach	Thilo Diefenbach	*China abseits der Großstädte. Kurzgeschichten und Essays von Liu Jiming, Zhang Wei und Liu Qingbang*（《大都市之外的中国：刘继明、刘庆邦、张炜小说及随笔》）

从类型上看，两部作品都具有学术专著的性质，再加上出版社的学术背景，无疑会使两部作品的读者群体局限在学术圈内。再者，德语学术界对中国当代小说的政治解读倾向也已经可以从上述作品题目中看出端倪。

（二）商业出版社

商业出版社是译介中国当代小说的主要力量，其参与者数量和译介出版数量在数据总量中都占比最高，并且无论从影响力还是从覆盖的读者群体上看，商业出版社都更具优势。因此，中国当代小说在德语地区的影响力如何，知名商业出版社的参与度便是一项重要的参考指标。按照这一思路，本书从 78 家参与译介出版中国当代小说的德语出版社中选取了 15 家在德语地区拥有较大影响力，并且译介中国当代小说作品较多的知名出版机构来做进一步分析。这 15 家出版社具体包括德国的乌尔施泰因出版社

(Ullstein)、德国口袋书出版社（DTV）、奥夫堡出版社（Aufbau）、迪德里希斯出版社（Diederichs）、卓玛出版社（Droemer Knaur）、翰泽尔出版社（Hanser）、费舍尔出版社（Fischer）、苏尔坎普/岛屿出版社（Suhrkamp/Insel）、罗沃尔特出版社（Rowohlt）、皮柏出版社（Piper）、兰登书屋旗下的克瑙斯出版社（Knaus）、瑞士的联合出版社（Unionsverlag）、第欧根尼出版社（Diogenes）、奥地利的苏索耳内（Zsolnay）出版社以及已不复存在的前民主德国的人民与世界出版社（Volk und Welt）。研究分别对上述出版社的出版数量以及时间分布进行统计，并在此基础上将它们的出版量同总出版量进行对比。最终结果如图 2-5、图 2-6 所示：

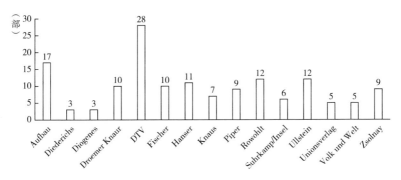

图 2-5　1978～2017 年 15 家知名出版社的出版数量

从图 2-5 的数据来看，除了奥夫堡出版社和德国口袋书出版社的译介数量较多之外，其他知名出版社的出版数量多在 10 部左右。这也就意味着大多数知名出版社将近每 4 年才会出版 1 部中国当代小说作品，出版频率不高。

图 2-6 的出版总量显示，15 家知名出版社的出版总量在整个出版数量中占比稍稍超过一半（55%），在 1978～2017 年的 39 年中共出版 147 部中国当代小说作品，平均每年不足 4 部。

此外，除去 15 家知名出版社之外，还有 63 家出版社共出版了 123 部当代小说作品，平均每家只有 2 部，并且还是 39 年间的总平均量。从中可以看出，这些出版社的出版行为具有很大的偶然性和非持续性。鉴于中国

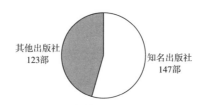

图 2-6　1978~2017 年不同类型出版社的出版总量

每年新出版的小说数量大致在 3000 至 4000 部①，这样的译介规模无疑是沧海一粟。

　　仅从出版数量上看，1978~2017 年无论是总出版量还是平均量都不尽如人意，整体处在一个较低的水平。这种较低水平也在另一统计数据上体现出来，即在德国，翻译小说中的 70% 来自英语文学，而从中文、韩语和日文翻译到德国的文学，整体占比只有 0.1%~0.5%。②

　　除了出版量之外，另一个衡量出版活动是否专业化的标准是出版的持续性。因为在德国图书市场，一个普遍的共识是，无论是德国本土作家，抑或是外国作家，一般会有一个固定的合作出版商。如果没有，人们便会猜测，作家同出版社之间有隔阂。③ 这种固定合作模式一方面便于出版社实行"作家本位的政策"（politiqué auteur），④ 有规律地持续推出同一作家的作品，从而帮助作家，尤其是尚不知名的外国作家，打出名气，建立口碑。而这种名气与口碑反过来也会给出版社带来更高的盈利，从而形成一个双赢的良性循环。

　　有鉴于此，除了出版量以外，我们还有必要对出版社的出版作品及出版周期进行具体分析，从而更加清晰地了解中国当代小说在德语地区的真

① 参见高立希《我的三十年——怎样从事中国当代小说的德译》，《外语教学理论与实践》2015 年第 1 期。
② 参见赫慕天《德国视角下的中国文学翻译》，中国作家协会外联部（编）《翻译家的对话 II》，作家出版社，2012。
③ 同上。
④ "作家本位政策"指的是出版社与作家建立长期联系，持续推出作家作品的出版策略，具体参见安必诺、何碧玉《翻译家还是汉学家？翻译家兼汉学家》，中国作家协会外联部（编）《翻译家的对话》，作家出版社，2011，第 16 页。

实生存状况。但考虑到参与译介中国当代小说的出版社中大部分的出版数量平均只有 2 部，很难谈得上持续性，因此研究将主要考察出版数量较多的知名出版社。

通过对 15 家知名出版社的出版作品和出版时间进行分析，有如下发现。

（1）上述知名出版社中多数并没有固定合作的中国作家，出版周期也无明显规律可循。他们在中国当代小说的出版上还处在试探性阶段。偶然性、一次性出版行为居多，缺乏计划性和系统性。

（2）个别出版社拥有相对固定合作的作家，如奥夫堡、克瑙斯、皮柏、卓玛以及苏索耳内出版社、德国口袋书出版社。但这些出版社的主推作家无一例外是海外华裔作家。奥夫堡主要出版旅英作家虹影的作品，克瑙斯出版社推出了旅英作家郭小橹的一系列小说，皮柏出版社的重点则在旅法作家身上，如戴思杰和山飒，卓玛出版社的主推对象为旅英作家薛欣然，苏索耳内出版社主推美国华人作家裘小龙，德国口袋书出版社的合作作家除了裘小龙以外，还有美国华人作家哈金以及德国华裔作家罗令源。

这几家出版社在推出上述海外华裔作家作品时具有两大特点。其一，周期短。同一作家两部作品的时间间隔基本保持在 1~2 年，有时甚至会在一年同时推出两部作品。其二，数量多（见图 2-7）。这两大特点使作家作品在德国图书市场上成功实现累积效应，从而使作家迅速打开知名度。

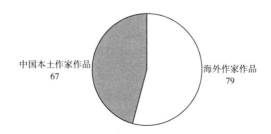

中国本土作家作品
67

海外作家作品
79

图 2-7　1978~2017 年 15 家知名出版社译介作品分布

与华裔作家在德语文学市场上的如火如荼的情况相比，中国本土作家作品则显得颇为"落寞"。罗沃尔特出版社曾在 1990 年代连续推出莫言的几部作品，联合出版社主推西藏主题作品，也断断续续出版过几部阿来的作品，乌尔施泰因出版社则相对集中地推出过卫慧和阎连科的作品。但是上述中国作家的作品一来出版周期长，短则 2 年，长则 5 年；二来没有持续性，往往在出版了两三部作品之后便没了下文，因此很难产生持续效应。

综上所述，中国当代小说德译活动在德语出版业中整体呈现零散分布的态势。中国本土小说在德语世界的译介尚处在一个粗放式的"业余"水平上。

既然译介主体是商业出版社，要分析他们如此对待中国当代小说的原因，就不得不从商业角度来思考。德国商业出版社和作家之间是一种双向选择的关系，如果作家作品有好的市场前景，出版社自然乐于持续推出同一作家的多部作品。反之，出版社则会迅速放弃该作家。并且越是大型的商业出版社就会更加注重市场和成本。① 有学者甚至认为，在德国，译介作品的选择完全遵从商业考虑，是否能够收回成本成为起决定作用的因素。德国出版社会预期在两年内收回一部书的成本，并售出印数的一半。② 表面看来，关于大型商业出版社利益至上的论断似乎与前文呈现的数据相矛盾，因为从出版数量上看，知名商业出版社的译介量要比其他类别的商业出版社高出很多。这其中的原因在于，知名商业出版社虽然更为注重利益，但它们毕竟财力雄厚，因而也就有更多"试错"的机会，所以即便它们并没有太大热情译介中国当代小说，但在总出版量上依然要多于其他类型的出版社。其他商业出版社，例如更为注重作品的"作家出版社"或许会更为注重文学本身的价值，但苦于自身实力有限，所以

---

① 参见赫慕天《在德国翻译文学》，中国作家协会外联部（编）《翻译家的对话》，作家出版社，2011，第 56 页。

② 参见 Woesler, M.: "Strömungen chinesischer Gegenwartsliteratur heute", 载：Wösler, M. (Hg.): *Chinesische Literatur in deutscher Übersetzung*, Bochum：Europäischer Universitätsverlag, 2010, 146. 类似观点参见谢天振、高立希、罗鹏、邱平伟等《中国文学呼唤伟大的文学作品与杰出的翻译——首届中国当代文学翻译高峰论坛纪要》，《东吴学术》2015 年第 3 期。

才会有一种"有心无力"的译介表现。因此，虽然不同类型商业出版社对于商业利益的重视程度不同，但无法否认的是商业利益对于出版社译介活动的巨大影响。

综合来看，无论是从平均印数还是从整体的译介水平上看，中国当代小说在商业上还谈不上是能够带来利润的文学。① 正因如此，个别知名出版社曾一度放弃出版中国当代文学作品，例如苏尔坎普/岛屿出版社。② 该出版社在 20 世纪 90 年代决定放弃出版中国当代文学，转而专注于推广日本文学。这一决定的原因并不仅仅出于对文学质量的考量，更是因为相比中国，日本社会当时对于推动本国文学的对外翻译有着更高的积极性，因而能够给予德国出版社更多支持。③ 而日本文学也正是从 1990 年代开始在译介数量上超过中国文学。在此之前中国文学德译本的数量始终高于日本。④ 虽然造成这一变化的原因众多，但无可否认的是日本社会的积极支持所起到的重要作用。得益于这种支持，译自日语的书籍数量自 2009 年以来一直在德语图书市场的翻译类书籍中排名第三，位于英语和法语之后。⑤

通过苏尔坎普/岛屿出版社对于中日文学的选择不难发现，在出版中国当代文学利润微薄的情况下，来自中国的翻译出版支持就显得意义重大。因为即便有些出版社在出书时有更多商业利益方面的考虑，但德国出

---

① 参见 Hammer, C.: Kulturaustausch im Modernisierungsrausch，载：Martin, H./Christiane Hammer（Hg.）: *Chinawissenschaften-Deutschsprachige Entwicklungen. Geschichte, Personen, Perspektiven*. Hamburg, 1999, 668。类似观点具体参见赫慕天《在德国翻译文学》，中国作家协会外联部（编）《翻译家的对话》，作家出版社，2011，第 56 页。

② Suhrkamp/Insel 出版社此间仅出版中国当代小说作品 5 部，分别是：1980 年的小说集 *Hoffnung auf Frühling. Moderne chinesische Erzählungen. Zweiter Band 1949 - 1979*、1983 年的 *Literatur und Politik in der Volksrepublik China*、2003 年的小说集 *Das Leben ist jetzt. Neue Erzählungen aus China*、2009 年出版杨显惠的 *Die Rechtsabweichler von Jiabiangou. Berichte aus einem Umerziehungslager.*（《告别夹边沟》）以及莫言的小说 *Die Sandelholzstrafe*（《檀香刑》）。

③ 参见 Martin, H.（Hrsg.）: *Schöne dritte Schwester-Übersetzungen*. Dortmund, 1996, 374 - 375。

④ 参见 Neder, C.: "Rezeption der Fremde oder Nabelschau?"，载：Martin, H./Christiane Hammer（Hg.）: *Chinawissenschaften-Deutschsprachige Entwicklungen. Geschichte, Personen, Perspektiven*. Hamburg, 1999, 623。

⑤ 参见加塞尔（Maria Gasser）《中国当代小说德译研究：中德文学翻译 1990-2009》，北京外国语大学硕士学位论文，2015，第 26 页。

版业的传统依然是质量至上，只要作品过硬，即便是冷门的书也会有人愿意出版。如果出版社能够获得资助，他们也乐意长期出版在德国尚不知名的外国作家的作品，帮助这些作家扩大知名度。① 这一点同样在苏尔坎普/岛屿出版社的出版活动中得到了验证。虽然该出版社已宣布放弃中国当代文学作品的出版，但是在2009年却接连推出两部中国当代小说作品，这其中当然有法兰克福书展大环境的作用，另外重要的一点是中国方面给予的翻译资助。莫言的小说《檀香刑》（Die Sandelholzstrafe）正是因为受到国家新闻出版总署的翻译基金支持才得以由苏尔坎普/岛屿出版社译介出版。由此可见，中国完全可以通过翻译资助来影响甚至改变德国出版社对于译介出版中国文学的态度，提高他们的积极性。要实现这一目标，国家制度层面系统、长远的政策支持和经费赞助就显得至关重要。

从目前的实际情况来看，德国方面对于翻译家以及各国文学的德译已经给予资助，例如德国重要的翻译资助组织——"文学规划"（Litprom），于1980年创立于德国法兰克福，是一家非营利性机构。该组织主要支持亚非拉地区国家的文学作品德译及出版。该组织的翻译资金来源于德国外交部和瑞士的文化基金会。王刚的小说《英格力士》便是通过该组织的资助获得译介。

此外，德国翻译文学协会共有800名在册翻译家，但其中做中文翻译的译者仅有8人。协会每年会授予翻译家60多项不同的翻译奖金，而这些奖金大多来自源语国②，但是到2017年为止还没有来自中国的翻译奖，这无疑是一个令人尴尬的事实，因为世界上许多国家在政府层面对本国文学提供翻译资助，资助比例甚至占到了翻译费用的50%~100%。③ 法国文化部更是在2006年设立了超过1300万美元的预算，专门用于资助法国文学的对外译介。④

---

① 参见赫慕天《在德国翻译文学》，中国作家协会外联部（编）《翻译家的对话》，作家出版社，2011，第56页。
② 同上书，第57~59页。
③ 参见马会娟《解读〈国际文学翻译形式报告〉——兼谈中国文学走出去》，《西安外国语大学学报》2014年第2期。
④ 参见桑禀华《美国人眼中的中国小说：论英译中文小说》，中国作家协会外联部（主编）《翻译家的对话》，作家出版社，2011，第122页。

中国国家新闻出版总署在 2005 年设立了"中华图书特殊贡献奖",用以奖励为促进中外文化交流而介绍、翻译和出版中国图书的外国翻译家、作家和出版家,但这一奖项涵盖范围太广,没有国别划分,并且就其性质而言更倾向是一种荣誉,而非具体意义上的翻译资助。因此,虽然中国官方机构在 21 世纪以来为中国文学及文化外传已做出诸多努力,但依然存在许多有待改进之处。

三 中国的译介主体

在中国当代小说外译事业中,中国官方出版机构多年来也一直在努力。最具代表性的无疑是中国文学出版社及其下属的《熊猫丛书》系列,但是其外译的主要语种为英语,面向的读者群体也主要是英语世界的读者。1978 年以来中国文学出版社的《熊猫丛书》仅在 1996 年面向德语地区译介出版了作家周大新的短篇小说集《银饰》(*Der Fluch des Silbers*)。除此之外,中国文学出版社并没有推出其他中国当代小说作品的德译本。中国当代小说德译的工作在国内主要由外文出版社(Verlag für fremdsprachige Literatur)这一综合出版机构来承担。[①] 通过数据统计,外文出版社在这 39 年间共推出了 9 部中国当代小说的德译本(见图 2-8)。

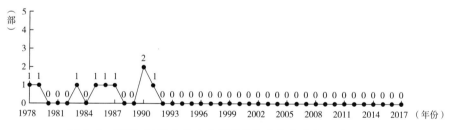

图 2-8　1978~2017 年外文出版社德译当代小说作品时间分布

---

① 除了外文出版社之外,中国的译介主体还包含《北京周报》*Beijing Rundschau*,只是后者是一份新闻周刊,并且译介数量极少。《北京周报》1978 年后共译介了两位当代作家的小说作品,分别为白桦的《在河畔》*Am Fluss*(1983/14)和吴金良的《醉人的春夜》*Ein Frühlingsabend*(1983/6)。

从译介时间上看，外文出版社的译介作品集中在 80 年代。原因一方面在于随着改革开放政策的实行，国内的文化氛围也趋向宽松。"文革"后文学创作得以恢复，开放也使国外新事物蜂拥而入。人们的各种情绪都得以宣泄和表达，这也就使得这一时期的文学作品种类丰富，手法多样。另一方面，中国的开放也激发了外面世界对于中国的好奇与了解的愿望，并且开放伊始，由于中西意识形态的对抗依然强烈，西方了解中国的渠道仍然十分有限。文学作为政治色彩不那么浓厚的载体成为西方了解新时期中国的窗口，例如已故的德国前总理科尔（Helmut Kohl）在会见时任文化部部长王蒙时就曾表示自己便是通过英文版《中国文学》杂志来了解中国的。① 因此，在内外两方面因素的共同作用下，中国当代小说在改革开放的第一个十年中获得了较多译介。

进入 90 年代之后，首先国内形势发生了改变，全面实行市场经济。国家开始削减对外书刊发行的财政支持，并且日益关注出版发行的经济效益。这造成中国译介的图书数量锐减，图书发行和销售也随之陷入困境。从数据上我们也可以发现这一历史变化，外文出版社在 90 年代中期之后便没有继续推出新的中国当代小说德译本。

第六节　译介内容

从整体数据上来看，1978 年以来译介到德语中的中国当代作家超过400 位。仅从数量上来看，译介覆盖的范围广泛，然而在广泛之中却也有所选择，有所侧重。1978 年之前创作的当代作品，例如周立波的《暴风骤雨》②、赵树理的《锻炼锻炼》③ 等虽也获得译介，但这部分作品在整体数

---

① 中国文学出版社：《中国文学出版社大事记》，未出版，转引自郑晔《从读者反应看中国文学的译介效果：以英文版〈中国文学〉为例》，《中国比较文学》2017 年第 1 期。

② 周立波《暴风骤雨》*Orkan*，Beijing：Verlag für fremdsprachige Literatur，1979。

③ 赵树理《锻炼锻炼》*Üben，Üben*，载：*Hoffnung auf Frühling. Moderne chinesische Erzählungen. Zweiter Band 1949-1979*，Frankfurt：Suhrkamp，1980，247-292。

据中所占比例极小。① 译介重点已明显转移到新时期文学上来。包慧夫
(Wolf Baus) 认为，发生这种变化的原因在于德国译者多数在中国大陆或
者台湾地区生活过，他们着力翻译那些与他们有特殊关联的作品。这些作
品中故事发生的那个世界他们也曾亲自置身其中，因而其真实性对于译者
来讲也就显得更具可考性，从而使译者能够用自己的个人经历和经验去阐
释。② 这样的观点固然有一定道理，却更多适用于汉学界，因为在学术圈
中，汉学家在译介选题上拥有更大的自由和权力，他们可以根据个人的兴
趣爱好来决定要翻译的作品。③ 但是，翻译并不仅仅只是译者的个人行为，
尤其在学术圈以外的商业出版活动中。从作品的选择到译本的最终出版，
译者所起的作用毕竟有限。从学术圈以外的市场角度来看，新时期文学作
品译介比例的飙升自然是源于需求的增加，背后反映的是德国民众想要借
由文学满足了解当下中国社会的愿望和好奇心。

一 译介小说类型

从所译小说篇幅上来看，译介数量最多的是短篇小说，长篇小说所占
比例极低。翻译家高立希指出，德国出版社很多时候拒绝出版汉学家推荐
的优秀作品是因为中国小说篇幅过长，从而使出版社出于成本和市场的考
虑而不敢冒险。篇幅长的原因在于中国小说人物多，故事情节时间跨度
大。④ 此外，篇幅长也与汉德两种语言自身的特点有关，汉语讲究精通简
要，表意丰富。因此，中国文学作品在译为德语之后篇幅普遍会增加，例

---

① 不仅如此，1978 年以来，在整个现当代文学当中获得译介最多的依然是新时期文学。详
见冯小冰《80 年代中国现当代文学德译回顾——基于数据库的量化研究》，《德语人文研
究》2016 年第 1 期。

② 参见 Baus, W.: "Geplante bzw. Abgeschlossene Übersetzungen chinesischer Literatur", 载:
Baus, W./Volker Klöpsch/Wolfgang Schamoni/Roland Schneider (Hg.): *Hefte für ostasiatische
Literatur*, 1983, Nummer 1, 107。

③ 参见 Zimmer, T.: "Das Stiefkind der Globalisierung-Einige Überlegungen zum Problem des
Übersetzens aus dem Chinesischen", 载: Martin, H./Christiane Hammer (Hg.):
Chinawissenschaften-Deutschsprachige Entwicklungen. Geschichte, Personen, Perspektiven. Hamburg:
Institut für Asienkunde, 1999, 649。

④ 参见高立希《我的三十年——怎样从事中国当代小说的德译》，《外语教学理论与实践》
2015 年第 1 期。

如王蒙的长篇小说《活动变人形》，原作不足 350 页，译为德语后却超过 600 页，最终出版的删减本依然超过了 450 页。

除市场因素外，中短篇小说译介的高比例还同德国对中国当代文学的诗学观念有关。德国人阅读中国现当代、尤其新时期文学作品的目的更多是借其了解真实的中国，并非纯粹为了获得文学享受。汉学家顾彬曾表示，德国人普遍把中国文学作品当成社会学材料。① 德国翻译家高立希认为，德国人往往戴着"政治眼镜"阅读中国文学作品，对于作品的美学标准要求相应降低，这样的做法虽有其合理之处，但人们的兴趣明显不在中国文学本身，而是在于了解中国国情。② 德国当代著名学者和文学批评家乌尔里希·雅奈茨基（Ulrich Janetzki）也认为，德国人阅读中国文学的重要目的是借其了解中国人的真实生活。③ 在这样的诗学标准主导下，选择中短篇小说作为译介的主要对象便不难理解，因为当代中短篇小说一方面反映出当下中国的方方面面；另一方面相较于长篇小说来讲译介周期更短，因而其时效性就更强。这两点无疑满足了这一诗学要求。

二 译介作家与作品

总体来看，德语地区 1978 年之后的译介重点完全放在了新时期小说作品上，并且涵盖范围很广，基本上囊括了 1978 年之后所有的重要作家及作品。从刘心武的《班主任》④、卢新华的《伤痕》⑤、蒋子龙的《乔厂长上任记》⑥、

---

① 参见刘江凯《关于中国文学研究与中国当代文学——德国汉学家顾彬教授访谈》，《文艺现场》2011 年第 1 期。

② 同上书，第 8 页。

③ 参见杜雪琴《当代中国文学在德国——乌尔里希·雅奈茨基访谈录》，《外国文学动态》2011 年第 2 期。

④ 《班主任》*Der Klassenlehrer*，载：*Der Jadefelsen. Chinesische Kurzgeschichten 1977 - 1979*, Frankfurt：Sendler, 1981, 11-35。

⑤ 《伤痕》*Die Wunde*，载：*Der Jadefelsen. Chinesische Kurzgeschichten 1977 - 1979*, Frankfurt：Sendler, 1981, 131-142。

⑥ 《乔厂长上任记》有两个版本：*Fabrikdirektor Qiao tritt sein Amt an*，译者为 Jochen Noth，载：*Der Jadefelsen. Chinesische Kurzgeschichten 1977 - 1979*, Frankfurt：Sendler, 1981, 93 - 130；*Direktor Qiao übernimmt das Kommando*，译者为 Rudolf G. Wagner，载：*Literatur und Politik in der Volksrepublik China*, Frankfurt：Suhrkamp, 1983, 283-349。

高晓声的《陈焕生上城》① 到茹志鹃的《剪辑错了的故事》②、张抗抗的《爱的权利》③、张洁的《沉重的翅膀》④、谌容的《人到中年》⑤、王安忆的《小鲍庄》⑥ 以及陆文夫的《小贩世家》⑦、刘绍棠的《蒲柳人家》⑧、张辛欣的《北京人》⑨ 等 80 年代佳作，再到阿城、阿来、韩少功、贾平凹、莫言、苏童、余华、刘震云、毕飞宇、春树、韩寒以及海外华人作家群体的诸多作品。

从文学流派上来看，从伤痕文学、反思文学、改革文学到女性文学、寻根文学、纪实文学、先锋文学、魔幻现实、新写实、身体写作、"80 后"青春文学⑩以及科幻文学等，译介范围涵盖了新时期以来所有的新生文学流派。

从反映的主题来看，德语出版社的译介重点在于以下四类作品：其一，揭露社会弊端，反映社会现实类的作品，例如张洁的《沉重的翅膀》、张辛欣的《北京人》，此外还有哈金、裘小龙，以及莫言的作品；其二，"文革"题材系列，例如白桦的《苦恋》、冯骥才的《一百个人的十年》等；其三，所谓的"禁书"以及富有争议性的作品系列，如卫慧的《上海

① 《陈焕生上城》*Chen Huansheng geht in die Stadt*，载：*Erkundungen. 16 chinesische Erzähler*，Berlin：Volk und Welt，238-251。
② 《剪辑错了的故事》*Eine falsch redigierte Geschichte*，载：*Erkundungen. 16 chinesische Erzähler*，Berlin：Volk und Welt，55-81。
③ 《爱的权利》*Das Recht auf Liebe*，载：*Das Recht auf Liebe. Drei chinesische Erzählungen zu einem wiederentdeckten Thema*，München：Simon & Magiera，1982，12-56。
④ 《沉重的翅膀》*Schwere Flügel*，München：Hanser，1985。
⑤ 《人到中年》*In mittleren Jahren*，载：*Sieben chinesische Schriftstellerinnen der Gegenwart*，Beijing：Verlag für fremdsprachige Literatur，1985，123-241。
⑥ 中篇小说《小鲍庄》节选 *Das kleine Dorf*，载：*Literarisches Arbeitsjournal. Sonderheft China*，Weißenburg：Karl Pförtner，1988，17-24。
⑦ 短篇小说《小贩世家》*Die Chronik einer Straßenhändlerfamilie*，载：*Erkundungen. 16 chinesische Erzähler*，Berlin：Volk und Welt，1984，219-237。
⑧ 《蒲柳人家》*Die Leute bei den Kätzchenweiden*，Beijing：Verlag für fremdsprachige Literatur，1987。
⑨ 《北京人》有东西德两个版本：西德版 *Pekingmenschen*，Köln：Diederichs，1986；东德版 *Eine Welt voller Farben. 22 chinesische Portraits*，Berlin：Aufbau-Verlag，1987。
⑩ 参见陶东风、和磊《中国新时期文学 30 年》，中国社会科学出版社，2008；朱栋霖、朱晓进、吴义勤《中国现代文学史 1917-2013》第三版下册，高等教育出版社，2014。

宝贝》，棉棉作品系列以及西方媒体眼中所谓的"异见作家"的作品。其四，反映中国特色风物的作品，如冯骥才的《三寸金莲》《神鞭》，邓友梅的《烟壶》、陆文夫的《美食家》、苏童的《妻妾成群》以及阿来、马建、马原等作家笔下的西藏世界等。从中不难看出德语读者对于中国当代文学的政治、社会学解读视角。

第七节　译者

译者作为译介内容的呈现者决定了作品的最终面貌和质量。虽然从出版和传播的角度来看，作品的关注度和传播范围可以通过营销等多种手段加以扩大和提高，但是作品本身的质量和艺术水准才是其生命力强弱的决定因素，尤其对于文学作品而言。而文学译作的质量则主要依赖于译者的翻译能力。

与其他翻译类别不同，文学翻译对于译者的目的语能力有更高的要求。那么以此来看，在同等条件下，目的语为母语的译者要比非母语译者更具优势。如果将目的语是否为母语作为标准，那么在中国当代小说德译中存在三种翻译模式。

（1）非母语者独立翻译：译本由非母语者完成。这一翻译形式在中方和德方发起的译介活动中都有出现，但整体所占比例极低。非母语译者独立翻译多在两种情况下出现。第一种情况是中国留学生在德留学期间完成的翻译习作，多发表在专业文学杂志上，例如研究德国文学的学者王炳钧就曾在 1987 和 1988 年于德国求学期间翻译了程乃珊的《女儿经》、刘索拉的《你别无选择》以及王安忆的《小鲍庄》节选，译文发表在德语专业文学杂志《文学工作杂志——中国特刊》（*Literarisches Arbeitsjournal. Sonderheft China*）上。第二种情况是中国官方出版社在外籍译者人手不足的状况下采用非母语译者独立翻译的方式完成译作。

（2）中德合作翻译：具体又包含两类。一类为非母语者初译，之后由母语者修改润色的合作方式。这种翻译模式在 20 世纪八九十年代中国文学出版社和外文出版社中是通行的翻译方式。① 原中国文学出版社英文部主任熊振儒曾在访谈中表示，《熊猫丛书》虽然也聘请了外国专家参与翻译与译本的修改，但是毕竟人数有限，并且有时为了赶时间，作家的一部作品不得不分给数十位译者共同完成。张辛欣的《北京人》，30 万字的原作由 10 位译者在半年内完成。② 这其中除了要克服中外译者翻译水平的差异，还要协调统一不同译者的翻译风格。因此，从翻译模式上看，人们难免会对这类译本的质量产生质疑。也难怪有些西方汉学家在谈到译本质量时表示，个别中国文学译本读来让人觉得可笑。③

此外，中国出版社的译者往往承受着较大的时间压力。翻译家杨宪益曾表示，他在外文局时曾以"大跃进"的速度来翻译中国当代文学作品。④ 徐慎贵表示，在中国文学出版社，作品从选题、译介、润色、校对到最后的印刷出版所需时间一般只有三个月。⑤

再者，通过对比中德双方发起的译介活动中的译者身份，研究发现，在 20 世纪八九十年代中国发起的译介活动中频频出现的德语母语译者并未出现在德语地区发起的译介活动的译者名单上。这意味着这些德语母语译者在德语地区几乎不为人所知，更难谈得上知名度。这是作品传播的一个不利因素，因为在德语地区，译者的知名度是读者决定是否购买的重要因素。⑥ 直到进入 2000 年之后，这一现象才有所改变。德语地区的知名译者开始逐渐参与到中国发起的译介活动中来。

除去常见于中国出版社的这种中德合作翻译外，另有一类合作翻译模式，即由母语者主译，非母语者担当辅助者的中德合作翻译。这一翻译模式多见于德语地区发起的译介活动。

---

① 参见耿强《文学译介与中国文学"走向世界"——"熊猫丛书"英译中国文学研究》，上海外国语语大学博士学位论文，2010，第 200 页。

② 参见耿强《文学译介与中国文学"走出去"》，《解放军外国语学院学报》2010 年第 3 期。

③ 参见同上。

④ 参见张南峰《多元系统翻译研究》，湖南人民出版社，2012，第 155 页。

⑤ 参见同上耿强《文学译介与中国文学"走出去"》，第 192 页。

⑥ 参见朱安博、顾彬《中国文学的"世界化"愿景——德国汉学家顾彬访谈录》，《吉首大学学报》（社会科学版）2017 年第 3 期。

（3）母语者独立翻译：顾名思义，译本由德语母语者独立完成，多见于德语世界发起的译介活动。2000 年之后，中国官方主持的译介活动中也逐渐开始以该翻译模式为主。

表面看来，1978~2017 年参与译介活动的德语母语译者数量庞大，呈现出一种令人欣喜的蔚为大观之势。但经过进一步分析之后发现实际情况却并不乐观。通过对母语译者的身份、译介作品数量以及活动范围进行对比分析发现，参与译介活动的德语母语译者又可大致分为两类。①业余翻译爱好者。这类译者一般是汉学学生或者是学习过汉语的中国文学爱好者，出于学业要求或者个人兴趣翻译中国当代小说作品。翻译中国当代小说作品对他们而言只是偶尔为之。因此从数据上看，这些译者在 1978~2017 年的译介活动中多是昙花一现，并不持久。然而，这种偶尔为之的翻译行为却在整个译介活动中占比很高。②专业译者。这类译者多是汉学学者、自由译者以及学习过汉语的德语作家。从活动范围来看，这些专业译者又可细分为两类。一类专业译者仅仅活跃在学术圈内，所译作品多发表在专业的汉学或中国文学杂志上，而在德语商业出版领域则很少见到其身影。这部分译者在译介活动中的占比不高。另一类专业译者则同时活跃在学术和商业出版领域，如阿克曼（Michael Kahn-Ackermann）、樊克（Frank Meinshausen）、高立希（Ulrich Kautz）、赫慕天（Martina Hasse）、卡琳·哈塞尔布拉特（Karin Hasselblatt）、马海默（Marc Hermann）、维马丁（Martin Winter）等。所译作品既可见于专业的学术刊物，也常常出现在大型商业出版社的出版名录上。这类译者在德语读者中享有较高的知名度。遗憾的是从数据上看，这类译者数量不多，在整个译介活动中占比很小。

在中国当代小说德译仍处在开拓读者的阶段时，活跃于商业出版领域的知名专业译者正是中国当代小说在德语地区扩大影响力的关键。因为从实际的译介效果上看，以知名的专业母语译者为主的合作翻译或知名的专业母语译者独立翻译所取得的效果最好。所有在德语世界反响强烈并取得巨大销量的作品皆出自上述翻译模式，例如张洁作品系列、余华作品系列等。原因在于为使译本实现良好的传播效果，译者不仅要具备极高的目的语表达能力，同时还要能够准确把握目的语读者在其文化和语言环境中对于源语和源语文化的理解能力和期待。^① 与非母语译者以及知名度不高的母语译者相比，知名母语译者在语言表达能力、翻译技巧和对读者已有认知的把控能力上通常都更具优势，并且他们的译作也会使目的语读者在心理上更容易产生威信效应、晕轮效应和自己人效应。^② 因而在同等条件下，知名母语译者为主的翻译模式更易于产出传播效果良好的译本。并且就中译外来讲，以知名母语译者为主的合作翻译其实早有先例，中国自己出版的四大名著英译本也无一不是合作翻译的成果。《西游记》的英译本是由英国汉学家詹纳尔（W. J. F. Jenner）与中国译者汤伯文共同完成的。《水浒传》的翻译工作则是在汤伯文的配合下由美国人沙博理完成。《三国演义》的译者是美国汉学家罗穆士（Moss Roberts），但他在翻译过程中同样得到了中国学者任家桢的帮助。至于《红楼梦》的翻译则是由杨宪益和戴乃迭夫妇合作完成。^③ 但目前知名专业译者缺乏的现状无疑会减缓中国当代小说走出去的步伐。

优秀德语母语译者缺乏与德语地区的汉语教育分布、汉学传统、翻译职业地位与报酬关系密切。首先，对于德国人来讲，汉语本身相较于其他西方语言更难于学习和掌握。并且作为一名优秀的文学译者，出色的母语能力是不可或缺的前提。这意味着培养一名精通汉语的优秀文学译者需要更长的周期。其次，在德语地区，学生在中学没有机会学习汉语。学校一般只提供英语、法语等外语课程。学生只有在进入大学之后才能够从零开始学习汉语，这就使成为中国文学译者的道路更显漫长。再次，在德国大学汉学系中普遍存在着"以古为尊"的传统，汉学家对中国古代经典推崇备至，而对中国现当代文学乃至现代汉语都"不屑一顾"。极个别以研究中国现当代文学为重的大学也因为各种原因发生了研究的转向，例如德国

---

① 参见 Kautz, U.: *Handbuch Didaktik des Übersetzens und Dolmetschens*, München: Indicium, 2000, 109。

② 威信效应指读者对译者权威性和可靠性的认可；晕轮效应又被称为"光环效应"，指人们爱屋及乌的心理；自己人效应指读者对"自己人"，即有着共同信仰、价值观、语言、种族、文化、宗教背景的人，更容易产生信任感，具体参见鲍晓英《译介学视野下的中国文化外译观——谢天振教授中国文化外译观研究》，《外语研究》2015 年第 5 期。

③ 参见黄友义《汉学家和中国文学的翻译——中外文化沟通的桥梁》，《中国翻译》2010 年第 6 期。

波鸿鲁尔大学在 2000 年之前曾是中国现当代文学的研究重镇之一，但在 2000 之后，该大学的汉学系开始以中国政治和社会为研究重点，文学研究退居次席。最后，在德语地区，翻译（此处指的是笔译员）报酬不高，并且在汉学界，人们普遍认为翻译缺乏科学性而对其加以轻视。[①]

第八节　小结

通过对 1978~2017 年间中国当代小说德译的数据进行初步梳理发现，1978~2017 年中国当代小说经历了三个译介周期，分别是：1978~1992 年的译介高潮期、1993~1999 年的低谷以及 2000~2017 年的译介新时期。报纸、杂志和文集/单行本的图书是中国当代小说德译的三大渠道。报纸发行量最大，但译介数量较少。杂志的专业性限制了其印数和译介作品的影响范围，而较长的发行周期又使杂志的译介数量整体保持在较低的水平。文集/单行本的译介数量最多，并和整体的译介发展趋势一致，经历了相同的三个周期。从销量上看，文集/单行本覆盖的读者群体同样有限。

中国当代小说德译的译介主体分为中德两方。德语地区的译介主体又可分为学术出版社和商业出版机构。学术出版社的译介活动与大学学者的研究兴趣密切相关，而商业出版社的出版活动则受到商业利益的影响。译介出版中国当代小说所能带来的商业收益有限。这使得整体上的译介活动缺乏连续性，不利于中国当代作家在德语图书市场积累名气，培养读者群体。无论从现实需要还是从文学外译的国际经验来看，来自中国官方的支持都必不可少。中国官方出版社的译介活动集中发生在 20 世纪 80 年代，译介活动的开展深受国内外形势和市场经济政策的影响。

从选题上看，作品选择受到政治意识形态和诗学因素的操控。在这两

---

① 参见 Zimmer, T.：" Das Stiefkind der Globalisierung-Einige Überlegungen zum Problem des Übersetzens aus dem Chinesischen "，载：Martin, H./Christiane Hammer（Hg.）：*Chinawissenschaften-Deutschsprachige Entwicklungen. Geschichte, Personen, Perspektiven.* Hamburg：Institut für Asienkunde, 1999, 646, 647。

大因素的作用下，德语出版机构偏爱新时期创作出版的纪实性、"文革"类、禁书类以及反映中国风物的短篇作品。

译介活动的译者翻译方式分为三类：德语母语译者独立完成译本、中国译者独立完成译本以及中德合作翻译。从译介效果来看，以知名德语母语译者独立完成翻译或者以知名德语母语译者为主的合作翻译模式为佳。

第三章　1978~1991：多重施力下的译介高潮期

　　1978 年至 1991 年，中国文学自身经历了新中国成立以来多样发展的辉煌时期。这时期的"复出作家""知青作家"在沉默压抑了多年之后又获得了表达的自由，而那些初入文坛的新生力量也因进入了新时代而雄心不已。他们带着对历史的反思，对个人经历的体验以及对于文学再出发的期待而不断尝试新的创作手法。在他们的努力之下，这一时期的文学创作空前繁荣，新的文学流派不断涌现，作品数量和质量也都达到了一个新的历史高度。文学成为这一时期的社会主题。据统计，1977~1982 年间共出版了 500 部长篇小说，而中篇小说的数量则从 1979 年的 80 部，1980 年的 190 部，1981 年的 400 多部到 1982 年的 600 多部。这六年间出版的小说数量超过了"文革"前 17 年间的出版量，是"文革"时期出版量的 10 倍。此外，1978 年由读者和批评家联合提名的文学作品获奖名单共包括 1285 部作品，而这一数字到了 1979 年和 1982 年则分别增长到了 2000 部和 6500 部。① 由此我们不难看出，80 年代中国文学创作数量剧增，而国内文学的兴盛自然也为文学作品的对外译介提供了丰富的素材。

　　80 年代中国文学自身的繁荣发展也体现在了中国文学外译上。从统计数据来看，第一个译介周期始于 1978 年，在经历了 80 年代中期的顶峰之后，于 1991 年结束。同时这一译介周期也是整个译介活动中译介数量最多，多方参与的阶段。这一时期不仅有学术与商业出版社的共同参与，东、西德国、中国和瑞士也都参与到译介活动中去（见图 3-1）。但

---

① 参见 Li Zhongyue："Recent Developments in Contemporary Chinese Literature"，载：Martin, H.（Hg.）：*Cologne-Workshop 1984 on Contemporary Chinese Literature*，Köln：Deutsche Welle，1986，437。

鉴于瑞士译介的数量过少①，本书重点关注东、西德国和中国发起的译介活动。

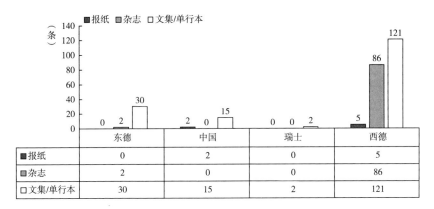

图3-1　1978~1991 年参与各方译介数量对比

	东德	中国	瑞士	西德
■报纸	0	2	0	5
▩杂志	2	0	0	86
□文集/单行本	30	15	2	121

第一节　两德与中国发起的译介活动

一　中国当代小说在民主德国的译介

一直以来，中国当代小说在民主德国（东德）的译介深受两国关系的影响。从 1978 年以前的译介历史看，民主德国对中国现当代文学的译介集中在 50 年代，随着 60 年代初中苏关系的破裂，中国同民主德国的外交关系也开始交恶。随之而来的后果便是中国现当代文学在随后的十多年中成为民主德国文化生活中的禁忌话题。民主德国汉学家们出于安全的考虑纷纷投入到对中国古代文学的研究和译介中。② 这一局面一直持续到 80 年代初。随着两国关系的再次升温，当代文学译介活动才逐渐复苏。1986 年民主

---

① 瑞士这一时期共有两部中国当代小说译作问世，分别是由 Unionsverlag 于 1987 年推出的王蒙的《夜的眼》*Das Auge der Nacht* 和 Benziger 出版社 1988 年出版的 Ding Ya 的 *Rote Hirse*。

② 参见 Fessen-Henjes，I.："Übersetzen chinesischer Literatur in der DDR-Ein Rückblick"，载：Martin，H./Christiane Hammer（Hg.）：*Chinawissenschaften-Deutschsprachige Entwicklungen. Geschichte，Personen，Perspektiven.* Hamburg：Institut für Asienkunde，1999，635。

德国领导人昂纳克（Erich Honecker）访华之后，中国同民主德国的外交关系恢复正常。80年代两国关系的回暖也带动了中国当代小说在民主德国的译介。这一历史发展也在译介数据的时间分布上清晰地体现出来（见图3-2）。

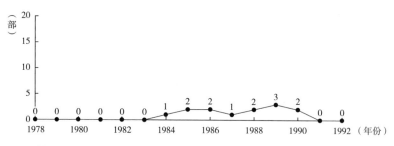

图3-2　1978~1991年民主德国文集/单行本译介数量时间分布

　　这一时期在民主德国译介的作品多以文集/单行本的形式出版，以杂志为载体的作品只有2部。① 在当时的民主德国，译介中国文学，尤其是现当代文学的学者除了要与当时的政治意识形态周旋之外，还要面对诸多其他实际困难。当时民主德国的出版业实行严格的计划体制，印刷厂要提前两年预定，有时还会因为纸张缺乏而不得不实行配额制。② 除此之外，译者在翻译之外还肩负其他工作。但即便在这种艰难情况下，民主德国在这一时期依然译介出版了13部文集/单行本（时间分布见图3-2）。

　　参与这13部作品译介的出版社有三家，分别是奥夫堡出版社、人民与世界出版社（Volk und Welt）以及新生活出版社（Verlag Neues Leben）。奥夫堡出版社作为当时民主德国最大的出版机构主要出版苏联以及其他社会主义国家的文学作品。从80年代初开始，该出版社的一位编辑与柏林洪堡大学的汉学家展开合作，加强对中国当代文学的译介。③ 此后，该出版社对中国当代文学的译介也逐渐增多，此间共出版了6部中国当代小说，具体见表3-1。

① 这两部作品均刊登在文学杂志 *Sinn und Form* 上，分别是金河的《重逢》*Das Wiedersehen*（1989/6）和陆文夫的《围墙》*Die Umfassungsmauer*（1990/6）。

② 同上 Fessen-Henjes, I., 630-631。

③ 同上 Fessen-Henjes, I., 637-638。

表 3-1 1978~1991 年奥夫堡出版社推出的中国当代小说作品

作者	时间	译者	作品名称
张洁	1986	Michael Kahn-Ackermann	*Schwere Flügel*《沉重的翅膀》
张辛欣、桑晔	1987	Eva Müller 等	*Eine Welt voller Farben. 22 chinesische Porträts.*《北京人》
王蒙	1988	Irmtraud Fessen-Henjes 等	*Ein Schmetterlingstraum*《蝴蝶》
王蒙、赵树理等	1988	Irma Peters、Sylvia Nagel 等	*Die Eheschließung. Chinesische Erzählungen des 20. Jahrhunderts.*（小二黑结婚——20世纪中国短篇小说集）
李国文	1989	Marianne Liebermann	*Gartenstraße 5*《花园街 5 号》
邓友梅	1990	Ulrich Kautz	*Phönixkinder und Drachenenkel. Bilder aus dem alten Peking.*《烟壶》《那五》

作为当时民主德国第二大出版机构的人民与世界出版社专注于出版国际文学，在这一时期也译介出版了多部中国当代小说作品，共计 5 部，具体见表 3-2。

表 3-2 1978~1991 年人民与世界出版社推出的中国当代小说作品

作者	时间	译者	作品名称
茹志鹃等	1984	Eva Müller 等	*Erkundungen. 16 chinesische Erzähler.*《探索——16 位中国作家》
古华	1985	由 Peter Kleinhempel 译自英语	*Hibiskus oder vom Wandel der Beständigkeit*《芙蓉镇》
鲁彦周	1985	Eike Zschacke	*Die wunderbare Geschichte des Himmel-Wolken-Berges*《天云山传奇》
古华	1986	由 Peter Kleinhempel 译自英语	*Hibiskus oder vom Wandel der Beständigkeit*《芙蓉镇》
冯骥才	1989	Dorothea Wippermann	*Ach*《啊！》

新生活出版社是一家专注于纯文学和青年出版物的出版社，在 1978～1991 年共出版两部当代小说作品，见表 3-3。

表 3-3　1978～1991 年新生活出版社推出的中国当代小说作品

作者	时间	译者	作品名称
冯骥才、陆文夫等	1989	Ernst Schwarz	*Das gesprengte Grab. Erzählungen aus China.* 《炸裂的坟墓》
张贤亮	1990	Konrad Herrmann	*Die Hälfte des Mannes ist Frau* 《男人的一半是女人》

从选材上看，民主德国的出版社除了独立选材以外，文本的来源还有两个：中国出版社出版的英译本以及联邦德国的德译本。古华的《芙蓉镇》最早由中国文学出版社的《熊猫丛书》系列于 1983 年推出英译本①，随后民主德国译介出版了该书的德译本。此外，虽然当时民主德国与联邦德国在政治意识形态上处于对立状态，交往不多，但从 1985 年开始，两国出版社依然在图书版权方面展开合作②，因此，许多首先在联邦德国出版的中国当代小说译本随后也被引入民主德国，例如张洁的《沉重的翅膀》、鲁彦周的《天云山传奇》、冯骥才的《啊！》。

从具体选题来看，译介的均是当时在中国曾名噪一时的优秀作品。古华的《芙蓉镇》、张洁的《沉重的翅膀》分别获得第一与第二届茅盾文学奖。冯骥才的《啊！》、邓友梅的《烟壶》《那五》、鲁彦周的《天云山传奇》、张贤亮的《男人的一半是女人》也均为获奖作品。除了这些单行本之外，出版的三部文集还收录了 80 年代其他知名作家的代表作品，例如高晓声的《陈奂生上城》，陆文夫的《小贩世家》《井》，玛拉沁夫的《活佛

---

① 参见耿强《文学译介与中国文学"走向世界"——"熊猫丛书"英译中国文学研究》，上海外国语大学博士学位论文，2010，第 154 页。

② 参见 Fessen-Henjes, I.: "Übersetzen chinesischer Literatur in der DDR-Ein Rückblick", 载：Martin, H./Christiane Hammer（Hg.）: *Chinawissenschaften-Deutschsprachige Entwicklungen. Geschichte, Personen, Perspektiven.* Hamburg: Institut für Asienkunde, 1999, 635。

的故事》，茹志鹃的《剪辑错了的故事》，汪曾祺的《受戒》，张弦的《被爱情遗忘的角落》等。① 简而言之，译介作品囊括了中国新时期文学的所有流派。

二　中国当代小说在联邦德国的译介

顾彬表示，20 世纪 70 年代以前在联邦德国（西德）汉学界人们始终关注的是古代中国文学，对于 1949 年以后的中国小说兴味索然。② 1968 年联邦德国的大学生运动使中国逐渐受到关注③，到了 1978 年中国实行改革开放之后，除了经济话题以外，中国文学，尤其是新时期文学也开始受到关注。整个 80 年代，联邦德国积极译介中国当代文学，并且成为这一时期译介中国文学高潮的主要推动者。从数据上看，这一时期中国当代小说在联邦德国不仅译介数量多，译介渠道也十分多样化，涵盖了报纸、杂志和文集/单行本。其中报纸也都是当时影响力较大，读者数量众多的主流报纸（见表 3-4）。刊载的作品均是曾在德引起热议的畅销作品。

---

① 《探索：16 位中国作家》*Erkundungen. 16 chinesische Erzähler*。收录的当代作家作品有陈国凯的《主与仆》*Herr und Diener*、谌容的《玫瑰色的晚餐》*Ein rosenroter Abend*、邓友梅的《寻访"画儿韩"》*Suche nach Bilder-Han*、高晓声的《陈奂生上城》*Chen Huansheng geht in die Stadt*、李准的《芒果》*Die Mangofrucht*、陆文夫的《小贩世家》*Die Chronik einer Straßenhändlerfamilie*、玛拉沁夫的《活佛的故事》*Die Geschichte eines lebenden Buddha*、莫应丰的《屠夫皇帝》*Seine Majestät, der Fleischer*、茹志鹃的《剪辑错了的故事》*Eine falsch redigierte Geschichte*、王安忆的《本次列车终点》*Dieser Zug endet hier*、王蒙的《悠悠寸草心》*Voller Besorgnis und kleinherzig*、汪曾祺的《受戒》*Die Mönchsweihe*、张弦的《被爱情遗忘的角落》*Ein von der Liebe vergessener Winkel*。*Die Eheschließung. Chinesische Erzählungen des 20. Jahrhunderts.* 收录了两位当代作家的作品，分别是王蒙的《组织部来了个年轻人》*Der Neue in der Organisationsabteilung*、赵树理的《小二黑结婚》*Die Eheschließung*。*Das gesprengte Grab. Erzählungen aus China.* 收录的当代作家作品包括冯骥才的《雾中人》*Abschied im Nebel*、陆文夫的《井》*Der Brunnen*、王蒙的《活动变人形》节选 *Spiel der Verwandlungen*、王浙滨的《一封情书的真情》*Die Wahrheit über einen Lietesbrief* 以及张弦的《未亡人》*Die Witwe*。

② 参见顾彬《汉学研究新视野》，广西师范大学出版社，2013，第 51 页。

③ 参见谢淼《德国汉学视野中的中国当代文学（1978-2008）》，武汉大学博士学位论文，2009，第 43 页。类似观点参见 Neder，C.："Rezeption der Fremde oder Nabelschau?"，载：Martin，H./Christiane Hammer（Hg.）：*Chinawissenschaften-Deutschsprachige Entwicklungen. Geschichte，Personen，Perspektiven.* Hamburg：Institut für Asienkunde，1999，619。

表 3-4　1978~1991 年在联邦德国以报纸为载体的中国当代小说译作

报纸名称	时间	作品名称
Der Tagesspiegel《每日镜报》	1986.7.27	张辛欣：《北京人》节选 Der Sohn
Die Tageszeitung《德国日报》	1987.7.13	土安忆：《小城之恋》节选 Kleinstadtliebe
Die Tageszeitung《德国日报》	1987.9.17	叶文玲：Kein weiteres Problem（原作名不详）
Deutsche Volkszeitung	1989.6.30	张洁：《沉重的翅膀》节选 Rhythmus des Lebens
Deutsche Volkszeitung	1989.6.30	冯骥才：《啊！》节选 Ach

　　图 3-3 的数据显示，联邦德国的译介活动同样也经历了 80 年代初的酝酿期之后在 80 年代中期逐渐走高。数据的增长虽然从根本上源于这一时期联邦德国人民了解中国的愿望，但在具体执行的层面则要感谢联邦德国汉学家的努力。在这一时期，联邦德国汉学家创立了众多对于推介中国文学来讲意义重大的文学杂志。《新中国》（Das neue China）创立于 1977 年，《中国报》（Chinablätter）创立于 1982 年，《东亚文学杂志》（Hefte für ostasiatische Literatur）于 1983 年创刊，《龙舟》（Drachenboot）由顾彬创立于 1987 年，《东方视角》（Orientierungen）与《袖珍汉学》（minima sinica）两本杂志则同样由顾彬创立于 1989 年。通过这些杂志创建的时间，我们便不难理解图 3-3 中 1985 年和 1989 年的两个杂志译介的高峰。这些杂志一经创建便成为这一时期杂志载体中推介中国文学的主力军①，并且这些杂志中的一些直至今天仍是译介中国文学的重要平台。② 除了上述新建文学杂志之外，一些并不以推介中国或者亚洲文学为主的文学杂志也纷纷推出了有

---

① 这一时期以杂志为载体译介出版的中国当代小说作品共计 86 条，其中有 45 条出自上述新创杂志，占比超过一半。

② 杂志 Chinablätter 于 1994 年因为杂志主编开始旅居中国而不得不停刊。杂志 Drachenboot 为顾彬所创办，但是只出版了两期，于 1988 年停刊。Das neue China 已于 2014 年底停刊，具体参见 http：//www.dnc-online.de/。Orientierungen 与 minima sinica 杂志则于创刊之后辗转于多家出版社出版，从 2015 年开始由德国东亚书局（Ostasien Verlag）出版，并且在 2015~2016 年，杂志由该出版社与外语教学与研究出版社合作出版。北京外国语大学李雪涛教授也于 2015 年开始作为主编之一参与到杂志的出版中来，具体参见 http：//www.ostasien-verlag.de/zeitschriften/or/or.html。

关中国文学的专刊①，可见这一时期中国文学在联邦德国所引发的热潮。

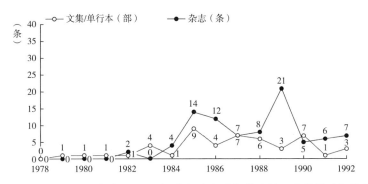

图 3-3　1978~1991 年杂志和文集/单行本在联邦德国的译介数量时间分布

　　专业的文学杂志发挥着沟通德国出版社和中国文学的"中间人"作用，尤其在中德沟通渠道极为有限的 80 年代。这些新创立的杂志在自身译介中国文学的同时，也推动了德国商业出版社译介活动的开展。两者之间良好的互动关系是 80 年代中国当代小说在联邦德国译介热潮的最佳写照。

　　这一时期文集/单行本的出版数量共计 49 部。参与其中的出版社共有 20 家，并且种类繁多，既有像布罗克迈尔出版社（Brockmeyer）这样的大学出版社，也有类似恩格尔哈特（Engelhardt-Ng）这样知名度较小的小型出版社②，更有如德国口袋书出版社、乌尔施泰因出版社、翰泽尔出版社

① 杂志 *Literarisches Arbeitsjournal* 于 1988 年推出了中国文学专刊。此外，著名的文学杂志 *die horen* 分别于 1985 年和 1989 年出版了两期中国文学专刊，题名分别为：*Von Rinderteufeln und Schlangengeistern. Chinesische Literatur，Kunst und politische Kultur im Spektrum des 20. Jahrhunderts*；*Wilde Lilien. Chinesische Literatur im Umbruch*。

② Engelhardt-Ng Verlag 和 Lamuv Verlag 两家出版社虽然规模不大，但分别译介出版了 4 部中国当代小说作品，Engelhardt-Ng Verlag 出版的 4 部小说作品分别是鲁彦周的《天云山传奇》*Die wunderbare Geschichte des Himmel-Wolken-Berges*（1983）、小说集《在寒夜中哭泣：中国当代小说集》*Das Weinen in der kalten Nacht. Zeitgenössische Erzählungen aus China*（1985）、高晓声的《陈奂生系列》*Geschichten von Chen Huansheng*（1988）、鲁彦周的《天云山传奇》*Die wunderbare Geschichte des Himmel-Wolken-Berges*（1988 再版）。Lamuv Verlag 推出的 4 部作品为王安忆的短篇小说集《道路》*Wege*（1985）、遇罗锦的长篇小说《一个冬天的童话》*Ein Wintermärchen*（1985）、张辛欣的小说集《在同一地平线上》*Am gleichen Horizont*（1986）和《我们这个年纪的梦》*Traum unserer Generation*（1986）。

之类的知名商业出版社，并且知名出版社的出版量为 22 部，接近整个出版量的近一半（见图 3-4）。

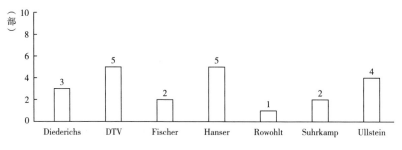

图 3-4 1978～1991 年联邦德国知名出版社的出版数量

与民主德国相比，联邦德国的译介活动涵盖的作家和作品范围更广，数量也更为庞大。这一时期共有 71 位作家的作品获得译介，基本上涵盖了当时中国当代文学的代表人物，例如阿城、北岛、残雪、陈国凯、谌容、丛维熙、戴厚英、邓友梅、冯骥才、高晓声、古华、韩少功、洪峰、黄宗英、蒋子龙、孔捷生、刘心武、陆文夫、卢新华、鲁彦周、马建、马原、莫言、王安忆、王蒙、张洁、张抗抗、张贤亮、张辛欣、宗璞等。从小说流派上来讲，作品的译介范围更是涵盖了伤痕文学、反思文学、改革文学、女性文学、寻根文学等主要的新兴文学思潮。除了这些主要文学流派以外，一些在当时略显"偏门"的小说类型也在译介之列，古尔特曼出版社（Goldmann）在 1984 年译介出版了一部中国当代科幻小说集，名为 *Science Fiction aus China. Kurzgeschichten*，该文集收录了童恩正、王晓达、魏雅华、肖建亨、叶永烈等当代科幻作家的作品。

从选题标准上来看，这一时期的译介深受两大因素的影响。首先是意识形态，主要是"文革"类作品和"争议作品"。例如，乌尔施泰因出版社在 1979 年推出转译自英语的夏之炎（本名林洲）的《北京最寒冷的冬天》（*Der kälteste Winter in Peking*），作品的核心内容在于反思、批判"文革"。此外，森特勒出版社（Sendler）在 1987 年出版了一部文集，题名为《人道主义的幽灵》（*Das Gespenst des Humanismus*），其中收录了当时在中国国内引起争议的小说——白桦的《苦恋》(*Bittere Liebe*)，及诗人北岛创作的唯一反思"文革"的小说《归来的陌生人》。[①] 除此之外，《时序》杂志更是在 1985 年出版了一期专门反映"文革"的作品集，题为《牛鬼蛇神》(*Von Rinderteufeln und Schlangengeistern*)。

其次，德语读者普遍以社会学视角看待中国当代文学作品。这一诗学标准的影响表现在两个方面。第一，获得译介的小说绝大多数为短篇小说，这表明德国读者意图通过时效性更强的短篇小说来了解当下的中国，而并不是纯粹为了欣赏文学艺术。第二，这一时期在德国反响强烈的作品都具有极强的纪实性。整个 80 年代在德语地区最为成功的两部作品分别为张洁的《沉重的翅膀》和张辛欣、桑晔的《北京人》。两部作品德译本取得了极高的销量。而这两部作品的纪实性是其成功的关键因素之一。《沉重的翅膀》的译者阿克曼表示，该书在德国取得成功除了作品本身文学价值较高以外，更多是因为当时德国人对中国，特别是新时期的中国并不了解，而这本小说恰好记录了这方面的信息。[②] 而对于《北京人》的成功，汉学家马汉茂则认为这部纪实小说称不上是严格意义上的纯文学作品，其成功很大程度上要归功于其纪实性。[③]

[①] 北岛的小说作品受到格外的关注，在德语世界获得多次译介和转载，具体如下：短篇小说《归来的陌生人》*Die Heimkehr des Fremden*，载：*Hoffnung auf Frühling. Moderne chinesische Erzählungen. Zweiter Band 1949-1979*，Frankfurt：Suhrkamp，166-184；短篇小说《在废墟上》*In den Ruinen*，载：*die horen. Von Rinderteufeln und Schlangengeistern. Chinesische Literatur, Kunst und politische Kultur im Spektrum des 24. Jahrhunderts*，138，1985，271-275；短篇小说《幸福大街 13 号》*Straße des Glücks Nr. 13*，译者为 Helmut Forster Latsch，Eva Klapproth，载：Kommune，5，1990，71-75；短篇小说《归来的陌生人》*Die Heimkehr des Fremden*（选自 *Hoffnung auf Frühling. Moderne chinesische Erzählungen. Zweiter Band 1949-1979*），载：*Chinesische Erzählungen. Herausgegeben von Andrea Wörle*，München：dtv，166-184；短篇小说《幸福大街 13 号》*Glücksgasse 13*，译者为 Andreas Donath，载：*China erzählt. 14 Erzählungen. Ausgewählt und mit einer Nachbemerkung von Andreas Donath*，Frankfurt：Fischer，1990；中篇小说《波动》*Gezeiten*，Frankfurt：S. Fischer，1990；中篇小说《波动》节选 *Bittere Träume*，载：*Die Auflösung der Abteilung für Haarspalterei. Texte moderner chinesischer Autoren. Von den Reformen bis zum Exil*，Reinbek：Rowohlt，1991，95-105；短篇小说集《幸福大街 13 号》*Glücksgasse 13*，译者不明，Bochum：Brockmeyer，1992。

[②] 《致力于文化交流，汉学家阿克曼的中国不了情》，中国网，http：//www.china.com.cn/international/txt/2008-07/08/content_15975693.htm，2008。

[③] 参见 Martin，H.：*Schöne dritte Schwester-Übersetzungen*. Dortmund：Projekt，1996，374。

三　中国发起的译介活动

这一时期中国也积极参与到中国当代小说德译活动中，主要的译介主体是外文出版社。它在这一时期共译介出版了 9 部中国当代小说作品（见表 3-5）。

表 3-5　外文出版社译介到德语中的中国当代小说作品（1978～1991）

年份	作者	译者	作品名称
1978	黎汝清	未知	*Milizionärinnen auf einer Insel*《海岛女民兵》
1979	周立波	Wolfgang Müncke；Yang Enlin	*Orkan*《暴风骤雨》
1983	杨沫	Alexander Sichrovsky；Annemarie Ma	*Das Lied der Jugend*《青春之歌》
1985	张洁、张抗抗、宗璞等	Waltraut Bauersachs；Hugo-Michael Sum；Jeanette Werning	*Sieben chinesische Schriftstellerinnen der Gegenwart*《中国当代七位女作家》
1986	孟伟哉	Hugo-Michael Sum	*Geburt einer Statue*《一座雕像的诞生》
1987	刘绍棠	Ursula Richter	*Die Leute bei den Kätzchenweiden*《蒲柳人家》
1990	王蒙	Ursula Richter, Chen Hanli, Zhao Rongheng, Bettina Schröder, Dagmar Altenhofen, Ursula Ebell, Stefan Hase-Bergen und Du Juanjuan	*Die gemusterte Jacke aus violetter Seide in den Tiefen der Holztruhe*《木箱深处的紫绸花服》
1990	邓友梅	Übersetzt von GünterAppoldt, deutsche Bearbeitung durch Frieder Kern. Redaktion der deutschen Ausgabe von Wang Yu（Günter Appoldt 初译，Frieder Kern 润色，Wang Yu 编辑）	*Das Schnupftabakfläschchen*《烟壶》
1991	冯骥才	Monika Katyenschlager, Frieder Kern	*Der wundersame Zopf. Erzählungen.* 短篇小说集《神鞭》

　　从选择的作家来看，获得译介的既有建国初期的老一辈作家，例如黎汝清、周立波、杨沫、刘绍棠和王蒙等，同时也涵盖了一批"文革"之后的文坛新秀，例如张洁、张抗抗、冯骥才等。从整体比例上看，新时期的文学作品和建国初期的作品各占半数。可以看出，外文出版社这时已经开始有意识地对外介绍中国当代文学的最新发展。

　　从选题来源上看，外文出版社虽然也有独立的选本，但很多文本的选择是参考中国文学出版社的英译本。例如，《中国当代七位女作家》最初是由中国文学出版社在1982年首次推出英文版，出版之后在英语世界获得巨大成功，多次再版，销量有三四万册。[①] 刘绍棠、王蒙、邓友梅、冯骥才等作家的作品也同样是先由《熊猫丛书》推出英文本，之后才有了外文出版社的德语译本。[②] 外文出版社如此选本主要是考虑到德语读者的接受问题才会选取在英语世界相对成功的作品作为德译的文本。虽然今天看来，德语和英语世界的文学市场和读者并不相同[③]，但这至少是中国出版社当时的一种积极尝试。

四　中德译介活动中的译介选题对比

　　从实际效果来看，外文出版社参考英译本选择德译文本的策略也取得了一定的成效，例如，《中国当代七位女作家》在1985年推出之后便引起了德国口袋书出版社的注意，该出版社在随后的一年重新译介出版了这部作品，具体见表3-6。

---

① 参见耿强《文学译介与中国文学"走向世界"——"熊猫丛书"英译中国文学研究》，上海外国语大学博士学位论文，2010，第207页。

② 同上，第153~158页。

③ 参见朱安博、顾彬《中国文学的"世界化"愿景——德国汉学家顾彬访谈录》，《吉首大学学报》（社会科学版）2017年第3期。类似观点参见曹丹红《文学的多元诉求与文学接受的多重可能——从诗学观差异看中国文学的外译问题》，《小说评论》2017年第4期；郑晔《从读者反应看中国文学的译介效果：以英文版〈中国文学〉为例》，《中国比较文学》2017年第1期。

表 3-6　中德译介作品对比

外文出版社作品（1985）		DTV 出版社作品（1986）	
Sieben chinesische Schriftstellerinnen der Gegenwart《中国当代七位女作家》		*Frauen in China. Erzählungen* 短篇小说集《中国女人》	
黄宗英	*Flug der Wildgänse*《大雁情》	黄宗英	*Flug der Wildgänse*《大雁情》
茹志鹃	*Der Pfad durch das Grasland*《草原上的小路》	茹志鹃	*Der Pfad durch das Grasland*《草原上的小路》
张洁	*Unvergessliche Liebe*《爱是不能忘记的》	张洁	*Die Liebe darf man nicht vergessen*《爱是不能忘记的》
张抗抗	*Verlorene Jahre*《无法抚慰的岁月》	张抗抗	*Die verlorenen Jahre*《无法抚慰的岁月》

　　因此，在 80 年代沟通渠道有限的时代背景下，外文出版社作为德语世界了解中国当代文学的通道还是发挥了积极作用的。然而，外文出版社译介出版的 9 部作品中也并非所有都获得了《中国当代七位女作家》那样的关注。将外文出版社译介的作家与作品与德语地区出版社的译介情况进行对比发现，外文出版社译介的作家中有三位在德语地区进行的译介活动中从未被涉及。他们分别是：黎汝清、杨沫以及孟伟哉。这三位作家的作品均有一个共同的特点，即都具有较强的政治教育意义，而这是德语地区主流诗学所排斥的。①

　　由意识形态所导致的中德文学审美差异问题早已有之。早在 20 世纪 50 年代，中国同民主德国关系亲近，双方出版机构通力合作向民主德国的读者推介中国当代文学。当时民主德国的人民与世界出版社为了适应这一形势甚至专门聘请了一位在莱比锡和北京学习过的汉学家全职负责双方在合作上的沟通。据其透露，即便双方在政治上亲近，中国出版社发来的当代文学作品因为极少能够满足民主德国的文化审美需求而无法在民主德国

---

① 该观点源自马海默（Marc Hermann）在"全球化语境下的文学翻译：现状与反思国际学术研讨会"上的发言，具体参见顾牧《书写的桥梁——中德作家、译者谈文学创作与文学翻译》，顾牧、王建斌（主编）《超越时空的对话——现代语境下的中德文学翻译》，外语教学与研究出版社，2017，第 192 页。

译介出版。①

在译介选题上，不仅中德之间存在差异，即便在中国官方出版机构内部也存在不同的声音。原《熊猫丛书》主编杨宪益就曾因不满足于只译介那些具有"革命传统"的作品而与上级官员据理力争。② 中国文学出版社原中文部编审徐慎贵在谈到《中国文学》杂志的译介选题标准时表示，作品首先要文学性强，再者要适合对外。他坦言有相当多的文学佳作因为不适合对外而未能获得译介。③ 从中不难看出，国内出版社的选题由于受到意识形态因素的影响，在一定程度上偏离了纯粹的文学审美。其背后的原因一方面在于外文出版社作为官方出版机构自然要使作品符合主流意识形态；另一方面则与中国既往的文艺政策有关。1949 年至 1976 年，中国文学经历了一个政治一体化的发展阶段。④ 而文学的对外译介也受到这一特点的影响。"文革"之后，虽然文艺政策发生改变，但长期形成的思维惯性一时难以改变。两方面因素共同造成出版社在选题上依然表现出较强的意识形态倾向。

此外，在对中德双方的译介选题进一步对比之后发现，在译介活动中存在重复翻译的问题，例如外文出版社在 1990 年译介出版了邓友梅的小说《烟壶》（*Das Schnupftabakfläschchen*），而就在同年，德国奥夫堡出版社也译介出版了该部作品，名为《凤子龙孙》（*Phönixkinder und Drachenenkel*）。⑤ 这样两部相同的作品同时出现在德国文学市场上，相互之间无疑构成了竞争关系。作为一名普通德国读者是会选择国外出版社译介的作品，还是选

---

① 参见 Fessen-Henjes, I.: "Übersetzen chinesischer Literatur in der DDR-Ein Rückblick", 载：Martin, H./Christiane Hammer（Hg.）: *Chinawissenschaften-Deutschsprachige Entwicklungen. Geschichte, Personen, Perspektiven.* Hamburg, 1999, 630。

② 参见邹霆《永远的求索（杨宪益传）》，华东师范大学，2007，第 360 页。

③ 参见耿强《文学译介与中国文学"走向世界"——"熊猫丛书"英译中国文学研究》，上海外国语大学博士学位论文，2010，第 195 页。

④ 参见张岩泉、王又平《20 世纪的中国文学》，武汉大学出版社，2009，第 167 页。

⑤ 该译本收录了邓友梅的两部短篇小说，除《烟壶》以外，还包含另一部作品《那五》。同时收录的主要原因在于两部作品题材相近。

择自己更为熟悉的本国知名出版社推出的作品，答案不言自明。① 重复译介背后反映出当时中德双方出版社缺乏了解与沟通，各自为战的问题。而在全力助推中国文学走出去的今天回看这一现象，一个值得思考的现实问题是在沟通更为便捷的当下，如何在译介活动中加强中德出版社间的交流与合作，充分发挥双方各自在译介活动中的优势，避免类似问题再次出现。

第二节　译介效果的影响因素——
小说《沉重的翅膀》

通过宏观数据分析可以确定影响译介活动以及最终译介效果的文本外因素，即意识形态、诗学、赞助人等。但这些文本外因素又会对文本产生哪些影响，而文本因素是否同样会对最终的译介效果产生作用？为解决这一问题，本书选取不同译介周期内达成较好译介效果的个案展开分析。

在整个 80 年代前后的译介高潮中诞生了不少取得了上佳译介效果的中国当代小说作品，其中最典型的代表毫无疑问是作家张洁的长篇小说《沉重的翅膀》，该作品的德译本最初由翰泽尔出版社于 1985 年推出，译者为知名汉学家阿克曼。作品一经推出便在联邦德国热销。1986 年，该译本又被民主德国引入，而在 1987 年，译本又在德国口袋书出版社再版，截止到 1987 年，该作品仅在翰泽尔出版社就已再版 7 次。② 作品的总销量有 8~10 万册，这是惊人的。从媒体评论数量上来看，小说德译本出版之后各大报

---

① 郑晔在比较海外专业读者对《中国文学》杂志刊载作品的评价和他们对本国主动译介的中国文学作品的反应时发现，海外专业读者明显对本国主动译介的作品的翻译质量更为满意。参见郑晔《从读者反应看中国文学的译介效果：以英文版〈中国文学〉为例》，《中国比较文学》2017 年第 1 期。
② 参见谢淼《新时期文学在德国的传播与德国的中国形象建构》，《中国现代文学研究丛刊》2012 年第 2 期。

纸杂志上的评论文章共计 17 篇①，刊登这些评论文章的媒体种类丰富，覆盖的范围广泛，不仅包括专业的中国文学杂志，更是涵盖了整个德语地区的主流媒体。从译介效果来讲，这部小说无疑是中国当代文学最成功的德译作品。马汉茂甚至认为这本小说可能是整个 20 世纪中国文学在德国反响最为热烈的作品。②

本书选取这样一部成功作品作为典型个案，探讨影响译介效果的文本外以及文本内因素。

一 翰泽尔出版社（Hanser）、德国口袋书出版社（DTV）

这部小说的译介主体为翰泽尔出版社和德国口袋书出版社。翰泽尔出版社由卡尔·翰泽尔（Karl Hanser）于 1928 年在慕尼黑创立，目前是德国为数不多的家族式出版公司。虽然只有中等规模，但这丝毫不影响它在德国出版界的声誉。多年来，翰泽尔出版社一直在德国出版社排行评选中位居前 30 名，并且曾六度获选为"年度出版社"。③ 德国杂志《西塞罗》甚至称其为德国当下最重要的文学出版社。④ 出版的作品更是包括多位诺贝尔奖获得者，从 1960 年的法国作家圣·琼·佩斯（Saint-John Perse）、1978年的美国作家艾萨克·巴什维斯·辛格（Issac Bashevis Singer），到 1987年的苏裔美国作家约瑟夫·布罗茨基（Joseph Brodsky）、1995 年的爱尔兰

---

① Barbara Hendrischke，载：*Das neue China*，1985，第 2 期，84；Alice Villon-Lechner，载：*Frankfurter Allgemeine Zeitung*（1985.6.13）；Lekha Sarkar，载：*Der Tages-Anzeiger*（Zürich，1985.7.1）；M. Laser，载：*Basler Zeitung*（1985.7.5）；Friedrich G. Stern，载：*Nürnberger Nachrichten*（1985.7.6）；Tilmann Spengler，载：*Süddeutsche Zeitung*（1985.7.20）；Hinweis auf eine Lesung der Autorin（mit Foto）in München，载：*Süddeutsche Zeitung*（1985.7.24）；Tilmann Spengler，载：*Bremer Nachrichten/Die Norddeutsche*（1985.8.1）；Martin Ahrends，载：*Die Welt*（1985.8.8）；Dagmar Granzow，载：*Stern*，1985，第 37 期；Andrea Reidt，载：*Frankfurter Allgemeine Zeitung*（1985.8.12）；Angelika Ohland，载：*Deutsches Allgemeines Sonntagsblatt*（1985.8.18）；Meike Behrend，载：*Die Zeit*（1985.8.30）；Hannelore Schlaffer，载：*Stuttgarter Zeitung*（1985.11.9）；Susanne Ebling，载：*der tip*，1985，第 10 期；Holger Schlodder，载：*Wiesbadener Kurier*（1985.10.26）；E. Müller，载：Weimarer Beiträge，6/34，1988，1002-1008。

② 参见 Martin，H.：*Schöne dritte Schwester-Übersetzungen*. Dortmund：Projekt，1996，374。

③ 参见 http://www.hanser.de/verlagschronik/。

④ 参见 https://en.wikipedia.org/wiki/Carl_Hanser_Verlag。

诗人希尼 (Seamus Heaney)，以及 2012 年的中国作家莫言等共计 17 位。[①] 此外，在奥地利文学市场居于主导地位的苏索耳内出版社是翰泽尔出版社旗下的一员。[②]

德国口袋书出版社同样名声在外，创立于 1961 年，总部位于慕尼黑，属于德语地区最大的独立出版社之一，并且经常在德国畅销书排行榜上名列前茅。此外，鉴于德国口袋书出版社拥有强大的销售和物流网络，德国和国际上的多家出版社都与其保持着良好的合作关系，例如翰泽尔出版社、贝克出版社 (Beck) 等。[③]

从文学译介的语境观来看，中国文学的译介最好由目的语地区 (德语地区) 的出版机构，尤其是目的语地区 (德语地区) 的知名出版社来担当译介主体。知名出版社除了拥有中国出版社所不具备的地利、人和优势外，它与德语地区的一般出版机构相比还占有更多的经济资本、社会资本和文化资本，这些资本在经过一定时间的积累并被人们了解、认可之后便又抽象化为符号资本。[④] 更多的资本意味着知名出版社能够占有和调动更多社会资源。知名出版社的这些优势使其推出的作品在理论上能够影响和覆盖更加庞大和多样的读者群体，因而从一开始便增加了作品取得市场成功的概率，并且这些出版社雄厚的经济资本也会使作品在宣传推广方面更有力度。因而，《沉重的翅膀》这部小说在德语世界受到欢迎无疑与其译介主体，翰泽尔出版社和德国口袋书出版社在业界的声誉和影响力有一定关系。

二　译者阿克曼

小说《沉重的翅膀》的德语译者为阿克曼，德国知名的汉学家和翻译家。他 1946 年出生于德国巴伐利亚州，在慕尼黑大学学习汉学、国民经济

---

① 参见 http：//www. hanser. de/nobelpreistraeger/。

② 参见 http：//www. hanser. de/verlagschronik/。

③ 参见 https：//www. dtv. de/verlag/ueber-uns-about-us/c-39。

④ 参见刘晓峰、马会娟《社会翻译学主要关键词及其关系诠释》，《上海翻译》2016 年第 5 期。

学和政治学，之后在北京大学学习中国近现代史。1988年他开始负责创建中国地区的歌德学院。在2007~2010年他主持了"中德同行"这一政府间项目。从2006年到2011年退休之前，他一直担任歌德学院大陆和台湾分院的负责人。自2012年起，他成为德国墨卡托基金会（Stiftung Mercator）的中国区代表。除了在中德文化交流中扮演重要角色之外，他还是一位译介中国当代文学作品的译者，曾参与译介多部中国当代作家作品，除了张洁的《沉重的翅膀》，还有张洁的小说《方舟》（*Die Arche*）、小说集《何必当初》（*Joange nichfs passiert, gasdrieht and wichts*），刘震云的《故乡天下黄花》（*Die gelben Blumen unter dem Himmel der Heimat*）、《我不是潘金莲》（*Scheidung auf Chinesisch*），莫言的《罪过》（*Schuldig*），王剑平的《拾易拉罐的小男孩》（*Altmüll*）等。①

由知名的译者来负责作品译介，一方面可以保证作品的译介质量；另一方面知名译者同知名出版社一样也拥有各种资本，并且这些资本在广受认可之后逐渐转化为符号资本，也就是所谓的"品牌效应"。因而，他们译介的作品也更易被读者接受。

三　小说《沉重的翅膀》

小说作者张洁是中国当代文学中最为重要的女性作家之一。1978年她的处女作《从森林里来的孩子》一经发表便获得了1979年的全国短篇小说奖，该作品也成为"伤痕文学"的代表作之一。② 之后张洁又相继推出

---

① 阿克曼译介重要作品出版信息：Zhang Jie：*Schwere Flügel*，München：Hanser，1985；Zhang Jie：*Die Arche*，Verlag Frauenoffensive，1985；Zhang Jie：*Joange nichfs passiert, gasdrieht and wichts. Satiren*，Hanser，1987；Liu Zhenyun：*Die gelben Blumen unter dem Himmel der Heimat*，载：*Welt mit leerer Mitte. Die Literatur der chinesischen Avangarde（die horen）*，1993，49-56；Mo Yan：*Schuldig*，载：*Welt mit leerer Mitte. Die Literatur der chinesischen Avangarde（die horen）*，1993，24-41；Wang Jianping：《拾易拉罐的小男孩》*Altmüll*，载：Peschel, S./Zhang Xiaoying（Hg.）：《人间烟火——德国之声文学大奖优秀作品文集》*Das irdische Dasein-Deutsche Welle Literaturpreis China*. 外语教学与研究出版社/Deutsche Welle，2001；Liu Zhenyun：*Scheidung auf Chinesischl*，Köln：Bastei Lübbe，2017。

② 参见朱栋霖、朱晓进、吴义勤《中国现代文学史1917-2013》第三版下册，高等教育出版社，2014，第103页。

《沉重的翅膀》《谁生活得更美好》《方舟》《无字》等佳作。① 汉学家顾彬更是称其为一位多面女作家，关注女性话题却又不限于此。②

《沉重的翅膀》最早发表在文学杂志《十月》上，一经发表便引起巨大争议，最终在经过修订之后获得了第二届茅盾文学奖，成为中国新时期"改革文学"的代表作之一，目前已有 12 种外语译本。除了小说原作真实传达时代特色之外，作家的女性身份也暗合于当时西方社会的女权运动氛围，而作品当时的争议性更是符合德语世界对于中国文学作品的选题偏好。正是在这些因素的共同作用下，小说才获得译介。

至于译本在德语世界的成功则与作品内容密切相关。这部完成于 1981 年 4 月的小说敢于突破当时的禁忌，将笔触延伸至中央重工业部高层，探讨改革开放伊始体制改革面临的种种矛盾与困境，新旧思维方式，改革与保守思想之间的冲突，展现了新时期中国政治、经济生活领域的真实面貌。③ 作品内容直指当时的社会改革现实，因而也一度被称为"与生活同步"④ 的小说。小说内容上的特点一方面恰好与德国读者普遍从政治和社会学视角来解读中国文学作品的诗学观念相符合，因而有报纸评论将这部小说称为"德语读者首次接触到的全面描写当下中国的小说作品"；⑤ 另一方面，"经济中国"当时同样是一个在德国深受关注的话题，而这部作品也记录了这方面的内容。由此可见，作家的特殊身份和作品的内容特点是造就小说德译本成功的又一关键因素。

四 《沉重的翅膀》德译本翻译特点

传播学的另一位集大成者威尔伯·施拉姆（Wilbur Schramm）曾借用

---

① 参见 http://www.chinawriter.com.cn/fwzj/writer/85.shtml。

② 参见 Kubin, W.: *Die chinesische Literatur im 20. Jahrhundert*, München: K·G·Saur Verlag, 2005, 355。

③ 参见张洁《沉重的翅膀》，人民文学出版社，1981。

④ 洪子诚：《中国当代文学史》，北京大学出版社，2007，第 309 页。

⑤ Villon-Lechner, A.: "Man muß sich um die Leute kümmern. Ein Roman der Autorin Zhang Jie über das heutige China", 载: *Frankfurter Allgemeine Zeitung*, 13.06.1985, 26。

经济学中的最省力原则提出"施拉姆公式"①（图 3-5）。

图 3-5　施拉姆公式

　　根据公式，人们从事某一活动的频率与获得奖励的期望大小成正比，而与所需付出的努力成反比。首先，读者在阅读翻译文学作品之前，对其抱有一定的期待。而期待能否获得满足是读者阅读的动力。

　　其次，读者所付出的努力在此指的是他们阅读过程中为了理解作品而花费的时间和精力。付出努力的多少一方面与作品本身同目的语读者"期待视野"间的契合度密切相关，因为较高的契合度意味着作者无需再经历"视野转变"；另一方面则与译者在文本翻译过程中所使用的翻译策略密不可分，因为译者对文本的处理方式决定了译本的面貌和可接受性。

　　《沉重的翅膀》德译本作为 1978 年以来在德语地区最受欢迎的小说译作同时满足了上述两个条件。首先，通过前文的宏观分析发现，《沉重的翅膀》这部作品首先在主题上满足了德语读者对于中国当代文学的总体期待。其次，通过对文本的对比分析发现，译者对于文本的处理也颇具特点，其中却也不乏争议之处。具体来看，译者文本处理的特点体现在对三种翻译策略的使用上：删减、增译/改译以及文末词汇注释。

（一）删减

　　译者在翻译《沉重的翅膀》这部作品时，大量使用了删减策略，全书

---

　　① 参见 Schramm, W./Porter, W.：Men, *Women, Messages, and Media：Understanding Human Communication*（*second edition*），Beijing：Peking University Press，2010，96。

共计88处。具体来看，造成这些删减的原因又有所不同。首先，原著本身虽然是一部改革文学佳作，但也并非完美无缺。文学评论家张光年在为原著小说所做的序中曾直言：

> 有些人物的心理分析是绝妙的，有些则几乎是作者心理、情绪的化身。人物对话中议论过多，作者还迫不及待地随处插进许多议论。固然有些议论是精彩的，收到画龙点睛的效果；但有些是不必要的，不妥当的，有的是完全错误的，因此引起严重的责难。[①]

此外，他还曾对作者张洁直白地表示：

> 你好容易把读者吸引到你精心织造的形象世界中，读者可以同人物共喜忧了，又跟着来一段议论，把读者从情境中赶了出来……。[②]

文学评论家陈骏涛在谈及这部作品中的大段议论时表示：

> 张洁这部小说中的议论，大致说来，有这样三种情况：一种是通过人物的对话说出的，这种议论大多是与小说的情节扣得较紧的，它构成了小说整体的不可缺少的部分，很有一些新鲜的、隽永的、值得回味的东西。另一种情况是通过人物的内心活动而发出的议论，这些议论大多也是与人物在特定环境下的心境相联系的，它有助于深化人物的性格描写和人物内心世界的展示，而且也颇含哲理的意味。但是，在这两类议论中，也有一些冗长的、沉闷的、不成功的，例如郑子云在政治思想工作会议上长达一万六七千字的报告，即属此例。这在作者，也许以为是得意之笔，但在读者，却认为是败笔。还有一种情况是作者的介入，是与整个情节的发展和人物的思绪流动扣得不紧

---

① 张光年：《序言》，载张洁《沉重的翅膀》，人民文学出版社，2012，第2页。
② 同上。

的，或者干脆就是游离的。①

《沉重的翅膀》的英语译者戴乃迭也曾表示，原作中关于政治和经济政策的大幅议论显得冗长。②

此外，通过对比原作 1981 年和 1984 年的两个版本发现，作者张洁在小说的第二版（1984 年版）中也对相关内容做了大幅删减，并且张洁本人也同意译者阿克曼在翻译时对作品进行精简。③

另外，对于中国文学，德语读者期望在阅读中了解一些具有"异域风情"的内容，但又不希望这些内容过多而影响他们的阅读兴趣。④ 而《沉重的翅膀》中大量关于中国政治、经济、行政管理等方面的大幅议论无疑会超出普通德语读者的接受能力。再者，翻译中国文学的德语译者普遍认为中国文学作品容易出现冗余和煽情的问题。⑤ 在德语读者这样的视野下，《沉重的翅膀》原作本身的问题无疑会被进一步放大。

出于上述原因，译者在翻译过程中发挥自身的主体性作用，对小说中涉及经济、政治等专业内容以及不够精简的部分，尤其是对人物对话过程中插入的议论内容进行了删减。（见例 1、2 画线部分是被删减的内容）

例 1⑥：困难是相当大的，换过好几任厂长了。从部里来说，就有两位局长在那里就任过。当然，那是"四人帮"横行的时期，谁也别

---

① 陈骏涛：《从一而终 陈骏涛文学评论选 1977-2011》，上海文艺出版社，2013，第 285 页。
② 参见顾毅、高菲《改写理论视角下葛浩文英译〈沉重的翅膀〉译者主体性研究》，《山西农业大学学报》（社会科学版）2014 年第 10 期。
③ 参见 Zhang Jie：*Schwere Flügel*，München/Wien：Carl Hanser Verlag，1985，4。
④ 高立希：《我的三十年——怎样从事中国当代小说的翻译》，《外语教学理论与实践》2015 年第 1 期。
⑤ 马海默：《"寻得魔咒语……"——论汉德文学翻译中的风格问题》，载顾牧、王建斌主编《超越时空的对话——现代语境下的中德文学翻译》，外语教学与研究出版社，2017，第 131～140 页。
⑥ 小说《沉重的翅膀》1981 年初版，1984 年再版，两个版本之间改动很大，而小说德译本所依据的版本为该书的第一版，也即 1981 年的版本译介而来。因此本书所有中文示例皆出自张洁《沉重的翅膀》，人民文学出版社，1981。德语译文皆出自 Zhang Jie：*Schwere Flügel*，München/Wien：Carl Hanser Verlag，1985。

想干成一件事。现在，干"四化"是有了相当充分的条件，当然也还有相当的困难。其中，最大的分歧是用什么办法发展我们的国民经济。办法是由人决定的，如果那些对国民经济的发展有决定性影响的人，都具有敏锐的头脑，科学的、实事求是的态度，舍得一身剐也要把困难解决掉的勇气，时时刻刻把老百姓的疾苦放在心上……但情况往往不是那么简单，比如，到了现在还要讨论生产的目的是什么？这就涉及到积累和消费的比例问题。唉，共产党是干什么的？开宗明义第一条，是为老百姓过好日子的。怎么到了现在这个问题也成了问题；还有，思想政治工作是要把人变成惟命是从的奴隶，还是把人的意志发挥到最大效能、提高到备受尊重的地位？等等，等等，象这些早就应该意识到了的问题，到现在还不认识。认识上下不一致，实际行动起来就更加困难。有些人，干了很多年的革命，当了好些年的党员，说到底，偏偏就没有真正了解马克思主义究竟是怎么回事。而这些人，又都不是什么坏人，还兴许是些挺好的同志……情况就是这样，我不要求你现在就答复我，你可以考虑几天，我相信你会给我一个满意的答复。（第 86 页）

译文：Die Schwierigkeiten sind in der Tat beträchtlich, wir haben schon ein paarmal die Direktoren ausgewechselt. Sie brauchen sich nicht auf der Stelle zu entscheiden, lassen Sie sich die Sache durch den Kopf gehen, ich bin überzeugt, daß Sie mir ein zufriedenstellende Antwort geben werden. (S. 83)

例 2：刘玉英停住了手，忽然对小伙子说："也许这一剪子应该由您来剪才合适？"

他们没有想到，他们心里还在朦胧着的、没有剖析清楚的、对于彼此那种神圣的责任感，纯真的信赖感，却被这个有着一双愁苦的眼睛、一张爬满了皱纹的浮肿的面孔的，也许是没有更多知识的中年妇女，勾勒的那么清楚、那么贴切。她怎么会具有这样的能力呢？这当然不在于人的文化水平，而在于有些人，天生地具有一颗专为体会美好事物的心。光凭这样一颗心，就应该得到人们的尊敬啊！

小伙子几乎下不了剪子。……"（第 27 页）

译文：Liu Yuying hält ein und sagt aus einer Eingebung heraus zu dem Jungen：>>Es ist vielleicht passender, wenn du sie abschneidet. <<

Vor Aufregung kann der Junge kaum die Schere halten. (S. 28)

上述示例中的议论内容便有"把读者从情景中赶了出来"的嫌疑。因而译者在翻译时将其删去。类似的删减篇幅最大的一处出现在小说第十章，讲述的是重工业部召开工作会议，主人公郑子云在会上发表自己对于经济体制改革的感想与主张，内容涉及经济学、管理学、政治学等内容（即前文陈骏涛提及的长达一万六七千字的报告）。译者在翻译中将整个有关会议的部分全部删除，从原文的 206 页一直到 239 页（具体内容见附录三），占到该章内容的六成。[1]

此外，与上述两种情况不同，译文中还有个别删减与审美差异无关，而是由语境转换所造成的：

例 3：比如，直到现在她还不会做饭烧菜，如果没有莫征，她就不得不去吃那口味单调透顶的食堂。奇怪，食堂里烧的东西，别管是红烧肉还是黄焖鸡，永远是一个味儿，你就分不清楚有什么不同。她喜欢吃口味好的菜，……（第 5 页）

译文：Sie zum Beispiel kann bis heute nicht kochen, ohne Mo Zheng müßte sie mit dem gräßlich eintönigen Kantinenfraß vorliebnehmen. Sie schätzt gutes Essen, … (S. 7)

原作中，作者为了更加形象地描述食堂饭菜的单调，列举了两种口味

---

[1] 作者张洁在小说的第二版（1984 年版）中也将这部分内容几乎完全删除。

截然不同的传统菜品，对于中国的源语读者来讲，自然能够达到形象生动的解释效果。但到了目的语中，大部分读者对于中国菜并不熟悉，直译不仅达不到形象生动的效果，反而会易于成为他们理解的障碍。再者，从上下文来讲，这一部分内容并不重要。此类由于语境转换而做出的删减还包括以下两例：

例4：不知是有意，还是无意的巧合，干校设在一个劳改农场里。劳改犯人不知被迁到什么地方去了。当然喽，那个年月，臭老九大约和劳改犯是差不多的角色。就连休假日，也是沿用的劳改农场的老办法，十天休息一次。天经地义理应如此。《旧约全书》中《创世纪》的第一章很可能漏去一笔，耶和华上帝在六个工作日内把天地万物都创造齐了之后，一定又加了三天班，再造了点什么。亚当和夏娃吃了禁果之后，所受到的惩罚也不只是怀胎、生产的苦楚、丈夫的管辖、必须汗流满面终身劳苦于长满荆棘和蒺藜的土地才能糊口。（第 275 页）

译文：Zufall oder Absicht, die Kaderschule befand sich in einem ehemaligen Zwangsarbeitslager. Niemand wußte, wohin man die Sträflinge geschafft hatte. Auch ein >stinkender Intellektueller< galt in jenen Jahren nicht mehr als ein Sträfling. Selbst die Tatsache, daß es nur alle zehn Tage einen Ruhetag gab, entsprach den Gepflogenheiten eines Arbeitslagers. Ein geheiligtes Prinzip, unanfechtbar. (S. 216)

例5：失去感情的痛苦，可以不必去说。方文煊原不应该有这样的感情。那造就千千万万象他这种身份的模子，设计的时候就没有这一部分。谁让他忘记了这个界限，如今受到什么折磨也是理所当然。就象安徒生在《海的女儿》里描述过的那个小人鱼，她为了得到人间的爱，为了得到不灭的灵魂，为把鱼的尾巴变成人类的腿，她献出自己的声音，忍受过刀劈似的痛苦，然而她什么也没有得到，最后变成了海上无生命的泡沫，等待她的，只是一个没有思想和梦境的永恒的

夜。（第 280~281 页）

译文：Den Schmerz einer verlorenen Liebe können wir mit Schweigen übergehen. Fang Wenxuan hätte sich auf dieses Gefühl gar nicht einlassen dürfen. Als bei der Erschaffung des Menschen das Modell für die zahllosen Leute seines Schlages konzipiert wurde，war dieses Gefühl ausgespart worden. Er litt zu Recht，weil er die ihm aufgelegten Grenzen überschritten hatte. （S. 216）

例4中，作者为了突出知识分子在"文革"中的悲惨经历，以戏谑讽刺的方式拿《圣经》中的上帝以及亚当和夏娃作类比。在汉语文化语境中，这种类比方式显得颇具新意，并且也可以向普通汉语读者普及一些圣经知识。但到了西方基督教世界中，这种类比就无疑显得过于戏谑、突兀。并且在面对德语读者时，这一类比也丧失了普及圣经知识的功能。例5中，作者为了凸显小说人物方文煊失去爱情时的痛苦感受而将其与《海的女儿》中的小人鱼进行类比，并描述了这部作品的主要内容。一方面作品将方文煊比作小人鱼的方式略显牵强，另一方面德语读者熟悉该童话故事，同样也失去了向读者普及童话知识的作用。因此译者在此同样做了删减处理。

（二）增译与改译

通过文本对比分析发现，增译和改译策略的使用频率不高，全文共有三处，见例6、例7、例8（画线部分为增译和改译的内容）：

例6：矛盾是错综复杂的。困难呐！困难在于，这场斗争，不象战争时期那样敌我分明。有时候，表面看来还好象是对的，实际上后果是严重的。甚至明明是同志，好同志，但是由于思想方法上的错误，认识论上的错误，就可能象战争时期一样，造成千百万人的贫困和因之而来的大量的社会问题。比如，对生活的失望、悲观。因为贫困，因为你提我不能提的几元钱一级的工资，便冷酷地互相对待。

不，一定不能使老百姓再这样生活。我们是社会主义国家，要使他们象一个人那样地生活。郑子云用力地敲击着桌子。（第157页）

译文：Die Widersprüche sind kompliziert. So schwierig. Das Problem liegt darin, daß es in diesem Kampf, anders als während des Krieges, keine klaren Fronten gibt. Selbst Leute, die ganz eindeutig auf der richtigen Seite stehen, gute Genossen, sind aufgrund von Fehlern ihrer Denkweise, erkenntnistheoretischen Fehlern, mitschuldig am Elend von Millionen den daraus resultierenden sozialen Problemen. Zum Beispiel an dem weitverbreitenden Pessimismus und an der Enttäuschung. Weil einer ein paar Yuan der nächsthöheren Lohnstufe kriegt und der andere nicht, werden die Beziehungen eisig. Keiner weiß, woher diese ewige Armut kommt, die einfach kein Ende nehmen will. Es gibt keine Kapitalisten mehr, keine Großgrundbesitzer, aber die Armut ist geblieben. Woran liegt es? Die menschliche Seele wird durch diesen unabsehbaren, kräftezehrenden, tagtäglichen Kampf um das liebe bißchen Brot verdorben. Der Kampf führt zu Haß, zu Depression, zum Verlust der menschlichen Achtung, zum Zweifel am Wert des eigenen Daseins. Nein, so darf es nicht weitergehen. Wir sind ein sozialistisches Land, wir haben für ein menschenwürdiges Leben zu sorgen. Zheng Ziyun schlägt heftig mit der Faust auf den Tisch. (S. 141)

例 7：郑圆圆那里，还有一把修剪他的剪刀。莫征苦笑。精神变得象一个杠杆，她所承受的全部社会压力，靠两个女人的保护来得到平衡。生活竟把他推进这样一个狭窄的天地，这样一种等待施舍的地位！他还算什么男人。男人应该是强者啊！（第 191 页）

译文：Auch Zheng Yuanyuan hält eine Baumschere in Händen, mit der sie ihn, Mo Zheng, zurechtstutzt. Er lächelt bitter. Der Schutz und die Hilfe zweier Frauen sind seine einzige Stütze, um dem Druck der gesamten Gesellschaft standzuhalten. Das Leben hat ihn in diese enge Welt gestoßen, auf einen Platz, wo er auf Almosen angewiesen ist. Ist er überhaupt ein Mann? Männer sind stark. Unsinn, stark ist nur die Gesellschaft, deren Menschlichkeit während der zehnjährigen Katastrophe von politischen Ratten zernagt und zerlöchert worden ist.（S. 171）

例 8：全国能有几个张志新呢？出类拔萃的人，不论在人类史上的哪一个阶段，永远只能是一个少数。报纸登过了，广播剧演过了，诗人颂扬过了，而真正能够认识到张志新这个人物之所以出现，其复杂、深刻的背景、现实以及未来的意义的人，究竟占十亿人口的多少呢？（第 247 页）

译文：In Zeiten, in denen anormale Phänomene als etwas Alltägliches gelten, gelten normale Phänomene als Anomalien und Irrtümer. Die >Mehrheit< ist zuweilen stärker als die Wahrheit.

Bedrückend wie das in Menschenblut getauchte Mantou in Lu Xuns Erzählung >Medizin<. Als seien seither nicht Jahrzehnte vergangen, als sei das erst gestern, sogar erst heute passiert. Als sei die Zeit zum Stillstand gekommen. （S. 193）

例 6 和例 7 中，译者在作者描述的基础上进行进一步的阐发，探讨困境背后更深层次的原因。例 8 中，由于张志新这一"文革"个案对于德语读者太过陌生，译者将其删去，在添加个人理解的同时引用鲁迅的作品《药》来替换张志新这一事例，但表达的却已是译者的个人观点。如果说删减是原文不够精简而使译者不得不发挥主体性作用的话，对译文进行增加和改动则不免有过度阐释之嫌。

（三）文末注释

除了删减、增译/改译策略之外，译文的第三个显著特点是对于文化特色专有因素的处理。经统计，全书中的文化专有因素共计 150 个，相较于近 330 页的译文来讲数量并不多，客观上降低了译者翻译的难度。考虑到小说题材的特点，译者在处理文化专有因素时采用文中直译，文末添加注释的形式进行解释，相对保证了小说这一文学体裁的特性，如：

例9：再后，是躺在炕上猜谜……（第94页）

译文：Am Ende lag er auf dem Kang und rätselte, … （S. 89）

S. 89 Kang-gemauertes, heizbares Ofenbett, vor allem auf dem Land in Nordchinaüblich（S. 333）

例10："太可惜了"

"爱批不批，不过是实质和形式的区别而已。"

"阿Q"

"才不。那么，再见！"（第284页）

译文：>>Ein Jammer. <<

>>Sollen sie doch machen, was sie wollen. Nur eine Frage des Unterschieds zwischen Form und Inhalt. <<

>>AQ. <<

>>keine Spur. Auf Wiedersehen. << （S. 224）

S. 224 *AQ* – >Die wahre Geschichte des AQ<, satirischer Roman von Lu Xun. Vgl. Anm. S. 193. Der Held des Romans verwandelt in seiner Phantasie jede Niederlage in einen Triumph, sogar seine Hinrichtung. Synonym für einen Menschen, der sich ständig selbst betrügt. （S. 338）

例11：原文：我们不能像九斤老太太那样对待世界，……（第129页）

译文：Wir dürfen die Welt nicht mit den Augen von Frau Neunpfund betrachten, … （S. 117）

S. 117 Frau Neunpfund-Figur aus einer satirischen Erzählung des berühmten Schriftstellers Lu Xun（1881–1936）. Die alte >Frau Neunpfund< betrachtet das jeweils abnehmende Geburtsgewicht ihrer drei Enkelkinder als Beweis für die

Minderwertigkeit der folgenden Generation. （S. 334）

　　从上述例子中可以看出，虽然译者文后作注的方法保证了小说这一文学体裁的特点，但是这种译注分离的方法依然会干扰读者的阅读过程，例如读者在看到例 9 中"炕"这一词的音译时肯定会因为不理解而不得不停下来看文尾的注释，例 10 和例 11 也同样如此。因此，从读者的阅读感受来讲，这种注释方法并非最为理想的策略，但是一如前文数据统计显示的那样，本书中需要解释的概念数量不多，使得这种注释方法不至于太过影响读者的阅读体验，依然处在读者可接受的范围之内。但即便如此，文末注释的方法是否是处理文化专有因素的最佳选择依然值得商榷，因为文化专有因素的处理策略并非仅有文末注释一种可能。[1]

　　综上所述，在面对本身颇具争议的原作时，译者在翻译过程中充分发挥了主体性作用，大胆采用删减、增译/改译策略，删去原作中与德语读者"期待视野"相差过大的内容，从而使小说在语言乃至文化层面符合读者的阅读期待，降低了阅读难度，增加了作品的阅读乐趣。然而在增译/改译以及文末注释策略的使用上，其合理性仍有待商榷。

第三节　小结

　　回顾这一时期中国当代小说在两德的译介，我们可以发现，整体而言，80 年代的译介活动呈现"三多"的特点：译介主体多，译介渠道多，译介数量多。因此，这一时期的译介高潮是多方参与的结果，其中既有两德汉学家和中国官方出版社的不懈努力，又得益于两德上下对中国经济开放政策热情支持氛围的带动。因此，从这个意义上来看，1980 年代的译介高潮期具有一定的历史巧合和不可复制性。

　　同时我们也看到，那些影响中国当代小说德译后续发展的因素在这一时期便已初露端倪。首先是意识形态，并且主要是政治意识形态。1980 年

---

[1]　参见冯小冰《〈美食家〉德译本文化专有项的翻译策略研究》，《双语教育研究》2016 年第 2 期。

代以前，民主德国同中国在政治关系上交恶，中国当代小说作品在民主德国的译介也因之遭禁。然而，随着之后两国关系的回暖，译介活动得以恢复。同样由于意识形态的对立，东西德在译介中国当代小说作品问题上出现了各自为战、重复译介的现象。最具代表性的例子是张辛欣的纪实小说《北京人》在东西德各有一个译本。① 即便民主德国当时曾引入联邦德国的个别译本，例如张洁的《沉重的翅膀》，却在出版时有意忽略了译本的最初来源。② 而中国官方出版社译介活动的恢复则同样与国内政治局势变化密切相关。

意识形态不仅一定程度上决定了"译"与"不译"的选择，同时也左右了"译什么"的问题。外文出版社译介出版了《海岛女民兵》《暴风骤雨》《青春之歌》等体现当时中国官方意识形态的作品。今天看来，对于中国官方出版社而言，如何使译介活动与意识形态保持在一个可为目的语读者接受的距离是一个仍待反思和解决的现实问题。

德语出版社的译介选题同样具有浓厚的意识形态色彩。而德语世界偏好从社会学视角解读中国当代小说的诗学标准则源于这一时期的特殊历史背景。1960年代初至1970年代末，民主德国因政治关系的影响失去了同当代中国的联系。联邦德国同样是在进入1970年代之后才开始关注当代中国。因此，进入80年代，了解当下中国便成为两德的首要愿望。受这一愿望的驱动，中国当代文学，尤其新时期文学便成为德语读者了解当下中国的载体。因此，德语地区与其说是在翻译"文学"，毋宁说是在翻译"中国"。

意识形态和诗学等宏观因素决定了译本的选择。而中国文学在德语文化中的边缘位置和中德文学审美的差异则决定了译者采用以读者为导向的

---

① 民主德国的 Aufbau 出版社在 1987 年推出《北京人》的德文版，名为 *Eine Welt voller Farben. 22 chinesische Porträts*，该作品的联邦德国版本则在 1986 年由迪德里希斯出版社推出，德文名为 *Pekingmenschen*。

② 张洁的《沉重的翅膀》最初由联邦德国的 Hanser 出版社于 1985 年出版，鲁彦周的《天云山传奇》由联邦德国的 Lamuv Verlag 在 1983 年出版，冯骥才的《啊！》由迪德里希斯出版社出版，出版于 1985 年。这些出版于联邦德国的作品在民主德国出版时，由于其中可能含有的与民主德国官方意识形态相悖的表达而被删去有关内容，具体参见 Helmut M.：*Schöne dritte Schwester*，Dortmund：Projekt Verlag，1996，380。

可接受性翻译策略。从系统的角度来看，翻译文学一般处在文学系统的边缘位置。1980 年代，中国当代小说，尤其新时期小说刚刚进入德语文学系统，因此身处边缘也就不难理解。这种情况下，译者更为注重译本的可接受性，选择已有的翻译规范处理文本，从而迎合目的语现有的文学传统。因此，译者以读者为导向，充分发挥主体性作用，运用了删减、增译/改译、文末注释的翻译策略。这些策略的使用有其合理性，但也并非毫无瑕疵，例如对原文的增译/改译以及文末注释。

通过对《沉重的翅膀》德译本译介效果的分析可以看到，在译介活动中树立整体观与语境观对于实现良好译介效果的重要性。首先，《沉重的翅膀》德译本的成功是多个因素共同作用的结果，其中包括作为译介主体的出版社、译者及其策略、作品内容、目的语读者的阅读期待、作品的译介出版渠道。它们共同决定了译介活动的成功与否，因而译介活动便具有了一种整体观。从这个角度出发，"译者及其翻译策略决定论"的说法便更加缺乏说服力，并且就《沉重的翅膀》而言，译者的主体性作用及其翻译策略也并非毫无争议之处，但作品德译本依然在德语市场取得了史无前例的成功。这表明译者的翻译策略并非译本成功的唯一因素。

其次，《沉重的翅膀》的成功也表明，文学译介活动要始终保持一种语境关照，即要认识到，译本多数在目的语语境下发挥效用。《沉重的翅膀》在译介过程中选择了目的语语境中的知名出版社和知名译者，同时也兼顾到了目的语语境中的译介渠道和读者期望，而译者在选择翻译策略时同样拥有语境观念，因此才使作品大获成功。

第四章 1992～2017：市场化之后的中国当代小说德译

进入 20 世纪 90 年代，党的十四大提出建立社会主义市场经济体制。这一经济政策的变化所造成的影响并不局限于经济领域。它同时也对中国文学的发展产生了深远影响，并在很大程度上改变了中国文学德译的发展路径。

第一节 1992～1999：市场和国内外形势作用下的译介低潮期

1992 年之后开始的商业化浪潮席卷全国。从商、出国成为继文学之后人们新的兴趣所在。相较于 1980 年代，文学的受关注度有所降低。流行文化兴起，文学逐渐进入市场化时代，"严肃文学"显现被边缘化的迹象。[①] 而商业化也改变了德语地区对中国文学的认知，认为中国文学开始"服务于市场"。[②] 此外，1990 年代前后国内外形势的改变致使中西关系一度处于紧张状态，而这也同样影响了中国文学的对外译介。

从数据上看，虽然译介数量在 80 年代中期就已呈现出回落的迹象，但总体仍保持在一个较高的水平上，并且在 1989 年尚有两本新的中国文学杂志创立，以杂志为载体的译介数量甚至达到了整个 1980 年代前后的最高纪录，但到了 1990 年这一数据却呈现出明显的下跌趋势（见第二章图 2-2）。

[①] 参见洪子诚《中国当代文学史》，北京大学出版社，2007，第 327～331 页。

[②] 参见 Kubin, Wolfgang: *Die chinesische Literatur im 20. Jahrhundert.* München：K · G. Saur，2005，382。

文集/单行本由于译介出版周期长，数据有一定滞后性，这种变化在1992年才体现出来，同杂志载体的数据类似，同样是从前一年的顶峰直入谷底（见第二章图2-3）。由此可见，1980年代前后的译介高潮在包括中国文学本体发展在内的多种因素作用下同样遵循"盛极而衰"的自然法则。

从译介主体的来源国构成上来看，这一时期的译介活动呈现出集中的特点（图4-1）。与1980年代前后的译介周期相比，由中国发起的对外译介数量急剧减少，两德统一之后的联邦德国成为当之无愧的译介主力。而从译介渠道和译介数量上来讲，与前一个译介周期相比，1990年代的译介渠道相对单一，整体译介数量也大幅缩水。中国当代小说德译进入低潮期。

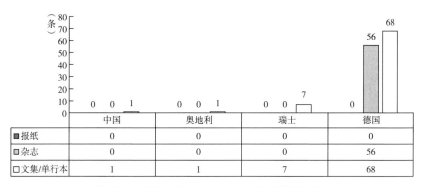

图4-1　1992~1999年参与各方译介数量对比

一　中德双方的译介活动

（一）中国出版社的译介活动

1990年代之前，中国外文局下属的各大对外出版机构译介作品的海外销量还是令人可喜的，作品主要面向的也还是国外读者群体，但是1992年中国开始进行经济体制改革，出版机构被推向市场，自负盈亏，国家的资金投入大幅减少，使1990年代的图书发行量开始缩减。此外，1990年代前后国内外形势发生变化，导致中西关系紧张。而中国文学的对外译介也受到波及。美国的图书代销商和读者曾一度发起抵制活动，德国专门发行中国图书的公司甚至中断了同中国的书刊贸易关系，中国出版机构的图书对外发行渠道受阻。① 国外读者群体开始流失。外文局对外书刊的出版发行量骤降，从每年的3000多万册缩减至1000多万册。② 出版社为了企业利润而不得不改变译介的初衷，将译介图书的目标读者群由国外转向国内。③ 中国出版机构1980年代之后译介的作品除极个别进入目的语国文学市场，大部分在国内流通，成为国内外语学习者的课余读物。④

从外文局下属出版社译介的中国文学德译本的数据来看，几乎所有作品的译介出版时间都集中在1980年代前后。1992年之后，中国现当代文学作品的德译近乎停滞。整个1990年代仅有中国文学出版社的《熊猫丛书》译介出版了作家周大新的短篇小说集《银饰》一部作品。进入2000年之后，同样也仅有一部中德合作出版的短篇小说集被译介到德语国家。⑤

（二）德语地区的译介活动

这一时期国际形势的变化对德语地区的译介活动同样产生了消极影

---

① 参见耿强《文学译介与中国文学"走向世界"——"熊猫丛书"英译中国文学研究》，博士学位论文，上海外国语大学，2010，第191、193页。

② 参见郑晔《国家机构赞助下中国文学的对外译介——以英文版〈中国文学〉（1951-2000）为个案》，博士学位论文，上海外国语大学，2012，第132页。

③ 同上。

④ 参见王竞《怎样让德国出版社对中国文学兴奋起来？》，载顾牧、王建斌（主编）《超越时空的对话——现代语境下的中德文学翻译》，外语教学与研究出版社，2017，第29页。类似观点参见张南峰《多元系统翻译研究》，湖南人民出版社，2012，第68页；耿强《文学译介与中国文学"走向世界"——"熊猫丛书"英译中国文学研究》，博士学位论文，上海外国语大学，2010，第111页。

⑤ 2001年外语教学与研究出版社同德国之声（Deutsche Welle）合作出版了《人间烟火——德国之声文学大奖优秀作品文集》*Das irdische Dasein-Deutsche Welle Literaturpreis China*，小说集收录了王剑平的《拾易拉罐的小男孩》*Altmüll*、崔子恩的《舅舅的人间烟火》*Das irdische Dasein meines Onkels*、王振军的《厨子老任》*Lao Ren, der Koch*、水土的《村里有台拖拉机》*In unser Dorf kommt ein Traktor*、张寿山的《钞票的眼》*Mit den Augen des Geldscheins*、郭雪波的《哺乳》*Muttermilch*、立真的《老马的基因》*Die Gene des Lao Ma* 和熊明国的《老人与狗》*Der alte Mann und der Hund*。

响。以杂志为载体的译介活动从 1990 年落入谷底之后便一直保持在较低的水平上（见图 4-2），并且主要集中在 1980 年代创办的几本专业的中国以及东亚文学杂志上，例如《东方视角》、《东亚文学杂志》、《袖珍汉学》以及《新中国》。①

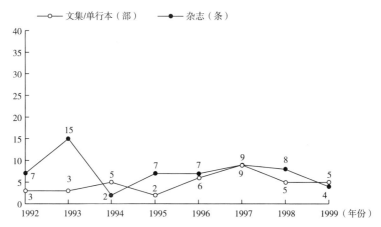

图 4-2 1992~1999 年杂志和文集/单行本在德国的译介数量时间分布

文集/单行本的译介数量同样经历了大幅下滑，这一时期的出版数量仅有 38 部，参与的出版社有 18 家，涵盖了瑞士、奥地利和德国出版社。② 1980 年代，知名出版社的译介数量尚占到出版总量的近一半，但是到了 1990 年代，知名出版社的参与度降低，苏尔坎普出版社更是放弃出版中国文学，18 家出版社中知名出版社的数量仅有 3 家（见图 4-3），出版数量仅有 11 部，占比不足 1/3。

---

① 杂志 Chinablätter 创刊于 1982 年，在 1980 年代同样译介刊登了大量中国当代小说作品，但杂志在 1994 年因主编移居中国而不得不停刊，之后也一直未能复刊，目前杂志仍有网站运行，但主要职能在于收集中文媒体信息以及文化领域的话题并向德语地区推送。具体参见网站：http://www.chinablaetter.info/。

② 参与译介的瑞士出版社有 3 家：Diogenes、Unionsverlag 和 Verlag Im Waldgut。奥地利出版社只有 1 家，为 Residenz-Verlag。Verlag Im Waldgut 出版社在 1994 年推出王蒙的长篇小说《活动变人形》*Rare Gabe Torheit*。Residenz-Verlag 则在 1998 年译介出版了旅美作家曹冠龙的自传体长篇小说《阁楼上下》*Lange Schatten. Aus dem Leben des Sohnes eines chinesischen Gutsbesitzers*。

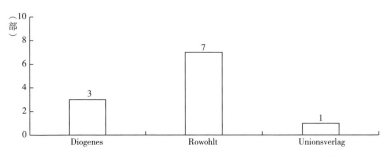

图 4-3　1992~1999 年德语地区知名出版社的出版数量①

中小型出版社成为这一时期译介的主力军，其中最典型的代表是项目出版社（Projekt），该出版社创建于 1991 年，专注于出版基础教育学和汉学类书籍，并在 1990 年代初推出两大汉学系列：《中国系列》（edition cathay）和《弓——中国文本》（arcus chinatexte），② 其中包含 8 部中国当代小说文集和单行本，具体见表 4-1。

表 4-1　1992~1999 年项目出版社译介作品信息

作者	译者	年份	作品
阿城	Marianne Liebermann 等	1996	*Baumkönig-Kinderkönig-Schachkönig. Erzählungen aus China* 《树王·孩子王·棋王》短篇小说集
残雪	Wolf Baus	1996	*Dialoge im Paradies. Erzählungen aus der Volksrepublik* 《天堂里的对话》短篇小说集

---

① Diogenes 出版社推出的 3 部作品分别为：陆文夫的《美食家》*Der Gourmet*（1993），王朔的《玩的就是心跳》*Herzklopfen heißt das Spiel*（1995）和《顽主》*Oberchaoten*（1997）。Rowohlt 出版社的 7 部作品为：莫言的《红高粱家族》*Das rote Kornfeld*（1993）、《天堂蒜薹之歌》*Die Knoblauchrevolte*（1997）、《天堂蒜薹之歌》（口袋书）（1998），苏童的《米》*Reis*（1998）、《罂粟之家》*Die Opiumfamilie*（1998），李锐的《旧址》*Die Salzstadt*（1999）和魏巍的 *Die Farbe des Glücks*（1999）。Unionsverlag 这一时期出版了文集《系在皮绳扣上的魂——西藏小说家》*An den Lederriemen geknotete Seele. Erzähler aus Tibet*（1997）。

② 参见 https：//www. projektverlag. de/index. php？ route = information/information&information _ id = 4。

作者	译者	年份	作品
冯骥才	Hannelore Salzmann	1994	*Die lange Dünne und ihr kleiner Mann*《高个女人和她的矮丈夫》短篇小说集
顾城、谢烨	Li Xia	1995	*Ying'er. The Kingdom of Daughters*《英儿》
李锐	Norbert Beißel 等	1994	*Trügerische Heirat. Erzählungen vom Lande*《假婚》短篇小说集
莫言	Susanne Hornfeck 等	1997	*Trockener Fluss und andere Geschichten*《枯河》短篇小说集
苏童	Susanne Baumann	1996	*Rouge. Frauenbilder des chinesischen Autors Su Tong*《红粉》节译
赵树理等	Thomas Zimmer 等	1996	*Kriegsgott Guangong. Chinesische Dorfgeschichten aus fünf Jahrzehnten*《战神关公——中国乡村故事50年》

从译介作家来看，残雪、冯骥才、王蒙等作家在 1990 年代依然受到较高关注。此外，中国当代的寻根文学、先锋文学、新写实文学、新京派文学等流派的代表作家也崭露头角，成为这一时期集中译介的对象。阿城的代表作《三王》系列，陆文夫的《美食家》、莫言的《红高粱家族》《天堂蒜薹之歌》《透明的红萝卜》等，余华的《活着》、苏童的《米》《罂粟之家》等，刘震云的《单位》《故乡天下黄花》①、王朔的《玩的就是心跳》《顽主》以及阿来的短篇作品被译介到德语国家。此外，在 2000 年之后集体爆发的海外华人作家也在德语世界赢得关注，例如作家虹影。②

从选题上看，虽然整体上这一时期几乎所有重要流派的代表作家都

---

① 《单位》"Die Einheit"和《故乡天下黄花》"Die gelben Blumen unter dem Himmel der Heimat"，*die horen. Welt mit leerer Mitte. Die Literatur der chinesischen Avangarde*，169，1993，57-62，47-56。

② 这一时期虹影有两部作品被译介到德语国家：*Der verratene Sommer*，Frankfurter：Krüger，1997；*Tochter des Gelben Flusses*，Frankfurter：Krüger，1999。

获得了译介，但依然能够看到选择性译介的痕迹，其中有些重要作家被有意忽略，例如铁凝。90 年代作为铁凝创作的爆发期诞生了不少佳作，例如：《哦，香雪》《对面》《风雨无城》《玫瑰门》《大浴女》等。铁凝成为这一时期女性小说的代表作家之一。① 而她在德语地区却仅有两部短篇小说获得译介。② 铁凝在德语世界被忽视的主要原因在于她作家之外的作协官员身份，这种官方职务与德语世界对于文学独立品格的欣赏与追求相冲突。在德语世界，文学的独立品格备受推崇，并被一贯苛求，甚至到了近乎偏执的地步。正因如此，中国作家一旦被打上"官方"的烙印便往往难获好评与认可，其作品的译介与接受自然也会受到影响。

在有些作品被有意忽略的同时，也有个别作家的作品受到格外关注，例如诗人顾城和妻子谢烨合写的唯——部小说《英儿》③ 以及汪曾祺的短篇小说《虐猫》。④ 前者获得译介的背后除了受文学和自杀事件的影响外，更是因为其海外"漂泊"经历。德国学者对此表示，这些作家的这些经历使其代表了一个历史阶段，在这一阶段中，中国文学的传播和接受不再局限在国家层面。⑤ 该观点明显体现出德国对于中国"官方"带有偏见式的不信任，实质上反映的依然是中西意识形态的对抗。小说《虐猫》算不上

---

① 参见朱栋霖、朱晓进、吴义勤《中国现代文学史 1917-2013》第三版下册，高等教育出版社，2014，第 127 页。

② 1978~2013 年，铁凝仅有两部短篇小说作品被译介到德语国家：《哦，香雪》*Der Zug*，译者为 G. Jordan/B. Jordan，in: *Temperamente*, 3（1985）；《可爱女人》*Eine liebenswurdige Frau*，译者为黄燎宇，收入 *Literaturstraße* 11 = *Literaturstraße. Chinesisch-deutsches Jahrbuch für Sprache, Literatur und Kultur. Band 11, 2010.《文学之路——中德语言文学文化研究》，383-387。

③ 顾城、谢烨合著小说《英儿》德译本信息：*Ying'er. The Kingdom of Daughters*，Dortmund：Projekt Verlag，1995。

④ 《虐猫》这一短篇小说最早由 Helmut Martin 译介为德文收录在文集 *Die Auflösung der Abteilung für Haarspalterei. Texte moderner chinesischer Autoren. Von den Reformen bis zum Exil*（Reibek：Rowohlt，1991，64-66）中，后又多次被转载，分别收录于文集 *Schöne dritte Schwester-Übersetzungen*（Chinabilder IV，Dortmund：Projekt Verlag，1996，270-272）和 *Orientalische Erzähler der Gegenwart. Vorträge und Übersetzungen der Mainzer Ringvorlesung im Sommersemester 1998*（Wiesbaden：Harrassowitz，1999，296-298）。

⑤ 参见 Emmerich，R.（Hg.）：*Chinesische Literaturgeschichte*，Stuttgart：J. B. Metzler Verlag，376。

汪曾祺的代表作品，但在获得译介之后被一再转载收录于不同的文集之中，原因毫无疑问在于作品所反映的"文革"话题。上述小说作品所受的关注反映了意识形态的操控作用。

即便在国内外形势变化的影响下有些作家成了译介活动中的"牺牲品"，其作品没有获得译介，但获得译介的这些代表作家却在作品的艺术水准上开始获得少有的认可与赞赏，[1] 究其原因，1990 年代的商业化浪潮使作家与官方意识形态逐渐脱离，作家拥有了独立写作的可能性和更大的表达空间，中国文学具备了拥有德语地区所谓的"独立品格"的条件。

1990 年代影响作品译介的另一重要因素是小说改编电影。这一时期当代作家的多部小说被改编为电影，并在国际上屡获大奖，电影的成功也使小说原作纷纷获得译介，其中最典型的代表则属莫言、苏童。莫言的《红高粱家族》被张艺谋改编为电影《红高粱》，该电影获得 1988 年柏林电影节金熊奖。小说德译本于 1993 年由德国知名的罗沃尔特出版社推出，之后该译本又在瑞士联合出版社再版 6 次，[2] 反响强烈。罗沃尔特出版社后来又相继译介出版了莫言的《天堂蒜薹之歌》及其口袋书，但反响平平。由此可见改编电影对于作品在异域传播的助推作用。

同样因作品被改编为电影而被德语国家关注的作家还有苏童。苏童的小说《妻妾成群》被张艺谋改编为电影《大红灯笼高高挂》，获得 1991 年威尼斯电影节银狮奖以及之后的诸多奖项。电影的成功引发了德语世界对苏童的关注。随后苏童的一系列作品陆续被译介到德语国家，电影原作《妻妾成群》在 1992 年由罗沃尔特出版社出版，除此之外还有《我的帝王生涯》《米》《罂粟之家》《妇女生活》《碧奴》等。

从上述两个例子中不难发现，改革开放之后中国对外沟通的频繁性与沟通方式的多样化改变了译介渠道的单一性。这对于中国文学的对外

---

① 参见 Neder, C.: "Rezeption der Fremde oder Nabelschau?", Martin, H./Christiane Hammer (Hg.): *Chinawissenschaften-Deutschsprachige Entwicklungen. Geschichte, Personen, Perspektiven.* Hamburg, 1999, 623。类似观点参见谢淼《德国汉学视野中的中国当代文学（1978-2008）》，博士学位论文，武汉大学，2009，第 139 页。

② 参见刘颖、李红红《21 世纪以来中国文学在德国的译介出版研究》，《广西社会科学》2019 年第 1 期。

译介无疑具有推动作用，虽然有学者认为这样的做法容易造成专业读者对于作品的偏见，[①] 但在中国文学整体上还处在拓展海外读者的阶段，这种以改编电影助推作品译介的方式仍有可取之处。换言之，推介渠道的多样化对于中国当代小说走出去具有积极意义，值得推广。

此外，从上述例子中，我们还能够看出法国和美国文学市场的影响。莫言的小说《红高粱家族》德译本是在参考汉语原文和葛浩文英语译本的基础上转译而成，而苏童的《妻妾成群》则是以法译本和汉语原文为基础译介的，甚至连译名都直接取自法文《红灯笼》。德国出版社无疑出于成本的考虑，认为既然这些作品已经有了成功的法文版和英文版，就可以直接以其为原本，从而节省译介时间和成本。然而，德国学者却认为这种做法并不可取，因为葛浩文的英译本就已是有所删节的版本，在此基础上产生的德译本与汉语原作无疑相去甚远。[②] 并且这种转译本还会给人仓促、粗制滥造的印象，[③] 损坏原作在目的语读者中的形象。从翻译的角度来看，转译行为无疑对原作缺少足够的尊重，并不可取。但转译背后反映出的德语出版社对中国当代文学缺乏了解而以英、法文学市场为参照的问题却更加令人深思。

二 译介效果的影响因素——小说《美食家》

在整个 1990 年代译介环境不佳的大背景下，依然有小说作品取得了不错的反响，而其中的佼佼者便非《美食家》莫属，小说德译本出版后取得了销量和媒体评论上的双丰收。小说德译本的销量保守估计超过 3 万册。[④] 译

[①] 参见陈民《苏童在德国的译介与阐释》，《小说评论》2014 年第 5 期。

[②] 参见 Hammer, C.: "Der Tod im Reisladen", *Hefte für ostasiatische Literatur*, 1998/24, 108。

[③] 参见陈民《苏童在德国的译介与阐释》，《小说评论》2014 年第 5 期。

[④] 关于《美食家》德译本的销量，笔者曾分别与 Diogenes 出版社和作品的译者高立希（Ulrich Kautz）取得联系，但出版社以涉及作者权益为由拒绝透露，译者也表示对此不知情。但是译者却表示，这是他整个翻译生涯中唯一的畅销书。而译者的另一部译作，余华的《兄弟》德译本的销量超过 2.7 万册（参见谢天振、高立希、罗鹏、邱平伟等《中国文学呼唤伟大的文学作品与杰出的翻译——首届中国当代文学翻译高峰论坛纪要》，《东吴学术》2015 年第 3 期）。以此为参照，再加上《美食家》德译本在 1993 年就已推出，并且现在依然在市场销售，所以其销量至少要超过 3 万册。

本的媒体评论更是多达 27 篇。① 刊登评论的报纸覆盖了德国、瑞士和奥地利，从规模来讲，既有主流媒体，也有地区小报，由此可见该作品反响的广度与深度。并且这本 1993 年出版的小说译本至今依然在德语文学市场上流通，在网络上也引发了不少评论，其中最新的评论日期为 2013 年 7 月 31 日。② 甚至

---

① 媒体评论具体信息：Ilse Leitenberger："Weg mit dem Weißkohl, her mit den Enten!", *Die Presse.* Wien（1993.9.18）；Nikolaus Markgraf："Küchenlatein auf chinesisch. >> Fischlungensuppe << und >> Schneeflockenhühnerbällchen <: Lu Wenfus Roman >> Der Gourmet <<", *Freitag*（1993.9.2）；Reinhard Hesse, *Die Woche*（1993.9.30）；Alfons Schubeck："Das Gasthaus zur Glückseligkeit", *Die Welt*（1993.10.5）；Hans-Jürgen Fink："Erhellende Miniaturen", *Hamburger Abendblatt*（1993.10.5）；Dietmar Sous："Austern und Langusten", *Freitag*（1993.10.8）；Vincent Klink："Der Bauch als Barometer", *Stuttgarter Nachrichten*（1993.10.8）；Ursula Wicklein："Vom Verlust und Triumph der Kochkunst", *Sächsische Zeitung*（1993.10.29）；Raoul David Findeisen："Schlemmen wie Gott in China. Kulinarisch-literarische Vergangenheitsbewältigung: >>Der Gourmet << von Lu Wenfu", *Tages-Anzeiger*（1993.11.12）；Werner Thuswaldner："Der aktuelle SN-Bücher-Tip", *Salzburger Nachrichten*（1993.11.13）；Ruth Keen："Jadeklößchen und Kristallteigtaschen", *Neue Zürcher Zeitung*（1993.11.16）；Joachim Huber："Essen und kochen lassen", *Der Tagesspiegel*, Berlin（1993.11.28）；Thomas Linder："Weltbilder im Kochtopf", in: *Berliner Zeitung*（1993.12.2）；Armin Eichholz："Entideologisierung der Suppe auf Chinesisch", *Welt am Sonntag.* Nr.49（1993.12.5）；Zhou Derong："Restaurant für die Massen. Lu Wenfus Roman>>Der Gourmet<<von Lu Wenfu", *Frankfurter Allgemeine Zeitung*（1993.12.7）；Frank Wilhelm："Doppelter Genuß", *Nordkurier.* Neubrandenburg, ohne Datum；Helmut Forster-Latsch："Der Mensch lebt, um zu essen", in: *Kommune* 10, 1993；Kurzvorstellung durch Konrad Holzer in der Sendung：>>Tip Top, Top Tips <<（Wien-Lokal）des Österreichischen Rundfunks, Wien（1993.12.15, 16：40 - 18：30）；bml："Das Essen als Politikum", *Der Bund.* Bern（1993.12.20）；Beat Mazenauer：">> Der Gourmet <-ein Feinschmecker-Roman des chinesischen Autors Lu Wenfu. Politik und Eßkultur in der Volksrepublik China", *Der Landbote.* Winterthur（1994.1.13）；Holger Schlodder："Sautierte Krabben für Volks. Lu Wenfus lukullischer Unterhaltungsroman>> Der Gourmet <<", *Darmstädter Echo*（1994.1.24）；Louis Eberhard："Köche und Feinschmecker. Der Klassenfeind und die lukullischen Genüsse-Lu Wenfu erzählt von chinesischen Torheiten", *Neue Zeit.* Berlin（1994.3.8）；Holger Schlodder："Wohlgefüllte Bäuche. Lu Wenfus Geschichte eines chinesischen Gourmets", *Hannoversche Allgemeine Zeitung*（1994.4.9）；Martin Halter："Auch Proletarier ziehen Krabben vor. Lu Wenfus >>Gourmet <<: Chinesische Geschichte aus der Küchenperspektive betrachtet", *Badische Zeitung.* Freiburg（1994.4.30）；Wolf Baus："Gaumenfreuden à la maison", *Das neue China*, 21（1994.6.2）, 38-39；Heide Simonis："Lu Wenfus >>Gourmet <<. Politik in >>Eßstäbchen-Perspektive <<", *Handelsblatt.* Düsseldorf（1994.9.30）；Peter Kupfer, *Stadt-Anzeiger*（2009.10.14）, 20。

② 参见 Sterner, J.："Genießbares Buch über den Kommunismus und das große Essen", 2013.07.31, https：//www.amazon.de/product-reviews/325722785X/ref=cm_cr_dp_see_all_btm? ie=UTF8&reviewerType=all_reviews&showViewpoints=1&sortBy=recent。

一向对中国当代文学评价不高的汉学家顾彬对这部作品也表示认可。① 2009 年这部作品更是被 5 所德国大学的汉学教授联名推荐为值得一读的中国文学作品之一。② 可谓获得了口碑与销量的双重成功。那么这样一部经历了时间考验，同时又受到普通和专业读者欢迎的作品无疑是探究作品译介效果影响因素的理想案例。

（一）第欧根尼出版社（Diogenes）

第欧根尼出版社是一家在德语地区乃至世界范围内都享有盛誉的文学出版社。该出版社创立于 1952 年，总部位于瑞士苏黎世，是欧洲最大的独立文学出版社之一，在出版社 65 年的历史中共出版了 800 多位作家和艺术家的近 5000 部作品。其中最为知名的作家包括帕特里克·聚斯金德（Patrick Süskind）、本哈德·施林克（Bernhard Schlink）等。前者的小说《香水》仅德语版就售出 550 万册，全球销量更是高达两千万册，后者的小说《朗读者》拥有 50 多种外语译本，在 1999 年更是成为第一部在《纽约时报》畅销书排行榜上拔得头筹的德语小说。第欧根尼出版社在 2015 年由行业杂志《书市》（Buchmarkt）发起的评选活动中被德语书商第 14 次选为"年度出版社"，更是借此在"1982～2015 永久畅销排行榜"上位居榜首。③ 由如此知名的出版社推出的文学作品自然更易于获得读者的青睐与认可。《美食家》德译本的成功得益于第欧根尼出版社的行业地位和影响力。

（二）译者高立希（Ulrich Kautz）

《美食家》德文本译者高立希生于 1934 年，1957～1961 年在莱比锡大学学习英语和汉语口笔译专业，大学毕业之后在民主德国驻北京大使馆从

① 参见刘江凯《关于中国文学研究与中国当代文学——德国汉学家顾彬教授访谈》，《文艺现场》2011 年第 1 期。

② 参见 Brasack, S.; Burgmer, A.: "Ein Riesenreich, aber was soll man lessen? Gastland China, Sinologie-Professoren von fünf deutschen Universitäten empfehlen ihre Lieblingsbücher", *Kölner Stadt-Anzeiger*（2009.10.14），20。

③ 参见 http：//www. diogenes. ch/leser/verlag/ueber-uns. html。

事口译工作。"文革"开始之后高立希返回民主德国，之后在柏林洪堡大学担任教职，教授英语。1973 年他又重返中国，在民主德国驻北京贸易代表处担任首席口译员，直至 1976 年。1976 年之后他回到德国，在柏林洪堡大学汉学系负责翻译培训。1992 年他开始在歌德学院工作。而从 1998 年开始，他一直以特聘教授的身份就职于美因茨大学，讲授翻译课程。其间，他将多年的翻译实践、研究与教学工作进行总结，出版了德文专著《口笔译教学法手册》（*Handbuch Didaktik des Übersetzens und Dolmetschens*）。除此之外，他也在 1980 年代开始从事文学翻译，并主要专注于中国当代文学作品的译介。从 1980 年代至今，他翻译了中国当代不同时期代表作家的作品共计 20 余部[①]（见表 4-2），鉴于他对于传播中国文学所作出的突出贡献，2007 年中国国家新闻出版总署授予他"中华图书特别贡献奖"。

表 4-2　高立希译介部分文集/单行本作品信息

年份	作者	作品	出版社
1984	李准	*Die Mangofrucht*《芒果》收录于文集 *Erkundungen. 16 chinesische Erzähler*	Volk und Welt
1984	欧阳山	*Die Trauer der Erfolgreichen*《成功者的悲哀》收录于文集 *Erkundungen. 16 chinesische Erzähler*	Volk und Welt
1988	王蒙	*Drachenbänder*《风筝的飘带》、*Guter Rat ist nicht teuer*《说客盈门》收入小说集 *Ein Schmetterlingstraum*《蝴蝶》	Aufbau

---

① 除了正式出版的文集/单行本，高立希还翻译了多部电视、电影剧本以及发表于杂志上的小说节选和散文，如：孙德民《伊贵妃》电视剧本 *Die schöne Konkubine*，1984；林海音《城南旧事》电影剧本 *Meine Erinnerungen an das alte Peking*，1985；无名作者《白雾街谋杀案》电影剧本 *Mord in der Nebelstrasse*，1987；王蒙《活动变人形》第二章 *Morgentoilette* 收入杂志 *Hefte für ostasiatische Literatur*，Heft 11，1991，67-78；王蒙《活动变人形》节选 *Das Verhandlungsbilderbuch* 收入杂志 *Das neue China*，Heft 4，1991，30-32；王朔《顽主》节选 *Meister des Spiels* 收入杂志 *Hefte für ostasiatische Literatur*，Heft 18，1995，46-62；余华《活着》节选 *Essen unter Dampf* 收入杂志 *Chinas Norden. MERIAN*，Heft 11，1998，78-84；余华《余华自传》*Autobiographie* 收入杂志 *Orientierungen*，Heft 1，2001，102-109；王朔《看上去很美》第一章 *Schön anzusehen* 收入杂志 *Hefte für ostasiatische Literatur*，Heft 34，2003，15-35；冯丽《所谓先生》节选 *Ein sogenannter Herr* 收入杂志 *Hefte für ostasiatische Literatur*，37，2004，52-87；莫言《生死疲劳》节选 *Des Lebens und des Todesleid* 收入杂志 *Hefte für ostasiatische Literatur*，Heft 41，2006，23-31；余华《给 Samuel Fischer 讲故事》*Wie ich Samuel Fischer Geschichten erzählte* 收入杂志 Neue Rundschau，Heft 3，2011，页码不详。

续表

年份	作者	作品	出版社
1990	邓友梅	*Phönixkinder und Drachenenkel. Bilder aus dem alten Peking*《烟壶》《那五》	Aufbau
1993	陆文夫	*Der Gourmet. Leben und Leidenschaft eines chinesischen Feinschmeckers*《美食家》	Diogenes
1994	王蒙	*Rare Gabe Torheit*《活动变人形》	Verlag Im Waldgut
1997	王朔	*Oberchaoten*《顽主》	Diogenes
1998	余华	*Leben!*《活着》	Klett-Cotta
2000	余华	*Der Mann，der sein Blut verkaufte*《许三观卖血记》	Klett-Cotta
2007	阎连科	*Dem Volke dienen*《为人民服务》	Ullstein
2009	范稳	*Ein Bär auf Seelenwanderschaft*（中文名不详）收入文集 *Unterwegs Literatur-Gegenwart China*《在路上——文学——当代中国》	DIX
2009	冯丽	*Ein vermeintlicher Herr*《所谓先生》	Ostasien Verlag
2009	阎连科	*Der Traum meines Großvaters*《丁庄梦》	Ullstein
2009	余华	*Brüder*《兄弟》	Fischer
2012	王朔	*Ich bin doch dein Vater! Roman*《我是你爸爸》	Ostasien Verlag
2012	余华	*China in zehn Wörtern. Eine Einführung*《十个字的中国》	Fischer
2014	王刚	*Der Englischlehrer*《英格力士》	Ostasien Verlag
2015	阎连科	*Lenins Küsse*《受活》	Eichborn
2017	余华	*Die sieben letzten Tage*《第七天》	Fischer

高立希的专业背景使其在翻译实践中同时拥有理论视野，这使他与从事中国文学翻译的汉学家相区别。因为翻译理论中潜含涉及翻译实践的具体方法与策略，而对于这些知识的掌握则使人能够对于翻译实践有更深层的理解，并能独立、自由地进行翻译实践。[①] 汉学家一方面因为专业有别

[①] 参见 Ammann，M.：*Kommunikation und Kultur. Dolmetschen und Übersetzen heute. Eine Einführung für Studiernede*，Frankfurt am Main：Verlag für Interkulturelle Kommunikation，1995，18，转引自：Ulrich，K.：*Handbuch Didaktik des Übersetzens und Dolmetschens*，München：Indicium，2000，44-45。

而不一定真正了解翻译的实质；另一方面他们易于从学者，而非文学作者的角度来从事翻译，结果往往使中国文学德译本的语言生硬，缺乏文学性。① 此外，从表4-2中可以看出，从民主德国时期到两德统一之后直至今天，高立希全程参与并见证了中国新时期文学在德国的译介与传播，并且作品涉及的出版社几乎均为商业性的文学出版社，这就意味着作品的读者定位为德语世界的普通（中国）文学爱好者。而高立希在德语地区文学翻译市场上多年的实践经验使他一方面在文学翻译技术层面上日臻完善；另一方面也使他对于德语普通读者的阅读习惯和阅读期待了如指掌，从而能够从读者的角度出发，在翻译策略的使用上照顾到普通读者的需求，进而在微观层面为作品在学术圈以外的成功奠定基础。高立希个人曾表示，他在翻译过程中追求的是以读者为导向的"功能对等"，即译文对于德语读者的功用要与汉语原文对于中国读者的功用相类似。②

综上所述，从译者的角度来看，高立希的教育背景、多年的行业经验以及由此而来的行业声誉和以读者为导向的翻译观都有助于《美食家》德译本的成功。在多篇有关《美食家》的评论中，译者的翻译能力都获得认可。汉学家柯彼德（Peter Kupfer）喜欢《美食家》的原因也在于高立希特别成功的翻译。③ 另有评论者写道："高立希和中国作家（陆文夫）一样老道，能够充满幻想地讲述故事。他自然而又灵巧地将原著中的小心思一一传递到德语中。他的出色翻译使作品语言如同小说中的各种美味佳肴一般，入口即化。"④

---

① 参见 Ulrich, K.："Einfach nur Übersetzen geht nicht", http://www.cicero.de/salon/einfach-nur-uebersetzen-geht-nicht/44850。

② 参见 Ulrich, K.："Einfach nur Übersetzen geht nicht", http://www.cicero.de/salon/einfach-nur-uebersetzen-geht-nicht/44850。

③ 参见 Kupfer, P.："Lu Wenfu：'Der Gourmet'", *Kölner Stadt-Anzeiger*, Sonderseite zur Frankfurter Buchmesse, 14.10.2009。

④ 原文为："Die glänzende Übersetzung von Ulrich Kautz, der so meisterhaft fabulieren kann wie der chinesische Autor und der die Finessen des Originals mit einer ungezwungenen Eleganz ins Deutsche transportiert hat, lassen einem die Worte auf der Zunge zergehen wie die kulinarischen Köstlichkeiten, die einem im Roman serviert werden." 见 Keen, R.："Jadeklösschen und Kristallteigtaschen", *Neue Zürcher Zeitung*, 16.11.1993, 25。类似评论见——："Köstliches China...", *Der Standard*, 29.07.2005, R6。

（三）小说《美食家》

发表于 1983 年的小说《美食家》是作家陆文夫小说创作生涯中的一部力表。作品以苏州美食文化为题描写了以吃为长的资本家朱自冶与无产阶级代表高小庭之间跨越半个世纪的浮沉纠葛。小说中的人物高小庭出身贫苦，却因为与朱自冶的远房亲戚关系而得以寄居在其家中，却也不得不因此而为朱自冶跑腿儿买苏州小吃。在高小庭看来，朱自冶作为资本家好吃懒做，一无所长，并因此一心想要对其进行改造。1949 年后，高小庭当上了苏州知名饭店的经理，对饭店菜色改革，以大众菜为主，使其为"劳苦大众"服务。不想却招致食客的普遍不满，谴责他破坏了苏州的饮食文化。朱自冶因饭店菜品不如往日而无食可吃，不过却幸得结识长于烹饪的孔碧霞。朱自冶自此足不出户，隐退在石库门中与孔碧霞共享美食之乐。经历了困难时期和"文革"的磨难之后，高小庭对于美食的态度发生了改变，主张保护和恢复美食文化，而朱自冶却因吃得福，成为美食家，开始传授美食秘诀。两人就此又有了新的交集。①

从作品内容上讲，小说既有中国的特色风土人情，也有对"特殊时期"历史的反思和当下现实的描绘。这些元素完美契合了德语读者对于中国当代文学的期待。德国读者约瑟菲娜·施特纳（Josephine Sterner）曾就该小说写过一篇评论，题为"一部关于共产主义和美食的'可口'作品"（*Genießbares Buch über den Kommunismus und das große Essen*）。从标题便不难看出书评作者偏爱这部作品的原因。她表示，从小说开头令人不禁会心的幽默到对于美食的描写，再到对于中国艰难贫苦的日常生活的描绘，小说既有对美好事物的描述，也有对历史的反思。② 另有评论文章写道，这部作品将政治与烹饪艺术联系起来。③ 德国当代著名学者和文学批评家

---

① 参见陆文夫《美食家》，人民文学出版社，2006。

② 参见 Sterner, J.：" Genießbares Buch über den Kommunismus und das große Essen ", 2013. 07. 31，https：//www. amazon. de/product-reviews/325722785X/ref = cm_cr_dp_see_all_btm？ ie = UTF8&reviewerType = all_reviews&showViewpoints = 1&sortBy = recent。

③ 参见 Simonis，H.：" Erlesen Zerlesen "，*Süddeutsche Zeitung*，04. 05. 1995。

乌尔里希·雅奈茨基在谈及此书时更是不无夸张地表示，这部作品让他口水直流。① 译者高立希也表示，该作品德译本的大受欢迎与书的主题"美食"关系很大。② 此外，与其他同类文学作品的凝重笔调不同，该小说文笔轻快幽默，③ 使小说中本显沉重的内容多了一抹暖色与轻松。因此另有读者评论道，这部小说讲述了中国饮食、变革和共产主义，作品有趣、别致、易于理解。④

从上述读者评论中我们一方面可以再次发现德国读者对于中国当代文学始终葆有的政治、社会学解读视角；另一方面，德语读者所关注的内容也印证了前文对于读者"期待视野"的分析。由此可见，小说内容元素的特殊性是其译本大获成功的另一前提。

（四）《美食家》德译本翻译特点

与小说《沉重的翅膀》相同，《美食家》德译本的成功同样可以归因于作品内容与德国读者阅读期待的契合以及以读者为导向的功能对等翻译策略的运用。《新苏黎世报》（*Neue Zürcher Zeitung*）曾评论道："陆文夫以其闻名于世的《美食家》展示了一幅充满地方色彩的风情画，小说典型地描绘了会吃与好吃属于人类基本需求的情节。优美的翻译使人觉得精彩的词语如同作品里供人享用的美味佳肴一样，入口即化。"⑤ 从这一评论可以看出，读者对于译者翻译水平的高度认可，因而我们就更有必要具体了解一下译者如何将原作内容以符合目的语读者阅读期待的方式传达出来的。

---

① 参见杜雪琴《当代中国文学在德国——乌尔里希·雅奈茨基访谈录》，《外国文学动态》2011 年第 2 期。
② 参见宋健飞《德译中国文学名著研究》，外语教学与研究出版社，2016，第 222 页。
③ 参见洪子诚《中国当代文学史》，北京大学出版社，2007，第 287 页。
④ 参见 "Lu Wenfus, Der Gourmet"，https：//www. amazon. de/product-reviews/325722785X/ref＝cm_cr_dp_see_all_btm？ie＝UTF8&reviewerType＝all_reviews&showViewpoints＝1&sortBy＝recent。类似评论参见 Simonis, H.："Erlesen Zerlesen"，*Süddeutsche Zeitung*，04. 05. 1995；参见 Huber, J.，*Der Tagesspiegel*，28. 11. 1993；参见 "Kulinarischer Appetitmacher"，*Oberösterreichische Nachrichten*，14. 12. 1995，27。
⑤ 宋健飞：《德译中国文学名著研究》，外语教学与研究出版社，2016，第 223 页。

谈及译者的翻译策略，首先从整体上看，《美食家》德译本中并未出现对原文内容的随意删减现象。此外，为了加深德语读者对于作品及其作者的了解，译者（或编辑）对书名做了处理并且添加了译后序。小说原著名为《美食家》，而德译本在保留原名的同时又增加了一个副标题：*Leben und Leidenschaft eines chinesischen Feinschmeckers*（一位中国美食家的激情人生）。这一副标题精炼地概括了小说的主要内容，突出了作品特色之外也具有极强的代入感。除了标题之外，译者在译本正文之后回忆自己与作者陆文夫的结识过程，解释了作者创作小说的动机和历程，并以自己的个人体验向读者介绍这位在德国尚不知名的中国当代小说家。

在正文部分，译者在充分考虑到德语读者对于中国文学已有认识的基础上采用了以实现文本功能对等为目标的翻译策略。就《美食家》这部作品而言，功能对等策略的运用主要体现在对文本中文化专有因素的处理上，因为该作品涉及大量富有苏州地方特色的饮食文化术语、诗歌、谚语乃至方言等语言文化现象。这些特殊的语言文化现象是作品语言风格的一部分，也是实现功能对等翻译的重点和难点。德国汉学学者彼特·舒米茨就曾指出，中国文学在德国出版数量不多的原因在于翻译难度大，因为中国作品过于"中国化"，其中的文化因素过多，对于德国读者来说过于陌生，对于译者也是极大的挑战。[1] 因此，对于文化专有项的处理便成为这一个案研究的焦点内容。

1. 文化专有项的定义及其处理策略

翻译活动不仅仅是不同语言之间的转化，更是一种文化活动。译者在生产译文时不仅要考虑到委托人的要求，同时还要兼顾身处目的语文化环境中的受众期待和理解能力。[2] 由于文化环境不同，在一种语言和文化中理所当然的事物或者概念到了另一语言和文化中则往往会造成理解上的困难乃至误解。根本原因在于，在同一文化背景中的交际双方为

---

[1] 参见韦锦官、古隆中编译《中国文学"走出去"先要中国出版"走出去"》，载《海外新闻出版实录2013》，中国传媒大学出版社，2014，第355～356页。

[2] 参见 Kautz，U：*Handbuch Didaktik des Übersetzens und Dolmetschens*，München：Indicium，2000，109。

了提高交际效率往往将对于双方来讲不言自明的内容加以省略，即所谓的"情景省略"，① 如果这种省略与语篇内信息相关则被称为"语境缺省"，② 而如果与语篇外的文化背景相关则被称为"文化缺省"。③ 对于涉及不同文化的翻译活动而言，"语境缺省"尚能通过上下文语境加以克服，但是"文化缺省"则由于跨文化沟通双方的文化背景不同而使这种原本不言自明的"缺省"成为沟通的障碍。"文化缺省"背后更深层的所指乃是各个文化中的特有因素。

西班牙翻译工作者艾克西拉（Javier Franco Aixelá）将这些不同文化中的特有因素称为"文化专有项"（culture-specific Item），④ 具体来讲，文化专有项指的是"所有那些在翻译过程中由于在目的语文化中不存在对应项或在目的语文化中拥有不同于源语文化地位而造成翻译困难的项目"。

任何一个语言条目要成为文化专有项不仅仅依赖于自身，还要看它在目的语文化中所被赋予的功能，换言之，只要异域文化中的一般读者或者拥有权力的主体认为在意识形态和文化上难以理解或难以接受的，都属于文化专有项。艾克西拉同时也强调，"具体的文化专有项也有可能随着时间而逐渐为其他文化所接受和吸收而失去其专有性，成为非文化专有项"。

按照艾克西拉对于文化专有项的定义，笔者对小说《美食家》中的文化专有项进行统计后发现，在长度只有93页的原著中，文化专有项的数量高达201个，分布密度比小说《沉重的翅膀》高出许多。因此，如何在兼顾读者接受能力和原著风格的情况下妥善处理这些文化专有项便成为译者要面对的一个难题。

关于文化专有项的处理，艾克西拉在对比分析美国作家达希尔·哈米特（Dashiell Hammett）的侦探小说《马耳他猎鹰》（*The Maltese Falcon*）

---

① 参见王东风《文化缺省与翻译中的连贯重构》，《外国语》1997 年第 6 期。

② 同上。

③ 同上。

④ 参见 Aixelá, J.："Culture-Specific Items in Translation"，Román Á./M. Carmen-África Vidal（Hrsg.）：*Translation*，*Power*，*Subversion.* Clevedon：Multilingual Matters，1996，58。

的三个西班牙语译本之后，按照原文的跨文化操纵程度将文化专有项的处理策略归纳为"保留"与"替换"等 11 种策略。艾克西拉在总结上述文化专有项处理策略的同时表示，其真正目的在于从方法上迅速判断一部译作是读起来"像原文"还是"像其原文"。①

2. 保留

"保留"又包含五种策略：重复、转换拼写、语言翻译、文外解释和文内解释。这五种策略的具体含义如下。

（1）重复策略：直接将原文引入目的语中。

（2）转换拼写：改变字母系统或者采取音译的方法。

（3）语言翻译：利用语言的透明度或者借助已有的定译而保留语言的指示意义。

（4）文外解释：在之前三种翻译的基础之上添加脚注、尾注、词汇表、评论、括号内翻译或者使用斜体字等。

（5）文内解释：与文外解释类似，只是将注释置于译文内，与译文融为一体。②

"保留"法整体来讲倾向于保留源语特征，对源语的操控和改写程度相对较低，因而其运用得当与否便更易于影响目的语读者的阅读体验。保留法包含的五种策略当中重复策略对源语的操纵程度最低，文内解释最高，其他策略在这两极之间递增。在实际的文本对比中，我们发现，由于中德两种语言文字间的差异，重复策略并未得到运用。转换拼写主要用于人名、地名的翻译，并且也是目前汉语外译时的通行方法，目的语读者已习惯这一译法，对于译者来讲也没有太大难度。语言翻译策略的使用主要依赖两种语言之间的透明度和已有的定译，因而只要译者能够准确把握德语读者对于中国文化的已有认知，该策略的运用也不会对于译本的可读性造成太大影响，例如译者直接将"解放区"这一文化专有概念译为"die Befreiten Gebiete"。对于德国读者来讲，即便没有额外的解释，他们也能够

---

① 参见张南峰《艾克西拉的文化专有项翻译策略评介》，《中国翻译》2004 年第 1 期。
② 同上。

大体理解这一概念。

在"保留"策略之中，使用频率最高的无疑是文外解释和文内解释两种策略，并且它们也是对于译本可读性影响最大的两种策略，尤其对于文学作品而言。因为文外解释通过脚注、尾注等文外方式进行注释，虽然能够保留原文的结构，但在一定程度上影响了目的语读者对于译文的阅读感受，读者在阅读过程中不得不中断阅读而去看注释，如果文外解释过多，则会降低读者对于文学作品的阅读兴趣。此外，过多的文外解释也会影响小说这一文学体裁的特征，一般来讲，脚注、尾注等注释方式并非小说的固有形式。从"效果或者功能对等"的角度来看，过多的文外解释无疑会使译文在目的语读者中产生的效果有别于原文在源语读者中所发挥的作用。举例如下：

例 1：① 我们这一伙"小资产"便会肯定他是国民党派来的。（第 14 页）

译文：…, wären wir》Kleinbürger《（als die wir Schüler und Studenten，ein zu wenig pauschal，eingestuft waren）überzeugt gewesen，es müsse sich bei dem Betreffenden um einen Guomindang-Agenten handeln.（S. 30）

例 2：一直到"三反"，"五反"都没有擦到他的皮。（第 16 页）

译文：bis zum Kampf gegen die》drei Übel《（Unterschlagung，Verschwendung und Bürokratismus）bzw. gegen die》fünf Übel《（Bestechung，Steuerhinterziehung，Betrug bei der Ausführung staatlicher Aufträge，Veruntreuung von Volkseigentum und Wirtschaftsspionage）.（S. 34）

---

① 所列例句均出自陆文夫《美食家》，人民文学出版社，2006 版及其德译本 Lu Wenfu：*Der Gourmet. Leben und Leidenschaft eines chinesischen Feinschmeckers*，Zürich：Diogenes，1995。

例 3：他老远便掏出"三炮台"香烟递过来，我连忙摸出"双斧牌"香烟把它挡回去。（第 16 页）

译文：…und bot mir eilfertig von seinen teuren Importzigaretten Marke》Drei Forts 《an, sobald er mich nur von weitem sah, woraufhin ich jedesmal meine eigene hervorholte（Marke》Doppelaxt 《, schlecht, aber billig）. (S. 34)

与此相反，文内解释将注释置于译文整体行文中，虽然可能在一定程度上牺牲了原文的结构，但保证了译文的流畅及美学效果，实现了译文的"文内连贯"① 并进而能够保持读者的阅读兴趣，例如：

例 4："白马非马"。（第 57 页）

译文：Ich muss in solchen Fällen immer an Gongsun Long denken, einen Meister in paradoxer Wortakrobatik aus dem dritten Jahrhundert vor der Zeitwende：>>Ein weißes Pferd ist kein Pferd<< (S. 109)

例 5：凡是称得上美食家的人，无一不是陆羽和杜康的徒弟的。（第 5 页）

译文：…und wahre Gourmets-jeder einzelne ein Jünger von Lu Yu und Du Kang, den legendären Schutzheiligen der Tee-und Weintrinker… (S. 13)

例 6："朱门酒肉臭，路有冻死骨"这句众所周知的诗句常在我的头脑里徘徊。（第 10 页）

---

① 文内连贯（intratextuelle Kohärenz）指的一方面是文本自身应是一个意义连贯的有机整体；另一方面指的是文本要与其接受情景相一致，就翻译文本而言，它应能不依赖原文而独立成篇，并符合目的语的接受语境。参见 Reiß, K./Vermeer, J.：*Grundlegung einer allgemeinen Translationstheorie*. 2. *Auflage*，Tübingen：Max Niemeyer Verlag, 1991, 109。

译文：>> Hinter dem Rotlacktor säuert der Wein und verrottet die Speise. Vor dem Tor klappern im Wind die Gebeine verhungerter Greise<<Immer wieder mußte ich an die Verszeilen denken, die Du Fu beim Anblick des Kaiser-Palastes zu Papier brachte.（S. 23）

例7：她还相信三从四德（第22页）

译文：...glaubte sie doch nach wie vor an den>>dreifachen Gehorsam<<-gegenüber Vater, Ehemann bzw. ältestem Sohn-und an die>>vier Tugenden<<, als da sind Sittsamkeit, geziemende Ausdrucksweise, schickliche Aufmachung und Beschäftigung mit häuslicher Arbeit.（S. 45）

通过对文本的具体分析之后，我们发现，译者充分意识到了小说《美食家》中文化因素的丰富性及其在翻译中对于译本可读性所带来的挑战。为了兼顾译本可读性和对异域文化的传达，译者放弃了一些常见的文外解释方法，既没有使用像《沉重的翅膀》中文末注释的解释方式，也没有采用脚注和尾注的形式，至多只是运用了文中加括号的文外注释形式，但由于译者的处理方式得当，这些文外注释对于读者阅读体验的干扰作用被降至最低。此外，从文外解释与文内解释的使用比例上来看，译者在多数情况下使用了文内解释策略（70处），只在极个别情况下使用了文外解释策略（5处），从而使译本整体读起来"像其原文"的同时也保证了译本自身的可读性以及原文与译文之间文学体裁的一致性。

3. 俗语、谚语与诗歌等的翻译

《美食家》这部小说语言上的另一特点是使用了大量俗语、谚语、诗歌、民歌乃至苏州方言。这些特殊的语言现象不仅是文化专有项的构成部分，同时也是作者幽默轻快语言风格的重要表达手段，例如作者开篇借孩子之口来表达对于好吃之人的不齿时所使用的儿童"不要脸，馋痨坯；馋痨坯，不要脸！"以及在描写主人公朱自冶在饱餐之后一定要去洗澡的习惯时用到的俗语"饿了打瞌睡，吃饱跑勿动"。这些极为生活化的表达使作品生动、诙谐，并且体现了浓厚的苏州地方特色，读来让人忍俊不禁的同时也使人了解了苏州人的日常生活。因此，对于这些特殊语言现象的翻译处理一方面决定了德语读者对作品的理解深度；另一方面也影响着他们对于原作语言风格的感知。很明显，一般的文内解释或者文外解释策略均不能完美解决这一问题，要在译文中达到同样的效果就必须在关注这些语言现象所表达的意义的同时照顾到它们的外在形式，因为它们的形式不仅是其文化专有项身份的主要特征，同时也是作品整体语言风格的重要组成部分。

通过对文本的对比分析发现，译者在处理上述语言现象时准确把握住了谚语、俗语以及诗歌的形式特点，在译文中通过押韵的处理方式进行翻译，达到了极佳的效果，示例如下：

例 8："不要脸，馋痨坯；馋痨坯，不要脸！"（第 1 页）

译文：>>Freßsack，Lumpenpack！Freßsack，Lumpenpack！ <<（S. 7）

例 9：饿了打瞌睡，吃饱跑勿动（第 6 页）

译文：Knurrt dir der Magen，döse'ne Weile；bist du gesättigt，so meide die Eile（S. 15）

例 10："文化大革命"中我成了走资派，……（第 54 页）

译文：Genau dies geschah，als in der Großen Kulturrevolution ich als>>Kapwegler<<-als einer，der den kapitalistischen Weg geht-...（S. 15）

例 11：饭后百步走被认为是长寿之道。（第 7 页）

译文：Hundert Schritte nach dem Essen，dann kannst den Tod du fast vergessen.（S. 17）

例 12："上有天堂，下有苏杭"。（第 11 页）

译文：Das Paradies für die Götter am Himmelszelt-uns Menschen reicht Suzhou und Hangzhou auf dieser Welt！（S. 25）

例 13："春风熏得游人醉，错把杭州作汴州"。（第 11 页）

译文：>>Berauscht von Hanzhous linden，lauen Frühlingswinden vermeint der Wand'rer hier sein Kaifeng neu zu finden<<.（S. 25）

例 14："十万夫家供课税，五千子弟守封疆"。（第 11 页）

译文：hunderttausend Steuerzahler haben ihr Scherflein erbracht；fünftausend Söhne des Volkes standen im Grenzland auf Wacht.（S. 25）

例 15："啊呀，朱先生，倷（你）是听啊里（哪里）一位老先生活嚼舌头根，倷尼（我们）女人家会做啥格（什么）菜呢，从前辰光烧点小菜，是呒没（没有）事体弄弄白相（玩儿）格！"（第 35 页）

译文：>>Aber ich bitte Sie，Herr Zhu，wer hat Ihnen denn diesen Unsinn erzählt？Eine Frau wie ich und kochen？Ich habe lediglich zum Spaß von Zeit zu Zeit einmal etwas gebrutzelt，wenn ich nichts Besseres zu tun hatte！<<. （S. 69）

例 16：山那边呀好地方，
穷人富人都一样，
你要吃饭得做工呀，
没人为你作牛羊。（第 12 页）

译文：Jenseits der Berge, da gibt es ein Reich,

wo Arme und Reiche sind allegleich.

Der fleißige Arbeiter isst sich dort satt-

Knechte und Mägde kein einziger hat... (S. 27)

在上述示例中，译者主要以押韵的方式来处理谚语、俗语、诗歌等语言现象，用缩略语来译缩略语，用口语体来处理方言，从而提高了这些中文特有的语言现象在德语中的辨识度，使其在德语中同样以谚语、俗语以及缩略语的身份而被读者认知。从这个角度来看，译者在最大限度保留原作文化特色和语言风格的基础上实现了原作与译作之间的效果对等，使译文读者能够在译本中获得与源语读者在阅读原作时相似的文学体验。从策略归类上来讲，这一策略虽然也应归属于"保留"法，但与原有的五种保留策略均不相同。因这一方法与语言翻译类似，却多了一层文化含义，因此笔者认为应将之前的语言翻译改为语言翻译（非文化翻译），而将这种新的翻译策略改为语言翻译（文化翻译）以示区别。

4. 替换策略

替换又可细分为六种策略：使用同义词、有限世界化、绝对世界化、同化、删除与自创。六种策略的具体内涵如下。

（1）使用同义词：为避免重复而用不同的方式翻译同一文化专有项。

（2）有限世界化：使用目的语读者更为熟悉的另一源语文化专有项进行翻译。

（3）绝对世界化：用非文化专有项来翻译文化专有项。

（4）同化：用译语文化专有项来翻译源语文化专有项。

（5）删除：将源语文化专有项省去。

（6）自创：用译语文化专有项来翻译源语中的非文化专有项。①

"替换"策略从对源语的操控程度上来讲要高于"保留"策略，其

---

① 参见张南峰《艾克西拉的文化专有项翻译策略评介》，《中国翻译》2004 年第 1 期。

中以同义词为最弱，自创为最高，其他策略则介于这两者之间。"替换"策略从语言使用上更接近于目的语习惯，因而类似于通常所说的"归化"。我们通过分析，"替换"包含的诸策略在《美食家》德译本中也都有应用：

例17（使用同义词）："来段《白毛女》试试。"

"北风那个吹……"女同学拉开嗓子便唱。（第15页）

译文：>>Sing uns mal was aus dem Weißhaarigen Mädchen vor. <<

Das Mädchen konnte die Oper natürlich und schmetterte ohne zu zögern los：>>Der Nordwind, er bläst... <<。（S. 32）

例18（有限世界化）："大观园"里的宴席有哪一桌是从"老正兴"买来的？（第34页）

译文：Nehmen Sie den 〈Traum der Roten Kammer〉-keins, aber auch keins von den vielen Banketten, die im Roman beschrieben werden, hat etwas mit einem Gasthaus zu tun！（S. 66）

例19（绝对世界化）：野鸡大学。（第52页）

译文：Das war so eine Privatuniversität, wo man sein Diplom auch kaufen konnte.（S. 99）

例20（同化）：连唱起歌来都像破竹子敲水缸。（第15页）

译文：selbst mein Singen hörte sich an, als käme es aus einer verrosteten Gießkanne.（S. 33）

例 21（删除）：孔乙己能有这些便行了，君子在酒不在菜嘛。（第 8 页）

译文：vollauf genug für den biederen Durchschnittsgast，dem es in erster Linie ums Flüssigkeit geht... （S. 19）

例 22（自创）：老头的思想保守，随他去！（第 20 页）

译文：bei dem konservativen Alten waren Hopfen und Malz verloren，am besten，man ließ ihn einfach links biegen. （S. 41）

在例 17 中，译者为避免重复先后用"dem Weißhaarigen Mädchen"和其同义词"die Oper"来翻译原文中的"白毛女"这一文化专有项。例 18 中，与"红楼梦"相比，"大观园"这一文化专有项对于目的语读者来讲显得陌生。为了保留源语文化特色，同时兼顾读者对于源语文化的认知能力，译者用目标语读者更为熟悉的"红楼梦"来替换"大观园"这一概念。例 19 中，由于"野鸡大学"的概念对于目的语读者过于陌生，译者不得不以概念的所指意义来解释该文化专有项，也即用非文化专有项来翻译文化专有项。例 20 中，"破竹子敲水缸"的形象表达却并不能在目的语语境中达到同样形象的效果，因而译者用译语文化专有项来替换源语文化专有项，是为同化策略。例 21 中，由于"孔乙己"这一文化专有项对于目的语读者太过晦涩难懂，并且从上下文来讲并不十分重要。因而译者在翻译过程中将这一概念删除不译。例 22 中，译者在翻译过程中运用了自创策略，添加了原文中没有的译语文化特有表达。

从源语文化特色的保留角度来看，这些文化专有项要么因为在目的语中没有对应项目，要么因为它们对于目的语读者太过陌生、晦涩，并且对于整体行文来讲不太重要而被弱化处理，附着在它们身上的文化特色也在语言转换过程当中部分或者完全流失。高立希指出，由于语言和文化间的巨大差异，译者无法将所有对他来讲重要的源语信息在译语文本中保存下来。译者更多要依据自己的文本类型知识和语境，尤其是目的语文本所处的社会文化环境来选择哪些信息一定要保留，哪些要尽可能保留，又有哪些信息是无须顾及的。[①] 学者马会娟指出，应将文化翻译与文学翻译相区别，文学翻译的终极目的在于通过翻译再现作品的文学审美特征，而并非只是向目标语读者介绍源语文化（文化翻译），并且过多的典故解释一方面会打断作品的叙事节奏，另一方面也会影响读者的阅读体验。[②]

从根本上看，"替换"策略的使用是文化差异所导致的结果。该策略的使用虽然在一定程度上有损于源语文化特色在目的语中的保留，但不得不承认的是，它的运用提高了译本的可读性，有益于再现作品的文学性。因此，这些策略的使用可以被视为译者为了作品的可读性和文学性而牺牲原作部分文化因素，是译者在以读者为导向的翻译观指导下所做出的选择。

当然在此需要明确指出的是，虽然"替换"策略的使用在一定程度上有利于译本的可读性，但并不意味着译者可以为了可读性而随意使用该方法，这一策略的使用前提是译者没有其他更好的策略可供选择。这一点体现在"保留"和"替换"策略的整体使用频率上。据统计，《美食家》德译本中"保留"策略的总体使用比例超过七成，而"替换"策略的使用不足三成（见表4-3）。因此，从整体上看，译者在提高译本可读性的同时也做到了使译文读起来"像其原文"。

表4-3　《美食家》中"保留"与"替换"策略使用数量及比例

单位：处，%

策略	数量	占比
保留	147	73
替换	54	27

---

① 参见 Kautz，U：*Handbuch Didaktik des Übersetzens und Dolmetschens*，München：Indicium，2000，113。

② 参见马会娟《中国文学应该由谁来译?》，《社会科学报》2018 年 8 月 23 日第 005 版。

第二节　2000~2017：国家关注下的译介新时期

进入 21 世纪，中国当代小说德译活动在经历了 1990 年代的低潮之后，开始面对新的局面和形势。首先改革开放政策的累积效应开始显现。中国在国际社会上的大国地位和影响力稳步提升。随着中国举办奥运会和世博会等世界重大文化体育活动以及两位华人作家相继获得诺贝尔文学奖，世界对于这个东方古国的认识和了解逐步加深，中国的对外形象也由以前的"经济中国"延伸到其他领域，变得立体和多元化。

其次，随着 1992 年社会主义市场经济体制的建立以及 2001 年加入世贸组织，中国逐渐进入全面的市场化时代，互联网也开始兴起。这给 2000 年之后的中国文学带来诸多变化，文学获得了更大的空间和更为多样化的传播渠道。传统文学、市场文学或大众文学和网络文学三分天下。传统的精英写作在进入 21 世纪之后得以延续，毕飞宇、莫言、苏童、阎连科、余华等成名已久的作家 2000 年以来依然佳作频出，莫言更是在 2012 年成为首位获得诺贝尔文学奖的中国本土作家；而市场文学的大行其道则使韩寒、郭敬明等"80 后"作家群体的创作受到热捧；以网络新媒体为平台的文学创作也自成一派，穿越、玄幻等类型化小说借助网络野蛮生长。2015 年起，刘慈欣、郝景芳等科幻作家先后获得"雨果奖""星云奖""轨迹奖"等多项科幻文学大奖，赢得世界的瞩目与认可。2016 年，儿童文学作家曹文轩成为首位获得国际安徒生奖的中国作家。这些国际奖项代表着中国类型文学的崛起。

总体来看，中国文学在进入 21 世纪之后呈现出多元化、多渠道、个性化的发展趋势。作家阿成更是直言，21 世纪以来，汉语进入发展最为繁杂的阶段，而其中又以文学为剧。[①] 在这种发展趋势的推动下，中国当代小说在创作数量上也上了一个台阶，达到新的历史高度。从 2000 年到 2011 年，仅长篇小说的出版数量就从每年的 1000 部左右猛增到 4000 多部。[②] 从这

---

① 参见阿成《神形兼备的挑战》，载《翻译家的对话Ⅳ》，作家出版社，2017，第 15 页。

② 参见朱栋霖、朱晓进、吴义勤《中国现代文学史 1917-2013》第三版下册，高等教育出版社，2014，第 187~217 页。

个角度来看，中国文学在进入 21 世纪之后迎来了一个新的创作繁荣期。

进入 21 世纪之后的另一重大变化是海外华人文学的异军突起。在 20 世纪 80 年代的出国潮中有一批优秀的中国作家前往西方各国，之后便旅居海外。这些作家有戴思杰、哈金、高行健、虹影、罗令源、闵安琪、裘小龙、山飒、严歌苓等。他们在海外经历了 10 多年的创作磨砺之后于 2000 年前后进入创作成熟期，并且往往可以用双语进行创作，佳作不断，屡获大奖，赢得了西方文学界的普遍认可。哈金的长篇小说《等待》创作于 1999 年，并在该年获得美国国家图书奖。戴思杰的《巴尔扎克与小裁缝》创作于 2000 年，在法国的销量达到 50 万册。山飒的《围棋少女》写于 2001 年，获得法国青少年龚古尔奖，英译本在 2002 年获得桐山奖。虹影的作品也同样多次获奖。进入 2010 年之后，美籍华裔科幻作家刘宇昆先后凭借《手中纸，心中爱》《物哀》两部作品连续获得 2012、2013 年的"雨果奖"，并且《手中纸，心中爱》还同时斩获了"星云奖"。除此之外，刘宇昆还先后翻译并推荐了刘慈欣的《三体》第一部和郝景芳的《北京折叠》，从而使两位作家先后获得 2015 年和 2016 年的"雨果奖"。

无论是 21 世纪国内文学的重新繁荣，抑或是海外华人文学的崛起，都再次为中国文学德译提供了丰富素材。

此外，中国文学外译事业在进入 21 世纪之后也有新的发展。中国文化、文学"走出去"正式由官方提出，国家层面的重视也催生了种类繁多的中国文学外译工程以及海外汉学研究中心。虽然有不少学者对目前外推方式的合理性表示怀疑，但他们普遍认为，在中国文学在海外整体接受不佳的情况之下，官方的关注和支持必不可少，并且这也是国际上文学外推活动的普遍经验。在这样的大环境之下，就中国文学德译来讲，官方支持集中体现在对于中国参加 2009 年法兰克福书展所给予的翻译资助，国家新闻出版总署设立专门的翻译基金，支持德语地区的出版社译介出版中国文学作品。据统计，新闻出版总署共投入 50 万欧元的资金，资助了 112 部中国文学作品的译介。[①]

---

① 参见 Woesler, M.："Strömungen chinesischer Gegenwartsliteratur heute", Wösler, M.（Hg.）: *Chinesische Literatur in deutscher Übersetzung*, Bochum: Europäischer Universitätsverlag, 2010, 140。

中德各方在这一年共出版了 400 多本关于中国的德语新书，内容更是涵盖了纯文学、童书、艺术和文化、科学、政治与历史、旅游、语言等诸多领域。[①]文化事件推动下的国家赞助直接促使中国文学德译的作品数量在 2009 年剧增（见图 4-4、4-6），并且这一文化事件也直接影响了后续译介数量的增长。

从整体译介数量的变化趋势看，2000 年以来的译介周期堪比 1980 年代前后的译介黄金期（见图 4-4），而如果将最为重要的两种译介渠道的数据分开看，我们可以发现，以专业文学杂志为载体的小说译介数量与 1990 年代相比基本保持稳定，变化不大，但都与 1980 年代的数据相去甚远（见图 4-5），并且依然集中于前文提到的几本专门推介中国以及东亚文学的杂志上。

与杂志相反，文集/单行本的出版数量却明显高于前两个时期，从数量变化曲线上我们也能够清楚看到 2000 年之后的波峰（见图 4-6）。这意味着进入 21 世纪之后，德语地区的商业出版社参与译介中国当代小说作品的积极性呈显著提高的趋势。

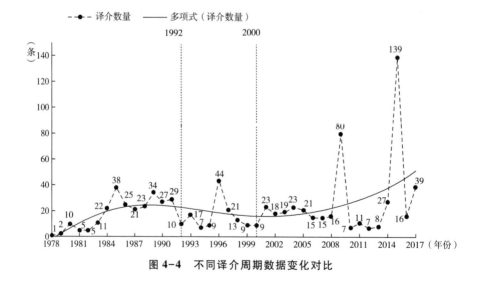

图 4-4　不同译介周期数据变化对比

---

① 参见 Boos, Juergen：*Books on China*, Frankfurt am Main：Frankfurter Buchmesse, 2009, 3。

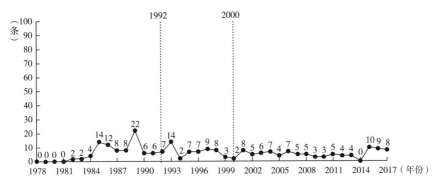

图 4-5　不同译介周期内以杂志为载体的译介数量对比

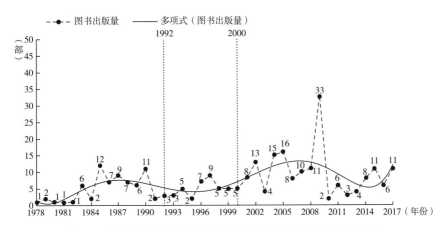

图 4-6　不同译介周期内以文集/单行本为载体的译介数量对比

　　将图 4-6 中文集/单行本的出版量按照译介周期分别进行统计之后，我们可以得到表 4-4 中的数据。

表 4-4　不同译介周期内文集/单行本的出版量

译介周期	文集/单行本出版量（部）
1978～1991	68
1992～1999	39
2000～2017	174
共计	281

进入 21 世纪以来文集/单行本的出版量超过之前两个译介周期出版量的总和。而这 174 部书中有一半是海外华人的作品，并且这些作品又多是从英语或者法语转译为德语（见图 4-7）。① 这表面上再次彰显出 21 世纪以来美、英、法文学市场对于德语文学市场日益增长的影响力。但这一发展背后实际包含三方面的原因：其一，21 世纪全球化进程中，美国文化国际影响力日益增强；其二，生活在美、英、法三国的华人作家在 21 世纪的集体爆发，如邱小龙、哈金、山飒等；其三，德语出版社的编辑不懂汉语，对中国文学缺乏了解，再加上中国在外缺少类似德国图书信息中心这样对外推介本国文学的第三方平台，以美、英、法文学市场为参照便成为德语出版社编辑选择可译作品、规避出版风险的重要手段。出于类似考虑，德语出版社倾向选择已改编为电影的小说作品作为译介文本，具体参见第三章相关论述。

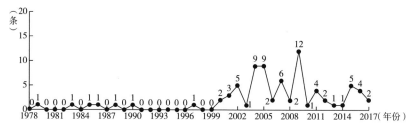

图 4-7　1978~2017 年译自英语、法语的中国当代小说数量分布

从译介主体上看，这一时期无论是参与译介的出版社数量，抑或是知名出版社的参与度都达到了历史最高纪录。上文提及的 174 部文集和单行本共涉及 47 家出版社，其中前文提及的知名出版社有 12 家，承担了 98 部中国当代小说文集和单行本的译介出版，超过这一时期总出版量的一半。此外，从图 4-8 可以看出，由于受到中国官方的翻译资助，一些大型出版社也改变了之前放弃中国文学的政策，重新译介出版中国文学作品，例如苏尔坎普/岛屿出版社。

① 奥地利勒克出版社（Löcker）自 2014 年起译介引入了由外文出版社推出的英文版《21 世纪中国当代文学书库》丛书（具体见本章对"奥地利译介活动"的论述），但图 4-7 中的数据考察的是法语和英语世界的出版机构对中国当代小说德译的影响，因此并未将获得德译的外文出版社英文作品纳入统计范围。

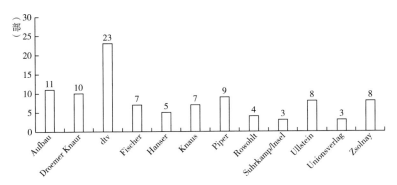

图4-8 2000~2017年知名出版社的出版数量

除此之外，由于受到诺贝尔文学奖这一文学事件的影响，小说作品的译介渠道也比1990年代有所拓展，德国主流媒体《法兰克福汇报》在2000年刊登过两篇高行健的小说作品节选。而从译介主体的来源国构成上看，这一时期又有新的变化。在这一时期除了德语地区的出版社之外，其他国家的出版社也参与到中国当代小说德译活动中来，例如位于意大利南蒂罗尔德语区的雷提亚出版社（Edition Raetia）。[①] 并且与1990年代不同，除了奥地利、瑞士和德国的出版社之外，中国又回归到译介活动中来，译介数量较之1990年代有了大幅增加（见图4-9）。

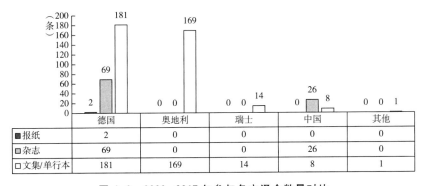

	德国	奥地利	瑞士	中国	其他
■报纸	2	0	0	0	0
■杂志	69	0	0	26	0
□文集/单行本	181	169	14	8	1

图4-9 2000~2017年参与各方译介数量对比

---

① 该出版社在2009年同样因获得国家新闻出版总署的翻译基金资助而译介出版了"80后"作家徐璐的小说《滴答》Dida。

一　中国译介活动的新发展

进入 21 世纪之后，随着国家对文化推介的日益重视，国内的译介活动和相关研究进行的如火如荼，中国发起的译介活动也有了新的发展，虽然从中国当代小说德译的数据上看，效果似乎并不明显，但一些新的变化已悄然发生。

自《中国文学》杂志 2001 年停刊之后，国内便没有专门的刊物对外推介中国当代文学。作为综合出版机构的外文出版社也极少再译介出版中国当代文学作品。而对中国当代小说的德译活动更是从 1990 年代初便已陷入停滞状态。这一沉寂状况直到 2010 年才逐渐被打破。这一年，北京师范大学文学院与美国俄克拉荷马大学《当代世界文学》（*World Literature Today*）杂志联合创办了全英文杂志《今日中国文学》（*Chinese Literature Today*）学术期刊，旨在借助《当代世界文学》杂志的知名度和发行渠道向全世界推介中国当代文学。《今日中国文学》副主编石江山（Jonathan Stalling）教授专门负责收集英语读者的反馈，以便调整选题和编辑方案，然后再组织母语译者进行翻译。①

紧随其后的 2011 年，国内文学界的标志性刊物《人民文学》杂志英文版正式创刊，英文名为 *Path Light*（《路灯》）。英文名的首字母 PL 也与"人民文学"英译（*People's Literature*）的首字母相暗合。杂志在创刊之初就已确定了以海外为导向的办刊宗旨，旨在为海外读者打开一扇了解中国当代文学的窗，对外介绍中国文学的最新发展，推介新作家、新作品，进而为中国文学在"走出去"的路上提供指引和光亮。杂志首先推出了英文版、法文版和意大利文版，获得积极的反响，之后又陆续推出了西班牙文、德文、阿拉伯文、韩文、日文、俄文等语种，目前共涵盖了 10 个语种。外文版的编辑队伍一般由中国编辑、外籍编辑和译文审定人共同组成，而作品的译者均是母语者。②

① 参见戴文静、焦鹏帅《翻译研究的国际化及中国文学外译路径探索——美国文学翻译家莱纳·舒尔特访谈》，《国外社会科学》2019 年第 4 期。
② 参见《〈人民文学〉首次推出英文版》，搜狐网，2011 年 11 月 24 日，http://roll.sohu.com/20111124/n326756745.shtml。

进入 2014 年，江苏省对外文化交流协会、江苏省作协、南京师范大学与凤凰出版传媒集团联合创办了全英文期刊《中华人文》（*Chinese Arts & Letters*），对外推介江苏省以及全国的优秀作家。为保证译文质量，杂志聘用的译者皆为母语译者，同时杂志还聘请国内外知名学者如张隆溪、陆谷孙、葛浩文（Howard Goldblatt）、顾彬、蓝诗玲（Julia Lovell）等作为期刊顾问。

从上述文学期刊的创办机构来看，2000 年之后的文学译介呈现出官方、半官方共同施力，国家与地方步调一致，中西多方机构协同参与的新局面。而《路灯》杂志的德文版便是在这样的大背景下于 2015 年正式推出，德文名为 *Leuchtspur*，意为"光迹"，每年一期，截止到 2019 年已推出五期，每一期都有一个主题，例如第一期围绕"思想"，第四期则是科幻专题。获得译介的作家既有老一辈作家如韩少功①、邓一光②、林白③、王小妮④等，也有年轻作家如徐则臣⑤、晓航⑥、张慧雯⑦等。此次杂志的整个译介出版过程都体现出迥异于 1980 年代中国译介活动的特点。首先，在选题上，杂志一改过去"以我为主"的作风，在保证作品质量的前提下，从一开始就以德语读者为导向，力图寻找符合德语读者阅读口味的作品。为实现这一目标，杂志不仅与作家和中国文学学者积极沟通，发掘能够代表中国当代文学的最新佳作，并且还与国内外知名高校的德语学者、译者展开交流，了解德语读者对于中国文学的阅读期待，进而最终确定每期杂志的选题。例如德国驻华大使馆文化参赞郝志强（Enrico Brandt）曾建议杂志选取中国年轻作家的作品进行推介，从而吸引德国年轻人对中国文学

---

① 韩少功的短篇小说《北门口的预言》*Die Prophezeiung am Nordtor* 收录于《路灯》德文版 2015 年创刊号。

② 邓一光的短篇小说《出梅林关》*Über Meilinguan hinaus* 收录于 2016 年《路灯》德文版。

③ 林白短篇小说《红艳见闻录》*Hongyans Bericht* 收录于《路灯》德文版 2015 年创刊号。

④ 王小妮短篇小说集《1966 年》中的《火车头》*1966-die Lokomotive* 收录于《路灯》德文版 2015 年创刊号。

⑤ 徐则臣短篇小说《伞兵与卖油郎》*Fallschirmjäger und Soßenhändler* 收录于 2016 年《路灯》德文版。

⑥ 晓航短篇小说《最后的礼物》*Das Abschiedsgeschenk* 收录于 2016 年《路灯》德文版。

⑦ 张慧雯短篇小说《垂老别》*Abgang eines alten Mannes* 收录于《路灯》德文版 2015 年创刊号。

的阅读兴趣。① 杂志随后便在第二期中主推年轻作家如徐则臣、晓航、赵志明②等人的作品。此外，杂志在法兰克福书展同德国出版社编辑和读者交流时了解到，科幻和女性文学作品更能吸引年轻德语读者，③ 再加上中国科幻作品德译本近年来在德反响热烈，杂志便在2018年第四期推出了科幻专题，译介发表了陈楸帆④、刘慈欣⑤、郝景芳⑥、马伯庸⑦、夏笳⑧等人的科幻作品。

其次，在译者的选择上，杂志的取向也与1980年代的选择不同。1980年代中国发起的译介活动中，虽然德语母语译者也参与其中，但这些参与中方译介活动的德语母语译者几乎没有参与过德语地区的译介活动。他们在德语地区欠缺知名度和受认可度。这不利于所译作品在德语地区的传播。有鉴于此，《路灯》杂志德文版均交由德语地区的知名译者来进行翻译，如专注于中国当代文学翻译的德国翻译家马海默（Marc Hermann）、赫慕天（Martina Hasse），奥地利著名的中国当代小说和诗歌翻译家维马丁（Martin Winter）以及首次翻译了全本《西游记》的瑞士翻译家林小发（Eva Lüdi Kong）等。

再者，杂志的封面同样会对读者的阅读产生导向作用。⑨ 因此在装帧和宣传上，杂志同样将读者因素考虑进来，例如为了能够给读者一种熟悉的感觉，德文版第一期专门选择北京三里屯作为杂志封面。并且为了使杂志能够真正走近德语读者，提高杂志的认知度，杂志不仅在各大德语国家驻华使领馆举办推介交流会，同时也积极参加在德国举办的各种书展。从

---

① 参见田超《中国文学走出去需要更多"路灯"》，腾讯文化，2015年12月12日，https://cul.qq.com/a/20151212/028027.htm。
② 赵志明短篇小说《石中蜈蚣》*Der Hundertfüßer im Fels* 收录于2016年《路灯》德文版。
③ 参见张中江《〈人民文学〉推出德文版》，腾讯文化，2015年11月24日，https://cul.qq.com/a/20151124/033509.htm。
④ 收录了陈楸帆的短篇小说《丽江的鱼儿们》*Die Fische von Lijiang*。
⑤ 收录了刘慈欣的短篇小说《赡养上帝》*Den Herrgott versorgen*。
⑥ 收录了郝景芳的短篇小说《深山疗养院》*Gebirgssanatorium*。
⑦ 收录了马伯庸的短篇小说《草原动物园》*Steppenzoo*。
⑧ 收录了夏笳的短篇小说《热岛》*Heiße Insel*。
⑨ 参见许多《中国当代文学在西方译介与接受的障碍及其原因探析》，《外国语》2017年第4期。

杂志推出后的近期效果来看，上述举措还是取得了一定成效，杂志已成功引起德语媒体的关注。①

最后，《路灯》杂志德文版在发行渠道上较之以往也发生了大的改变。在之前中国发起的译介活动中，译介出版的作品大多通过驻外使领馆对外辐射，影响范围有限。德译本作品很少能够被德语普通读者接触到。而《路灯》杂志德文版从 2018 年第四期开始积极地在国际上推介中国科幻文学。杂志 2018 年科幻版专号亮相德国法兰克福书展，科幻作家陈楸帆，《路灯》编辑总监王竞、维马丁，法兰克福孔子学院院长王璟翎，维也纳大学孔子学院院长李夏德（Richard Trappl）以及德国出版人一道在德国举办了《路灯》杂志研讨会，得到各界关注。此外，《路灯》杂志更是与德国和奥地利出版社合作在德语地区发行其刊物。② 这些举措将有望解决一直以来中国作品的国际影响力不足和发行渠道不畅的问题。

除了数据直观体现出的文学译介活动之外，中国的各个机构也在积极地通过新的形式来推动中国文学以及文化走出去。颇具借鉴意义的是中国作家协会、中国文化部和北京语言文化大学所做的尝试。自 2010 年起，中国作家协会定期举办"汉学家文学翻译国际研讨会"，会议每次都会邀请来自数十个国家的中国文学译者③与中国知名作家、学者一起交流，探讨文学创作以及翻译问题，搭建译者与作家对话交流的平台，并借助该平台帮助各国译者了解中国文学的最新动态与发展趋势。截至 2018 年，这一会议已经举办了五届，参会的译者和作家呈现逐届递增的态势。此外，每届会议之后，中外专家的发言都会结集出版。这不仅有力推动了中国文学对外译介的实践，而且也为文学译介研究提供了宝贵资料。除了定期举办中

---

① 参见 Dotzauer, G.："Chinesiche Literatur/Meine triumphale Achtung fürs Leben. Zeitgenössische Lyrik und andere Neuerscheinungen aus der Volksrepublik. Texte, die auf einem störrischen Individualismus beharren-fernab von Klischees"，*Der Tagesspiegel*（31.12.2016）；另可参见该作者 2015 年 10 月 26 日在《每日镜报》*Der Tagesspiegel* 上对《路灯》杂志德文版的推介。
② 合作的奥地利和德国出版社分别为 FabrikTransit 和 Drachenhaus。
③ 受邀参加过该会议的德语译者包括德国翻译家赫慕天（Martina Hasse），悠莉（Julia Valeska Buddeberg）以及奥地利作家、翻译家科内莉亚·特拉福尼塞克（Cornelia Travnicek）等。

外交流的研讨会外，中国作家协会另一项助推文学外译的重要举措是向文学译介项目提供翻译资助。中国作家协会于2013年启动中国当代作品翻译工程，并设立专门的翻译工作室，负责对面向国外市场的外文翻译出版项目提供翻译资助。针对的作品是1978年以来创作发表的中国当代文学作品，包括小说、诗歌、散文等。申请人可以是作品的版权代理机构、外文出版机构或译者。①

此外，在当今的信息时代，网络也成为对外推介中国文化的有力工具。2015年，隶属于中国文化部外联局和北京语言文化大学的中国文化翻译与传播研究中心设立了中国文化译研网（CCTSS）。该网站是一个公益性平台，旨在为政府、学术和民间需求架起桥梁。网站自创办以来，已经与全球60多个国家开展一对一国别互译合作交流，与1000余家中外出版、影视、媒体等机构，50余个中外书展、影展、文化艺术交流平台，2000余名中外作家、译者达成合作，组建了30多个语种的中外语言互译专门委员会以及文学、出版、影视、艺术、学术、地方文化等10个作品推荐专门委员会，开设了多个文化翻译项目工作小组，旨在帮助全球译者和读者选择、推荐、译介、推广优秀的中国文化作品。

截至2016年底，网站已入库了3000多部中国主题作品，促成了300多部中国文化作品通过网站协作实现简介、样章、片花、全文译介、国际签约合作及推广。并且从2017年起，网站还开设了面向外国读者的"需求作品清单"服务，邀请全球读者发布主题需求、发起兴趣投票，向中外版权机构、作者和译者主动提出、寻找乃至众筹自己想看的中国文化作品。此外，与网站相配套的还有相关的手机应用和社交账号，可以使全球读者随时随地了解自己感兴趣的中国话题和内容。②

通观这一时期中国译介活动的新发展，不难发现，中国发起的译介活动体现出形式多样、渠道多样和内容多样的特点。但在这些特点的背后反

---

① 参见《中国当代作品翻译资助申请办法》，中国作家网，2017年10月11日，http://www.chinawriter.com.cn/n1/2017/0825/c403985-29495522.html。

② 参见《中国文化译研网简介》，中国文化译研网，http://www.cctss.org/bre/agree/introduction。

映的却是同一个理念，即"以客为主，以主为辅"。始终以目的语读者为导向和中心，从译介的选题、到译者的选择、作品的设计，装帧以及作品的推介渠道等，无不围绕着目的语读者展开。并且中方虽然是译介活动的主动组织方，但发挥的却是辅助作用。无论是出版外文期刊，召开文学翻译会议还是创办网站，其最终不再是以往的硬性输出，而是通过这些手段来为中国文学和外国出版机构、译者和读者提供了解的窗口和合作的平台。另外一点值得注意的是中方在译介活动中除了以读者为导向外，也开始关注译介活动的不同环节，例如出版社、译者、译介渠道、读者等。虽然最终的效果仍有待时间检验，但这至少反映出中方积极走出去的开放心态。并且从中不难看出，中方在译介活动中已初步树立了本书所言的语境观和整体观。理念的转变是这一时期中方译介活动与之前译介活动的本质区别。

二　德语地区的译介活动

进入 21 世纪之后，中国当代小说在德语地区的译介同样呈现出新的发展态势。从译介数量上看，已不再是德国一家独大的局面（见图 4-9），奥地利和瑞士也译介了相当数量的中国当代小说作品。总体而言，译介活动在德语地区呈现出多点开花的新面貌。细观之，奥地利、瑞士和德国进行的译介活动又呈现出各自不同的特点。

（一）奥地利的译介活动

这一时期参与译介的奥地利出版社共有三家，分别是苏索耳内出版社（Zsolnay）、勒克出版社（Löcker）和巴科帕出版社（BACOPA Verlag）。①从译介数量上看，苏索耳内出版社和勒克出版社又是译介的主力，两家出版社分别译介出版了 8 部和 9 部中国当代小说文集/单行本。苏索耳内出版社历史悠久，创立于 1923 年，在几经转手之后被德国翰泽尔出版社

---

①　巴科帕出版社仅在 2016 年出版了重庆作家海娆的长篇小说《早安，重庆》*Guten Morgen，Chongqing！Changles Suche nach dem einfachen Glück*。

纳入旗下，从 1996 年至今重现出版社初期的辉煌，主要出版德语和世界文学作品。① 2000~2017 年，苏索耳内出版社共推出 8 部当代小说作品。这些作品均出自美籍华裔作家裘小龙，是他自 2000 年开始用英文创作的侦探小说系列（见表 4-5）。

表 4-5　2000~2017 年苏索耳内出版社译介出版作品信息

出版时间	译者	作品名称
2003	Holger Fliessbach	*Tod einer roten Heldin*《红英之死》
2004	Susanne Hornfeck	*Die Frau mit dem roten Herzen*《忠字舞者》
2005	Susanne Hornfeck	*Schwarz auf Rot*《石库门骊歌》或《当红是黑的时候》
2007	Susanne Hornfeck	*Rote Ratten*《双城案》
2009	Susanne Homfeck	*Blut und rote Seide*《红旗袍》
2011	Susanne Homfeck	*Tödliches Wasser* 暂无中译名
2014	Susanne Homfeck	99 *Särge* 暂无中译名
2016	Susanne Homfeck	*Schakale in Shanghai* 暂无中译名

该系列小说一经推出便引起强烈反响，之后德国口袋书出版社购买了版权，推出了作品的口袋书。② 裘小龙侦探系列作品的成功除了前文提到的侦探小说类型以及作家西化的创作手法以外，起决定作用的还是作品的内容。从创作手法上看，作者准确把握了西方读者的阅读期待。作者借推理小说的形式描绘出改革开放以来的当代中国，填补了西方读者对于当代中国的认知空白。而这也是作者创作的初衷。③ 作家"社会学"的创作思路完美契合了西方读者对于中国文学的解读视角。

---

① 参见 https：//www.hanser-literaturverlage.de/verlage/zsolnay-deuticke。
② 德国口袋书出版社紧随其后推出了上述作品的口袋书：*Tod einer roten Heldin*《红英之死》（2004）、*Die Frau mit dem roten Herzen*《忠字舞者》（2005）、*Schwarz auf Rot*《石库门骊歌》或《当红是黑的时候》（2007）、*Blut und rote Seide*《红旗袍》（2011）、*Tödliches Wasser*（2013）以及 99 *Särge*（2015），此外，德国口袋书出版社还单独出版了该系列中的 *Das Tor zur roten Gasse*《红尘岁月》（2009）一书。
③ 参见时代在线，http：//www.time-weekly.com/html/20091021/5629_1.html。

从作品涉及的具体内容上看，小说既包含了"文革"元素，例如《红英之死》、《忠字舞者》以及《石库门骊歌》中对于受害人身世的描述；同时也包含大量关于中国风土人情和饮食文化的内容，据统计，在《红英之死》、《忠字舞者》以及《石库门骊歌》三部小说中关于饮食的描述就有 120 余处，涉的菜名更是高达 300 多种。[①] 这与小说《美食家》颇为相似。因此裘小龙的作品包含了所有德语读者对于中国文学的期待内容，因而其成功也就不足为奇。

裘小龙作为海外华人作家中的一员，其作品在德语地区的成功有其独特性，但同时也揭示了海外华人作家在德语文学市场更受青睐的普遍原因，具体分为以下四个方面。

其一，写作手法。相较于中国本土作家而言，海外作家的创作技法与作品的文学审美更贴近西方对于中国文学的"期待视野"。这些作家旅居海外多年，他们更为熟悉西方文学市场以及读者。虽然他们讲述的依然是中国故事，但在创作语言上和内容上无疑更为贴近西方读者的审美趣味。因此，他们的作品更易于为德语读者接受。此外，从流通渠道上来讲，他们的作品也更易于进入德语文学市场，从而为德语出版社编辑所发现。

其二，语言优势。一般而言，首先在西方国家取得成功的中国作品无疑会大大降低德语地区出版社所承担的风险，原因在于德语地区出版社的编辑中几乎没有人懂得汉语，[②] 并且他们也没有其他直接了解中国文学的渠道。在这种情况下，他们只能通过已有的英文译本或者法文译本来了解一部作品并最终决定是否要将其翻译为德文。而多数海外华人作家则正是使用英语或法语来进行创作，即使是用汉语创作，这些作品也往往很快就会有英译本或法译本。

其三，翻译优势。海外华人作家多数并不以汉语作为其创作语言，例

---

① 参见刘佳《贾斯汀·希尔和裘小龙笔下的中国形象》，硕士学位论文，东北师范大学，2011，第 16 页。

② 参见赫慕天《德国视角下的中国文学翻译》，载《翻译家的对话 II》，作家出版社，2012，第 156 页。

如裘小龙和哈金均用英文写作，罗令源用双语创作（中文和德文），戴思杰和山飒的创作语言为法语。从翻译的角度来看，由于语言上的相近性，无论是从英文，抑或是法文译为德文都要比从汉语译为德文的难度小。翻译家高立希就曾表示：语言与文化上的巨大陌生感使译者在进行汉德文学翻译时要投入更多精力思考和查阅资料，并因此呼吁给予从事汉德翻译的译者更高的报酬。①

其四，小说类别。从类别上讲，海外华人作家的作品并非都属于纯文学范畴。例如裘小龙的侦探小说系列严格来讲并不算是严肃的纯文学，而是流行小说。作品的娱乐性强，因此其受欢迎便在情理之中。

综合来看，海外华人作家作品受到热捧的原因同样不完全在于文学作品本身，这也再次体现出文学译介活动的复杂性。从上述分析可以看出，对于中国本土作家而言，海外华人作家在德语地区的成功难以复制。

与苏索耳内出版社专注于译介某一单个作家的做法不同，勒克出版社除了 2014 年出版了刘震云的《温故 1942》之外，将主要关注点放在了《21 世纪中国当代文学书库》这套小说丛书的引入和译介上（见表 4-6）。

表 4-6　2000~2017 年勒克出版社译介出版作品信息

出版时间	译者	作品名称
2014	Martin Winter	1942. *Eine Dokumentation und andere Erzählungen.* 《温故 1942》
2014	Harald Kolleger	*Pflaumen regenfeucht：Erzählungen über die Jugend Chinesische Gegenwartsliteratur Band 2* 《梅雨——青春文学卷》中国当代文学第二卷
2014	Jürgen Strasser	*Auf in die Stadt：Erzählungen vom Land Chinesische Gegenwartsliteratur Band 8* 《到城里去——乡土文学卷》中国当代文学第八卷

---

① 参见 Ulrich, K.："Einfach nur Übersetzen geht nicht"，http：//www.cicero.de/salon/einfach-nur-uebersetzen-geht-nicht/44850。

续表

出版时间	译者	作品名称
2015	Rodrigo Belaunde, Teresa Thun-Hohenstein	*Die Hochzeit in Gummistiefel: Erzählungen kleinerer Volksgruppen in China Chinesische Gegenwartsliteratur Band 1* 《一双泥靴的婚礼——民族文学卷》中国当代文学第一卷
2015	Helmuth A. Niederle	*Ein gefallenes Blatt: und andere Miniaturerzählungen Chinesische Gegenwartsliteratur Band 3* 《一片落叶——微型小说卷》中国当代文学第三卷
2015	H. M. Magdalena Tschurlovits	*Straßenzauberer: Volkstümliche Erzählungen Chinesische Gegenwartsliteratur Band 4* 《俗世奇人——民俗文学卷》中国当代文学第四卷
2015	Jürgen Strasser	*Jadelicht und Liebesknoten: Erzählungen von Sehnsucht und Schmerz Chinesische Gegenwartsliteratur Band 7* 《淡绿色的月光——情感文学卷》中国当代文学第七卷
2017	Helmuth A. Niederle	*Die Maske: Geschichten über das Leben in der Stadt Chinesische Gegenwartsliteratur Band 5* 《化妆——城市文学卷》中国当代文学第五卷
2017	HelmuthA. Niederle，H. M. Magdalena Tschurlovits，Jürgen Strasser	*Wie weit ist die Ewigkeit?: Erzählungen von Frauen Chinesische Gegenwartsliteratur Band 6* 《永远有多远——女性文学卷》中国当代文学第六卷

该丛书由外文出版社于 2007 年发起策划，并邀请国内知名文学刊物编辑、文学学者和评论家担任丛书主编，如施战军、李敬泽、张颐武、谢有顺等。在选题阶段，围绕如何针对国外市场选择合适的当代文学作品，各方专业人士进行过多次研讨。丛书从编选、翻译到最终英文版的推出共耗时两年，于 2009 年法兰克福书展之前完成。这套丛书随之也在书展上展出。因此，从一定意义而言，这套丛书可谓是专为书展而生。

丛书共分八卷，分别为《化妆——城市文学卷》（11 篇作品）、《永远有多远——女性文学卷》（11 篇作品）、《梅雨——青春文学卷》（11 篇作品）、《俗世奇人——民俗文学卷》（14 篇作品）、《到城里去——乡土文学卷》（9 篇作品）、《淡绿色的月光——情感文学卷》（8 篇作品）、《一双泥靴的婚礼——民族文学卷》（11 篇作品）和《一片落叶——微型小说卷》（88 篇作品）。每个主题下平均各有 10 个不同作家的作品，而微型小说卷更是收录了 88 位作家的作品。这种编排方式既体现了主题的丰富性，同时也能反映出同一主题的多样性。此外，这套丛书的另一特点是当下性，丛书收录的所有作品都发表于 1995 年之后，能够全面体现出中国当代文学的最新发展。从收录的作家来看，都是在中国当代文坛上创作活跃的作家，而其中既有成名已久的作家，如阿来、毕淑敏、陈忠实、冯骥才、梁晓声、林白、铁凝、王安忆、王蒙等，也有出生于 20 世纪六七十年代的新锐作家陈希我、魏微、徐则臣等，此外，"80 后""90 后"作家张悦然、李傻傻、马金莲、颜歌等也被收录进来。

在维也纳大学孔子学院和奥地利笔会的共同参与下，勒克出版社从 2014 年起陆续推出该丛书的德文版，并于 2017 年完成了丛书八卷本的译介出版。这套丛书的出版能够为德语世界全面了解中国当代文学提供有力参照。同时也正是这八卷小说合集的出版造成了 2015 年译介数量的井喷式增长（见图 4-4）。2015 年译介数量的激增也可视为是 2009 年法兰克福书展和中国官方支持所带来的积极成果。

（二）瑞士的译介活动

参与这一时期译介中国当代小说活动的瑞士出版社有 6 家，出版了 9 部小说作品，见表 4-7。

表 4-7　2000～2017 年瑞士各出版社译介出版作品信息

出版时间	出版社	作品信息
2002	Scherz	闵安琪：*Madame Mao*《成为毛夫人》
2004	Unionsverlag	阿来：*Roter Mohn*《尘埃落定》

续表

出版时间	出版社	作品信息
2004	Unionsverlag	*Himalaya-Menschen und Mythen*① 《喜马拉雅——神话与人》
2008	NordSüd Verlag	黄蓓佳：*Seidenraupenschule für Jin Ling*《我要做个好孩子》
2009	Chinabooks E. Wolf	*Kurzgeschichten aus China. Gela wird erwachsen und andere Erzählungen aus China* 《格拉长大和其他中国短篇小说》
2009	Unionsverlag	阿来：*Ferne Quellen*《遥远的温泉》
2009	Verlagdie Waage	白桦：*Der rote Spatz. Eine Fabel aus dem modernen China über die verhängnisvollen Konsequenzen der Macht*（中文名不详）
2015	Arche Verlag	哈金：*Verraten*《背叛指南》
2016	Arche Verlag	哈金：*Papagei über Bord*《作曲家和他的鹦鹉》短篇小说集

注：1. Unionsverlag 在 2008 年推出了该书的增订版，名为 *Reise in den Himalaya. Geschichten fürs Handgepäck*。

这 6 家出版社当中除联合出版社（Unionsverlag）为大型出版社之外，其他均为小型出版社。联合出版社专注于以西藏异域风情为主题的中国当代小说作品，例如阿来的小说系列以及关于西藏的文集。① 其他几家出版社的选题同样具有明显的倾向性，例如白桦的"文革"题材小说、华裔作家闵安琪的《成为毛夫人》以及哈金的《背叛指南》。

（三）德国的译介活动

1. 参与译介的出版社

德国在这一时期共译介出版了 144 部中国当代小说文集和单行本，除此之外，译介中国当代小说的杂志与报纸也毫无例外地来自德国（见

---

① Unionsverlag 在 1997 年就曾推出一部西藏作家小说集《系在皮绳扣上的魂——西藏小说家》*An den Lederriemen geknotete Seele. Erzähler aus Tibet*。该作品收录了阿来、色波和扎西达娃三位西藏作家的小说作品。

图4-9）。因此从数据上看，德国是这一时期译介活动参与者中的主要力量。

参与译介小说文集/单行本的出版社共计45家，其中包括10家之前提及的知名出版社。这10家出版社共出版了88部小说作品，剩余的35家出版社推出了56部（见表4-8）。

表4-8　2000~2017年德国各出版社译介出版数量

出版社类型	出版社数量（家）	译介出版数量（部）
知名出版社	10	88
其他出版社	35	56
共计	45	144

此外，通过将这一时期10家知名出版社的出版量（见图4-10）与其1978~2017年的总出版量（见图4-11）对比后发现，这10家知名出版社中的大多数在进入2000年之后才开始集中译介中国当代小说作品，2000~2017年的出版量在总出版量中占比极高。由此可见，虽然总体而言，知名出版社在译介中国当代小说作品上存在连续性不足的问题，但我们也能够通过数据对比发现，相比之前两个译介周期，知名出版社在进入2000年之后的译介积极性呈现出增长的趋势。

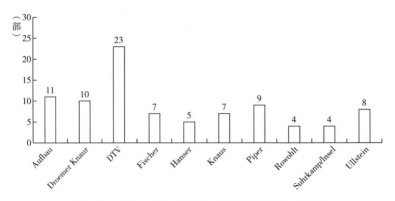

图4-10　2000~2017年德国知名出版社的出版数量

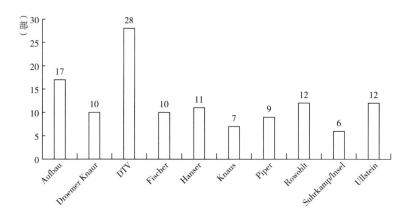

图 4-11　1978~2017 年德国知名出版社的出版数量

这一时期除了原有知名出版社的参与度有较大提高之外，一些新出版社也加入到译介中国当代文学的队伍中。根据不同的类别，这些出版社又可分为大型商业出版社和专注于中国文化的出版机构。数据显示，2009 年以来，兰登书屋逐渐参与到中国当代小说的译介中来，旗下的多家出版社也开始推出中国当代小说译作，除了克瑙斯出版社推出了多部郭小橹的作品外，海纳出版社（Heyne）于 2017 年推出了刘慈欣的《三体 I》*Die drei Sonnen* 和《镜子》*Spiegel*，布莱辛出版社（Blessing）则在 2016 年推出了毕飞宇的小说《推拿》*Sehende Hände*，德国出版社（Deutsche Verlags-Anstalt）在 2015 年出版了麦家的小说《解密》*Das verhängnisvolle Talent des Herrn Rong*。除了兰登书屋旗下的出版社之外，德国最大的独立出版社吕贝（Bastei Lübbe）也于 2017 年首次参与译介中国当代小说作品，出版了刘震云的小说《我不是潘金莲》*Scheidung auf Chinesisch*。

在译介中国当代小说方面，德语地区的另一新发展是这一时期创立了很多专门针对亚洲乃至中国的出版机构和杂志，例如东亚书局（Ostasien Verlag）、壁虎出版社（WandTiger Verlag）、龙舍出版社（Drachenhaus Verlag）以及《胶囊》*Kapsel* 杂志。东亚书局于 2007 年由两位汉学家沙敦如（Martin Hanke）和杭曼青（Dorothee Schaab-Hanke）共同创建，主要出版有关东亚地区各国的文化历史著作。中国文学也在出版之列。从创办以来，该出版社已经译介出版了 4 部中国当代小说作品。① 此外，该出版社从 2016 年开始接手《袖珍汉学》和《东方视角》两本文学杂志的出版。②

壁虎出版社由德国知名的汉学家和中国文学译者樊克（Frank Meinshausen）创建。作为译者，樊克翻译了大量中国当代作家的作品，例如毕飞宇、戴来、韩东、李大卫、安妮宝贝、盛可以、赵凝等。壁虎出版社由樊克独立经营，目前专注于有关中国的电子书的出版，③ 其目的在于将中国文学作品先以电子版形式在德国出版，使这些作品能够引起德国出版界的注意，之后如果有其他德国出版社对作品感兴趣，便可以进入纸质图书的出版环节。这也是樊克创办出版社的初衷。由于出版社创立时间不长，目前还处在征集作品，寻找更多合作作家的阶段。出版社目前主推的是华裔作家罗令源，已推出其多部作品的电子书。

龙舍出版社于 2010 年由汉学家傅愉（Nora Frisch）创立。其目的在于帮助德国青少年及成人了解中国的历史和文化，使他们具备同经济腾飞的中国沟通的跨文化能力。④ 出版社创建之初的出版重点在于有关中国历史、文化、政治的图书和双语类的儿童和青少年图书。出版社推出的童书在德国广受赞誉。⑤ 随后，文学也被纳入出版范围中，目前已经推出了三部中国当代小说作品，包括曹文轩的两部长篇小说《青铜葵花》（2014）、《草

---

① 这四部作品分别为作家冯丽（笔名皮皮）的长篇小说《所谓先生》 *Ein vermeintlicher Herr*（2009）和双语对照版短篇小说《不想长大》 *Der Duft der Kindheit* 以及作家王朔的长篇小说《我是你爸爸》 *Ich bin doch dein Vater*！（2012）和王刚的长篇小说《英格力士》 *Der Englischlehrer*（2014）。此外，该出版社在 2018 年推出了作家罗令源的小说《黄丝绸：中德故事》 *Gelbe Seide：Geschichten aus China und Deutschland*。《所谓先生》、《我是你爸爸》以及《英格力士》三部作品的译者均为高立希。短篇小说《不想长大》的译者为杭曼青（Dorothee Schaab-Hanke）。

② 参见 http：//www. ostasien-verlag. de/。

③ 参见 "Über uns"，http：//www. wandtigerverlag. de/ueber-uns/。

④ 参见 "Über uns：Der Drachenhaus Verlag"，https：//www. drachenhaus-verlag. com/verlags-service/。

⑤ 参见德国图书信息中心《龙舍出版社：一个德国人的中国出版梦》，《出版人》2013 年第 10 期。

房子》（2017）和一本中国当代女性作家的小说集《城市生活：八位女性，八个故事》（*Stadtleben*：*Acht Frauen*，*acht Geschichten*，2018），收录了铁凝、徐坤、盛可以、李静睿、蒋方舟、于一爽、庞羽、周嘉宁八位作家的作品。

2017 年刘慈欣的科幻小说《三体Ⅰ》（*Die drei Sonnen*）由德国翻译家赫慕天译为德文，由兰登书屋旗下的海纳出版社推出。同年 2 月，小说德文版登上德国《明镜》周刊畅销书排行榜，位列平装虚构类作品第四名。同年 6 月，作品德文版获德国科幻文学奖库尔德·拉西茨最佳外国小说奖。2018 年 3 月 12 日，《三体Ⅱ：黑暗森林》（*Der dunkle Wald*）由白嘉琳（Karin Betz）译为德文出版。这部超过 800 页的德文译作很快登上《明镜》周刊畅销书排行榜。[①] 2019 年 4 月 8 日，《三体Ⅲ：死神永生》（*Jenseits der Zeit*）德文版推出。中国科幻小说在德国掀起热潮。在这样的背景下，为了使德国读者更好地了解中国科幻文学，德国柏林自由大学学生卢卡斯·杜博罗（Lukas Dubro）创办了《胶囊》杂志，2017 年推出了第一期，主推作家迟卉的科幻作品《虫巢》（*Das Insektennest*），2018 年出版了第二期，译介了夏笳的作品《天上》（*In den Wolken*）。

这一时期，无论是知名出版社的积极加入还是新版社的创立，都表明，进入 2000 年之后，在多种因素的共同作用下，中国当代文学在德国获得的关注度在不断提升。

2. 获得译介的作家与作品

这一时期不同载体在译介选题上出现了明显差别。代表汉学界声音的文学杂志在选题上体现出对中国严肃文学的坚守，主要表现在对 1980 年代和 1990 年代代表作家的持续关注，例如阿城、冯骥才、韩少功、孔捷生、王蒙、王安忆等。

商业出版社的选题则以体现中国当代文学的最新发展为原则，这一时期获得译介的作家总体上与 21 世纪中国文学的最新发展特点相同，也可以分为四大类：第一，新、老精英文学作家，具体包括 1990

---

① 参见顾牧《中国科幻小说在德国》，《人民日报》2018 年 9 月 9 日 07 版。

年代就已在国内获得认可的作家，如阿来、毕飞宇、格非①、李洱②、刘恒③、莫言、苏童、余华、阎连科④等。此外还有 21 世纪崭露头角的文坛新锐，如徐则臣⑤等；第二，通俗文学作家，如姜戎⑥、卫慧⑦以及"80 后"作家韩寒⑧、春树⑨、张悦然⑩等；第三，网络小说作家，例如安

---

① 格非作品获得的译介相对较少，仅有一篇短篇小说《沉默》被翻译到德语地区，具体信息如下：*Das Schweigen*，收入 *Orientierungen*，18（Themenheft：Stumme Städte. Neue Großstadtliteratur aus China），2006，51-58。

② 李洱共有三部小说作品获得译介：长篇小说《石榴树上结樱桃》*Der Granatapfelbaum，der Kirschen trägt*，München：dtv，2007；长篇小说《花腔》*Koloratur*，Stuttgart：Klett-Cotta，2009；短篇小说《饶舌的哑巴》*Verstummt* 收入 *Neue Träume aus der Roten Kammer. Moderne chinesische Erzählungen*，München：dtv，2009。

③ 这一时期刘恒共有三部作品得到译介：短篇小说《狗日的粮食》*Scheißgetreide!* 收入 *Hefte für ostasiatische Literatur*，41，2006，32-49；中篇小说节选 *Zimmer mit Baum* 收入 *Orientierungen*，2，2008，88-105；长篇小说《苍河白日梦》*Bekenntnisse eines Hundertjährigen*，München：Hanser，2009。在 1990 年代另有一部小说作品获得译介：*Phallus* 收入 Orientierungen，1，1997，123-133。

④ 阎连科这一时期共有四部作品得到译介：长篇小说《为人民服务》*Dem Volke dienen*，Berlin：Ullstein，2007；长篇小说《丁庄梦》*Der Traum meines Großvaters*，Berlin：Ullstein，2009；长篇小说《丁庄梦》口袋书 *Der Traum meines Großvaters*，Berlin：List，2009；长篇小说《受活》*Lenins Küsse*，Köln：Eichborn，2015；长篇小说《四书》Die Vier Bücher，Köln：Eichborn，2017。

⑤ 除了在中国发起的译介活动中获得推介外，徐则臣这一时期另有三部作品获得译介：中篇小说《跑步穿过中关村》*lm Laufschritt durch Peking*，Berlin：Berliner Taschenbuch Verlag，2009；短篇小说《我们的老海》*Unser Meer* 收入 *Unterwegs. Literatur-Gegenwart China*，Bonn：DIX Verlag，2009；短篇小说《梅雨》*Pflaumen regenfeucht* 收入 *Pflaumen regenfeucht. Erzählungen über die Jugend*，Wien：Löcker，2014，233-252。

⑥ 姜戎的代表作《狼图腾》获得译介：*Der Zorn der Wölfe*，München：Goldmann，2008，该书 2015 年再版，名为 *Der letzte Wolf*，München：Goldmann，2015。

⑦ 卫慧共有两部作品获得译介：长篇小说《上海宝贝》节选 *Shanghai Baby* 收入 *Hefte für ostasiatische Literatur*，30，2001，64-80；长篇小说《上海宝贝》*Shanghai Baby*，Berlin：Ullstein，2001；长篇小说《上海宝贝》口袋书 *Shanghai Baby*，Berlin：Ullstein Taschenbuch，2002；长篇小说《上海宝贝》有声书 *Shanghai Baby*，Berlin：Ullstein，2002；长篇小说《我的禅》*Marrying Buddha*，Berlin：Ullstein，2005。

⑧ 韩寒仅有两部作品获得译介：短篇小说《小镇生活》中的 *Kleinstadtleben* 和 Schon lange weg 收入 *Leben andernorts. Geschichten aus dem chinesischen Alltag*，Freiburg：Projekt Verlag，2009。

⑨ 春树的长篇小说《北京娃娃》*China-Girl* 于 2006 年由 Goldmann 出版社推出。

⑩ 张悦然有两部短篇小说获得译介：*Kleine Fehler* 收入 Literaturstraße 9 = Literaturstraße. Chinesisch-deutsches Jahrbuch für Sprache，Literatur und Kultur，Band 9，2008《文学之路——中德语言文学文化研究》，2008，365～368；短篇小说《吉诺的跳马》收入 *Pflaumen regenfeucht. Erzählungen über die Jugend*，Wien：Löcker，2014，199-232。

妮宝贝①、慕容雪村②等。此外，像哈金、裘小龙、闵安琪等海外华人作家的作品也成为这一时期商业出版社译介的重点。第四，推理、科幻等类型文学。从麦家的《解密》到小白的《租界》，从刘慈欣的《三体》三部曲到迟卉的《虫巢》、夏笳的《天上》。类型文学在德国开始受到广泛关注。

整体的选题特点一方面体现在对政治批判题材的一贯偏爱；另一方面则是对于"禁书"类作品的关注。其中最为典型的则数卫慧的小说《上海宝贝》。这部小说原著于 1999 年由春风文艺出版社在国内推出，随即在国内文坛引起巨大轰动和争议，之后由于作品内容上大量直白的性描写和吸毒情节而被禁售。这部作品的德译本于 2001 年由乌尔施泰因出版社出版，译者为卡琳·哈塞尔布拉特（Karin Hasselblatt）。德译本推出后在德国很快引起热议，随后乌尔施泰因出版社又推出了该书的口袋书和有声书。

到目前为止，对于该书的德语纸质评介性文章有 20 余篇，亚马逊售书网站上的电子书评也有 30 多篇。虽然评论数量众多，但是这些评论文章对于该书的整体评价不高，批评性文章占据多数。汉学家顾彬直斥这部作品是中国当代文学中的"垃圾"，普通读者的反馈同样不佳。有读者认为该作品一无是处，并表示消费欲、狂欢、自慰、些许性描写以及女作家毫不遮掩的自恋还远不能构成一部长篇小说。③

《上海宝贝》作为一部"现象级"作品在德引起热议的原因值得探究，具体分为三个方面。其一是前文所说的"禁书效应"。其二是德国读者对于中国都市生活的好奇，尤其是大城市普通人的生活。④ 这部分源于中国

---

① 安妮宝贝作品译介如下：短篇小说《七年》*Sieben Jahre* 收入 *Das Leben ist jetzt. Neue Erzählungen aus China*，Frankfurt：Suhrkamp，2003；长篇小说《莲花》节选 *Padma-Lotos：Der Traumgarten* 收入 *Hefte für ostasiatische Literatur*，48，2010，18–46。

② 慕容雪村的长篇小说《成都，今夜请将我遗忘》*Chengdu，vergiss mich heut nacht* 于 2008 年由 Zweitausendeins 出版社译介出版。

③ 参见 Brigitte："O Wie"，2007.03.05，https：//www.amazon.de/product-reviews/3548255108/ref=cm_cr_dp_see_all_btm? ie=UTF8&reviewerType=all_reviews&showViewpoints=1&sortBy=recent。

④ 参见 Ulrich，K.："Einfach nur Übersetzen geht nicht"，http：//www.cicero.de/salon/einfach-nur-uebersetzen-geht-nicht/44850。

文学自身的特点，中国当代文学中多数作品反映的是农村生活。[①] 而《上海宝贝》这部小说则在一定程度上填补了德国图书市场的空白，满足了德国读者的需求。其三则应归功于该书在德国出版时"独特"的市场营销手段。卫慧在该作品的朗诵会上以暴露的衣着以及为拍照而摆出的夸张姿势成功吸引了媒体的注意力，"美女作家"成为其作品销售时的另一噱头。[②]

三　译介效果的影响因素——小说《兄弟》

在这一时期整体译介态势回暖的背景下，自然也诞生了不少广受欢迎的作品，例如裘小龙、哈金等海外华人作家的作品。但国内作家的作品也同样颇受青睐，例如余华的长篇小说《兄弟》。这部小说作品原作分为上下两部，分别于 2005、2006 年出版。小说德文版在翻译基金的支持下于 2009 年由费舍尔出版社推出。德文版上市之后同样反响强烈，销量飞涨，多次再版。截止到 2015 年，该书德文版的销量已经达到 2.7 万余册，[③] 并仍在增长中。媒体评论共计 26 篇（截至 2017 年）。[④] 这些媒体涵盖

[①] 参见李敬泽、王竞《答德国图书信息中心主任王竞》，http://book.hexun.com/2008-06-20/106840088.html。

[②] 参见 Emmerich, R.（Hg.）: *Chinesische Literaturgeschichte*, Stuttgart: J. B. Metzler Verlag, 2004, 383。

[③] 参见谢天振、高立希、罗鹏、邱平伟等《中国文学呼唤伟大的文学作品与杰出的翻译——首届中国当代文学翻译高峰论坛纪要》，《东吴学术》2015 年第 3 期。

[④] 这些评论分别为：Vorstellung/Interview: "China im Wandel. >>China ist ein merkwürdiges Land<<", *Zeit Online*（2009.6.4）; Thomas Maier, dpa: "Yu Hua: Glück gehabt mit der Zensur", *Trierischer Volksfreund*（2009.7.1）, *Scharzwälder Bote*, Oberndorf（2009.7.1）; Silke Ballweg, *WDR* 3（2009.7.22）; Regina Krieger: ">>In China sind nur Studenten konservativ<<. Ein Gespräch...", *Handelsblatt*（2009.8.7）; Brigitte Voykowitsch, *ORF*, *Öl*, *Exlibris*（2009.8.9）; Johannes Kaiser, *NDR Kultur-Neue Bücher*（2009.8.12）; Hans Christoph Buch: "Die Spucke des Vorsitzenden Mao...", *Die Zeit*, 34（2009.8.13）, 40; Lennart Laberenz: "Spaßiges aus Fernost. Platte Illustration. Yu Huas Roman >>Brüder<< über das China des 20. Jahrhunderts", *Tageszeitung*（2009.8.13）, 16; Andreas Breitenstein: "Die Leute von Lizhen...", *Neue Zürcher Zeitung*（15./16.8.2009）, Literatur und Kunst, 1, 27; Sigrid Löffler, *kulturradio rbb*（2009.8.17）; Jobst-Ulrich Brand: "China-Roman. Ein Land läuft Amok...", *Focus online*（2009.8.21）; Kurzvorstellung: "Die Geschichte von Li und Song", *Pforzheimer Zeitung*（2009.8.27）; Rezension: "Yu Huas wilde Groteske über China", *Volksstimme*, Magdeburg（2009.8.29）; Wilhelm Pauli: "Rotz und Tränen...", （转下页注）

了德国、瑞士和奥地利，从类型上看则包含了专业文学杂志、主流报纸和电台，覆盖了广泛的读者群体。两方面因素结合起来看，《兄弟》无疑是一部在译介效果上极为成功的中国当代小说作品。

（一）费舍尔出版社（Fischer）与译者高立希

这家创建于 1886 年的出版社参与并见证了整个德语地区现代人文科学的发展历程。其合作的作家有托马斯·曼（Thomas Mann）、弗兰茨·卡夫卡（Franz Kafka）、赫尔曼·黑塞（Hermann Hesse）、胡戈·冯·霍夫曼斯塔尔（Hugo von Hofmannsthal）、斯蒂芬·茨威格（Stefan Zweig）和现代精神分析创始人西格蒙德·弗洛伊德（Sigmund Freud）。托马斯·曼的《布登勃洛克一家》和《魔山》两部传世佳作均由费舍尔出版社推出。《布登勃洛克一家》在 1901 年问世之后的 25 年中不断再版，成了真正意义上的"长销"书。[①] 此外，还有黑塞的《德米安》、卡夫卡的《审判》等浪漫派和现代派经典之作。由此便不难想见费舍尔出版社在德国的地位，而由该出版社推出的文学作品自然也易于成为读者的首选。

在小说德译本上市之前，费舍尔出版社在译本的宣传上投入了大量资金，出版社专门邀请作者余华前往德国各个城市，进行为期十天的媒体见面活动，从而促使媒体关注作家余华以及《兄弟》这部作品。这种

（接上页注④）*Kommune. Forum für Politik*，*Ökonomie*，*Kultur*（2009.8/9），105；Kurzvorstellung："Inspirations：Chinas Autoren. Yu Hua…"，*Lufthansa Exclusive*，9（2009.9.1），44 – 45；Armin Baumer，*in München*（2009.9.3 – 16）；Eberhard Falcke："Glatzkopf-Li schafft es，Song Gang scheitert…"，*Tages-Anzeiger*，Zürich（2009.9.24）；Wieland Freund："Die chinesische Blechtrommel…"，*Die Welt bzw. Die literarische Welt*（2009.9.26），32；Stephanie Doms："Yu Hua：Das Land des Lächelns und der derben Zoten"，*Kurier*，Wien（2009.10.10），30；Thomas Maier："Wilde Groteske fasziniert…"，*Giessener Allgemeine Zeitung*（2009.10.10），76；Barbara Schaefer："Ballade vom guten und schlechten Leben…"，*Stuttgarter Zeitung*（2009.10.13），V；Fung On Lui："Der Jungfrauenwettbewerb…"，*Frankfurter Rundschau*（2009.10.13），40；Andreas Lorenz："China. Späher am Plumpsklo…"，*Der Spiegel*，47（2009.11.20），168；Kolja Mensing："Zwischen Triebstau und Trickbetrug"，*Frankfurter Allgemeine Zeitung*（2010.11.29）；Dagmar Yu-Dembski："Die ungleiche Brüder"，*Das neue China*，36，4（2009.12），40 – 41；Wolfgang Kubin，*Orientierungen*，1，2012，138–139。

① 参见 http：//www. fischerverlage. de/verlage/s_fischer，原词为"Longseller"。

大规模的图书宣传活动对于中国当代小说的德译作品来讲可谓史无前例，① 对于《兄弟》这部作品在德语图书市场上的热卖无疑也起到了关键的推动作用。

该小说的译者同样为德国知名的中国当代小说翻译家高立希。前文对其已有详细阐述，在此不再赘述。

（二）小说《兄弟》

该书作者余华为中国当代先锋派文学的代表人物之一，其代表作品有《活着》《在细雨中呼喊》《许三观卖血记》《兄弟》等。作家本人及其作品在国内外获得各类奖项，如1998年的意大利格林扎纳·卡佛文学奖、2004年的法国文学和艺术骑士勋章、2005年的中国图书特殊贡献奖等。而《兄弟》这部作品在国内一经出版便获得2005年纯文学作品单本销量第一的佳绩，并在2008年获得了法国国际信使外国小说奖。小说《活着》更是被改编为同名电影并获得国际大奖。这些奖项都成为余华作品易于获得国际关注的因素。

此外，余华的语言与创作风格也比较符合西方读者的口味，其精炼含蓄的语言风格很适合西方读者阅读习惯。② 正因如此，余华的长篇代表作几乎已被译为德语，③ 且取得了不错的反响。《兄弟》德译本的译者高立希也表示，这部作品在德语地区销量不错的原因在于作品语言朴实，可读性强，因而易于为读者所接受。④

小说《兄弟》描述的是江南小镇——刘镇上李光头和宋钢兄弟两家与两人的人生起落。小说上部主要讲述的是兄弟两人父辈家庭在"文革"时

---

① 参见本书附录二中的王竞博士访谈录。
② 参见白亚仁《略谈文学接受的文化差异及翻译策略》，载《翻译家的对话Ⅲ》，作家出版社，2015，第53页。类似观点参见宋健飞《德译中国文学名著研究》，外语教学与研究出版社，2016，第347～353页。
③ Klett-Cotta出版社分别于1998年和2000年推出了小说《活着》和《许三观卖血记》的德译本。Fischer出版社则于2009年和2012年分别出版了小说《兄弟》和散文作品《十个词汇里的中国》的德译本。而上述所有作品的德译作者均为高立希。
④ 参见宋健飞《德译中国文学名著研究》，外语教学与研究出版社，2016，第353页。

期所经受的劫难与痛苦。下部则重点描绘了长大成人后的兄弟两人在新时期奇异、怪诞的人生经历。这样的故事架构背后反映出的是中国过去50多年的发展历史。

从小说的内容元素来看，既有"文革"话题，也有对当下中国的描述，当然也包括其中对于社会的反思与批判。这些因素无疑暗合了德语读者对于中国当代文学的惯有期待。这一点在德语媒体评论中也能够看到。网络媒体中的评论也同样如此，有网友认为这部作品反映了中国近50年的发展历史。① 另有评论认为，这部作品以现实和让人能够理解的笔法描述了可怕的"文革"以及当时的生活状况。② 读者中也不乏以"接近现实"为由推荐该作品的人。

然而，从作品的评论当中我们更多看到的是德国读者对于该作品文学性的认可，例如：

> 小说是极端社会讽刺、极端漫画、滑稽剧、超现实主义、粗俗性场景描述、血腥噱头和黑色幽默的畸形混合体……这种血腥屠杀、受人嘲笑、残忍自我讥讽的混合体在德国现代文学中找不到可比的对象。③（柏林-勃兰登堡广播公司：文化栏目2009年8月17日）

> 神奇尖锐，壮丽肮脏……余华的这部作品在中国取得的成就可以和《铁皮鼓》在德国的地位相媲美：作品在时代允许的情况下，尽其所能的、嘲笑之能事地讨论了中国人的精神状态。在这个意义上，这部作品对西方读者来说都是非常重要的。④（德国hr-online 2009年10月5日）

---

① 参见 Kierst，J.："Brüder der beste chinesische Gegenwartsroman"，2014.02.21，https：//www.amazon.de/product-reviews/3596178681/ref＝cm＿cr＿dp＿see＿all＿btm？ie＝UTF8&reviewerType＝all_reviews&showViewpoints＝1&sortBy＝recent。

② 参见 Ramona："Für Chinabegeisterte und viel Zeit"，2013.08.28，https：//www.amazon.de/product-reviews/3596178681/ref＝cm＿cr＿dp＿see＿all＿btm？ie＝UTF8&reviewerType＝all_reviews&showViewpoints＝1&sortBy＝recent。

③ 转引自余华《兄弟》，作家出版社，2013，第645页。这部在国内出版的中文版《兄弟》在书后收录了各国的读者评论，其中也包含部分德语读者的评论译文。

④ 转引自余华《兄弟》，作家出版社，2013，第645页。

怪诞的，诙谐的，鲜明的，有吸引力的，中国作家余华为现代中国引进了一种人们难以设想的幽默。[1]（《西德普通报》2009 年 10 月 11 日）

……余华无需在当代伟大的欧洲和美国作家面前遮遮掩掩。他精于写作。他作品中的文学形象所体现出来的怪诞让人想到欧文和狄更斯……这种风格绝对与众不同……。[2]

从各种评论来看，德语读者对于中国当代小说的态度有所转变。他们以前只关注作品中涉及的政治话题和作品的纪实性，但从《兄弟》这部作品中可以看到，他们在关注这些话题的同时，也开始认可作家的文学创作能力。

（三）《兄弟》德译本翻译特点

从总体上看，这部原著长达 632 页，德译本长达 765 页的作品并未有明显的删节现象出现。对于普遍害怕"大部头"中国作品的德国读者来讲，这无疑是一个例外。背后的原因有三。其一，小说作者余华已有两部小说作品被译介到德语地区，[3] 并取得了不错的反响，获得了德语读者的认可。之前作品所积累的积极口碑使其后续作品也更易于为读者所接受。正因为如此，该作品德译本中省去了对于小说作者的介绍性文字和译后记等内容。其二，作者一贯简约的语言风格符合德语读者的文学审美习惯，因而降低了其作品在译介过程中被删减的可能性。其二，通过对文本中文化专有项的统计发现，在这本长度超过 600 页的作品中，文化专有项仅有

---

① 转引自余华《兄弟》，作家出版社，2013，第 644 页。

② Schnackenberg, M.: "Ganz große Literatur", 2009.12.15, https://www.amazon.de/gp/customer-reviews/R6PSQD7WVAMAI/ref = cm _ cr _ arp _ d _ viewpnt? ie = UTF8&ASIN = 3596178681#R6PSQD7WVAMAI。

③ 在《兄弟》这部作品之前，余华的《活着》和《许三观卖血记》均已被译介到德语地区：*Leben*!, Stuttgart: Klett-Cotta, 1998; *Der Mann, der sein Blut verkaufte*, Stuttgart: Klett-Cotta, 2000, 译者均为高立希。这两部作品虽然并非由大型出版社译介出版，但依然在推出后受到了广泛关注。据统计，两部作品在德国、瑞士和奥地利纸质媒体上的评介性文章分别为 24 篇和 17 篇。

205 个。从文本翻译的角度来讲，不仅降低了译者翻译的难度，也减小了读者的阅读难度。

1. 保留策略

《兄弟》这部作品的译者为高立希，他在这部作品的翻译中以其一贯的"功能对等"为导向，同时鉴于作品本身的市场导向也充分考虑到德语普通读者的期待与接受能力。与《美食家》德译本中运用的策略相同，为了保证德译本与原作小说体裁的一致性，译者在处理文化专有项方面更多使用文内解释策略，而没有使用脚注、尾注等文外解释方法，即便在不得不使用文外解释策略的情况下，译者依然倾向于使用文内加括号的方式进行解释，从而最大限度地降低这些解释性文字对于读者阅读注意力的干扰，确保作品文学效果的传达：

文内解释：

例 1：① 李光头被他们押着游街时还在东张西望，一脸满不在乎的表情，听到我们刘镇的两大才子自喻为李白和曹雪芹，李光头忍不住嘿嘿地笑，他说："连我都知道，李白是唐朝的，曹雪芹是清朝的，唐朝的人怎么和清朝的人碰到一起？"（第 8 页）

译文：Glatzkopf-Li hatte während des Marsches durch die Straßen mit unbeteiligter Miene den Blick schweifen lassen. Doch als er hörte，wie sich die beiden Geistesführsten unserer kleinen Stadt Liuzhen mit dem berühmten Lyriker Li Bo und dem nicht minder berühmten Autor des Romans＞＞Der Traum der Roten Kammer＜＜Cao Xueqin verglichen，prustete er plötzlich los：＞＞Das weiß ja sogar ich，Li Bo lebte in der Tang-Zeit，Cao Xueqin aber tausend Jahre später in der Qing-Zeit. Wie sollten die beiden zusammenkommen？＜＜（S. 12）

---

① 汉语例句来自余华《兄弟》，作家出版社，2013。德语例句来自 Yu Hua：*Brüder*，Frankfurt：S. Fischer，2009。

例 2：赵诗人如数家珍似的说："你们看看孟姜女等等，你们看看祝英台等等，真正的爱情都是女的为了男的自杀。"（第 318 页）

译文：Ganz Fachmann, dozierte er：>>Schaut euch Frauen wie Meng Jiangnü an. Die ging bekanntlich ins Wasser, als sie erfuhr, dass ihr Gatte beim Bau unserer Großen Mauer umgekommen war. Oder nehmt Zhu Yingtai, die sich auf dem Weg zur Hochzeit mit einem ungeliebten Mann in das sich plötzlich öffnende Grab ihres eigentlichen Geliebten gestürzt hat, weil sie ihm treu bleiben wollte. Das nenne ich wahre Liebe! Und immer waren es die Frauen, die wegen der Männer Selbstmord machten-nicht umgekehrt! << （S. 377）

例 3：他指着自己的破烂衣服说："我这是远学春秋时期越王勾践卧薪尝胆，近学'文革'时期贫下中农忆苦思甜。"（第 427 页）

译文：Er zeigte auf seine zerrissene Kleidung und sagte：>>Ich habe hierfür zwei Vorbilder. Einmal ist es jener König des Reiches Yue vor fast 2500 Jahren, der schlief bekanntlich auf Reisig und kostete immerfort bittere Galle, damit er sich nicht verwöhnte und so womöglich seine Wut auf den Feind nachließe. Zum anderen sind es die armen Bauern und unteren Mittelbauern in der Zeit der Kulturrevolution, die sich durch die Erinnerung an das schwere Gestern bewusst machen, wie gut es ihnen im schönen Heute geht. << （S. 511）

文外解释：

例 4：我们刘镇的群众……说这下有好戏看了，说已经有两个在这里双雄会，再来一个李光头就是三国演义了。（第 273~274 页）

译文：Jetzt würden sie endlich mal ein wirklich tolles Schauspiel erleben, riefen sie sich gegenseitig zu-eine >>Begegnung der beiden Helden << （wie damals in der Tang-Zeit）laufe ja bereits，aber wenn Glatzkopf-Li nun auch noch mitwirkte，seien die drei Hauptfiguren aus dem Historienschinken＞＞Die drei Reiche<<komplett！（Den volkstümlichen Roman über die Kämpfe zwischen den chinesischen Teilreichen Wu，Shu Han und Wei im dritten Jahrhundert kannte natürlich jeder.）（S. 326）

文外解释与文内解释相结合：

例 5：有一个名叫赵胜利的人这时恰好跑进了厕所……（第 5 页）

译文：Just in diesem Moment war nämlich jemand in das Toilettenhaus gekommen，ein gewisser Zhao，dem seine Eltern den schönen Vornamen Shengli（＞＞Sieg<<）gegeben hatten.（S. 11）

例 6：……，走在半路上的时候，我们刘镇的另外一大才子刘成功也加入了进去。这个刘成功也是二十多岁，……（第 7 页）

译文：Unterwegs stieß der zweite Geistesfürst aus unserer kleinen Stadt Liuzhen zu ihnen，ein gewisser Liu Chenggong. Liu Chenggong war wie Dichter Zhao über zwanzig Jahre alt. Auch er hatte seinem Vornamen（Chenggong bedeutet＞＞Erfolg<<）alle Ehre gemacht,…（S. 11）

此外，同《美食家》德译本相同，译者在处理《兄弟》一书中的部分文化专有项时同样有既保留形式又兼顾意义的创新之处，保留了作品的文学性：

例 7：赵诗人深感惋惜，他逢人就说："这就叫一失足成千古恨。"（第 14 页）

译文：Bedauernd schloss er：>>Ja ja，so ist es：Einmal gefehlt，tausendmal bereut！<< （S. 21）

例 8：这叫留得青山在，不怕没柴烧。（第 26 页）

译文：Wie heißt es so schön? Solange der Wald steht，gibt's Holz zum Heizen！（S. 34）

例 9：……古人说郎才女貌……（第 250 页）

译文：...Man sagt doch immer>Schöne Frau，kluger Mann-Traumgespann！<. （S. 34）

2. 替换策略

在本书中，替换方法中的诸策略同样也得到了应用。

例 10（绝对世界化）：……说这个李光头是不是想做全中国的丐帮帮主。（第 402 页）

译文：Ob dieser Glatzkopf-Li am Ende den Ehrgeiz hatte，zum Bettlerkönig von ganz China zu werden. （S. 99）

例 11（同化）：李光头觉得宋钢是瞎猫逮着死耗子，碰巧煮的这么好。（第 103 页）

译文：Im Übrigen war Glatzkopf-Li überzeugt，der perfekte Reis des Bruders sein nur ein Zufallstreffer gewesen-auch ein blindes Huhn findet mal ein Korn. （S. 126）

例 12（删除）：刘作家虽然筹办婚事了，可是他身在曹营心在汉……（第 15 页）

译文：Der solchermaßen Geschmähte bereitete zwar-wie erwähnt-seine Hochzeit vor，aber ohne rechte Begeisterung... （S. 19）

例 13 （自创）："你这小王八蛋来干什么？"（第 201 页）

译文：>>Was führst du kleiner Bastard im Schilde? << （S. 241）

虽然替换策略在译本中得到大量运用，但从整体使用比例上看，依然是以保留策略为主（见表 4-9）。

表 4-9　《兄弟》中保留与替换策略使用数量及比例

单位：处，%

策略	数量	占比
保留	137	67
替换	68	33

因此，译作整体上依然是"读来像其原文"，属于充分性翻译。由此来看，译者虽然注重译文的可读性，并以实现译文与原文的功能对等为目标，但同时也在尽力传达异域文化特色，使各要素之间达成一种平衡。

（四）《沉重的翅膀》《美食家》《兄弟》 的译介效果影响因素及其反作用

1. 成功译本的译介效果影响因素对比

《沉重的翅膀》、《美食家》和《兄弟》的德译本诞生于不同时期，译介主体和所描绘的主题完全不同，译者也不完全相同，但都在德语文学市场上获得成功，实现了不错的译介效果。将三部作品进行横向比较之后发现，就译介效果的影响因素来看，这三部作品又呈现出一定的共性，具体包含以下几个方面。

（1）译介主体和译者都在德语世界享有较高的声望和名气，拥有雄厚的社会资本和符号资本，无形中提升了作品的影响力。

（2）三部小说原著均是中国当代文学不同时期、不同流派的代表作，体现了不同流派的文学特色，拥有较高的文学价值和史学价值。

（3）三部作品在主题上都符合德语世界的主流意识形态和诗学审美标准，包含了能够满足德语读者阅读期待的元素，例如政治、社会现实、中国风物等。

（4）在译本的翻译策略使用上，译者都采用了以读者为导向的翻译策略，以读者易于接受的方式将译本呈现出来。在三部作品的翻译上，译者都发挥了其主体性作用。《沉重的翅膀》由于原作中有些议论显得冗长，译者对于原著内容作了删减。《美食家》中则包含大量文化专有项，译者在处理这些语言现象时充分发挥了自身的创造力，从而兼顾了译本的文学性和可接受性。《美食家》和《兄弟》两部作品的充分性翻译再次体现出译者的主体性作用。因为根据系统理论，当翻译文学处于系统边缘时，遵从译语文化规范的可接受性翻译会占据主流地位。而《美食家》和《兄弟》两部作品的译者却截然相反地选择了充分性翻译，并取得了成功。

此外，从最终译本呈现的效果来看，三部作品都呈现出语言简洁，含蓄，文化专有项数量适中的特点（见表4-10）。当然，《沉重的翅膀》德译本的风格是译者有意为之的结果。而《美食家》和《兄弟》则是原著本身风格如此。在文化专有项的数量上，《沉重的翅膀》和《兄弟》两部作品所含数量均不多。《美食家》中的文化专有项虽然数量较多，但却大多与人们日常喜闻乐见的中国美食相关，再加上译者处理得法，因而易于为读者所接受。三个文本的共同特点也反映出德语读者在文本层面对于中国当代小说作品的期待与要求。这对于中国当代小说德译的选题来讲同样具有启示意义。

2. 成功译本对译介效果影响因素的反作用

从共时视角来看，这三部作品的译介效果都受到诸多类似因素的操控，呈现出诸多相似之处。但如果从历时角度来看，这些成功的作品又会对影响其成功的因素产生反作用。这种反作用体现在两个方面：即强化与改变。一方面这些包含众多相同元素的成功作品在一定程度上维持并强化了某些译介效果影响因素的地位和控制力。例如，虽然三部作品所处的译介时期不同，但德语世界对于作品中特定的意识形态和诗学元素要求始终存在，从政治、社会学以及猎奇的视角来看待中国当代文学的现象很普遍。

表4-10 《沉重的翅膀》《美食家》《兄弟》译介效果成功因素比较

作品名称	作者	译者	译介时间	出版社	译介渠道	小说主题	语言风格	文化专有项数量	翻译策略
《沉重的翅膀》	张洁	阿克曼	1985	Hanser	单行本	中国改革开放伊始的政治经济体制改革	简洁	少	可接受性翻译
《美食家》	陆文夫	高立希	1993	Diogenes	单行本	苏州美食及风土人情，社会历史变迁中的个体命运	轻松、幽默、简约	多（多为美食）	充分性翻译
《兄弟》	余华	高立希	2009	Fischer	单行本	反思"文革"，新时期变革中的个体命运	朴实、精炼、含蓄	少	充分性翻译

而包含这些元素的作品获得成功无疑反过来又强化了后续译介选题的倾向，并进而维护了固有的意识形态和诗学审美。

另一方面，虽然这三部作品都达到了不错的译介效果，但这些译介效果在内容上又有所不同。从媒体评论上看，从最初只是关注作品中政治、社会元素到逐渐开始品评作品的文学性，德语读者对于中国当代文学的关注点也在慢慢发生改变，解读视角开始变得多元化。

另外，从译本层面来看，经过中德译介主体和译者等各方参与者几十年的不懈努力，德语读者对于中国文学以及文化经历了一个从陌生到不那么陌生的过程。例如一些在改革开放初期还为德语读者所不熟知的中国特色文化因素随着译介活动的深入和累积效应的发挥逐渐为德语读者所认知，并最终被内化为非文化专有因素，一如艾克西拉所强调的那样，文化专有项具有动态性，具体的文化专有项有可能随着时间而逐渐为其他文化所接受和吸收而失去其专有性，成为非文化专有项。最为典型的自然要数"文革"类文化专有项，由于德语世界对于这一话题的特殊偏好，这类被赋予浓厚意识形态色彩的专有词已不再是需要解释的内容，成了非文化专有因素。例如：

例1：……他经历过的多了：四二年整风、五二年打老虎、五九年反右倾、六六年"文化大革命"……（出自《沉重的翅膀》第256页）

译文：…，er hat schon so viel durchgemacht：1942 die Rektifizierungskampagne，1952 die>Tigerjagd<，1957 die>Anti-rechts-Bewegung<，1966>Kulturrevolution<…（S. 201）

S. 201 Rektifizierungskampagne-parteiinterne Säuberung gegen>rechte<und>trotzkistische<Elemente，1942（S. 337）

S. 201 Tigerjagd-Ausdruck für die sog. >>Anti-fünf-Kampagne<<gegen Bestechung，Steuerhinterziehung，Diebstahl von Staatseigentum，Betrug undEntwendung von Informationen aus dem staatlichen Wirtschaftssektor，1952

（S. 337）

S. 201 > Anti-rechts-Bewegung < 1957-Kampagne　gegen > rechte　Elemente < innerhalb wie außerhalb der Partei，insbesondere gegen Intellektuelle，die sich gegen eine übertriebene Gängelung durch die Partei ausgesprochen hatten （S. 337）

该例中可以清楚地看到，译者在诸多中国当代历史事件中唯独没有对"文化大革命"作额外的解释，说明这一概念因为已被普遍接受而失去了其文化专有项属性。

此外，一些概念在 20 世纪 80 年代还不为德语读者所熟悉，在小说中出现需要译者加以解释，但随着时间以及文化交流的加深逐渐被接受，不再成为理解的障碍。例如在小说《沉重的翅膀》中，中国古代小说经典《红楼梦》对于德语读者是一个陌生的概念，译者还需以文末加注的形式加以解释：

> 例 2：《红楼梦》里的"好了歌"怎么说来着？（出自《沉重的翅膀》第 49 页）

译文：Wie heißt es doch im>>Traum der roten Kammer<<？（S. 50）

S. 50>*Der Traum der roten Kammer*<-berühmter klassischer Roman aus der Qing-Zeit（1644–1911）von Cao Xueqin（1715［？］–1764）（S. 332）

这一概念到了 1990 年代和 21 世纪译介出版的小说《美食家》和《兄弟》中不仅不再是需要解释的概念，反而被用来解释另一文化专有项：

> 例 3："大观园"里的宴席有哪一桌是从"老正兴"买来的？（出自《美食家》第 34 页）

译文：Nehmen Sie den>*Traum der Roten Kammer*<-keins，aber auch keins von den vielen Banketten，die im Roman beschrieben werden，hat etwas mit einem Gasthaus zu tun！（S. 66）

例 4：李光头被他们押着游街时还在东张西望，一脸满不在乎的表情，听到我们刘镇的两大才子自喻为李白和曹雪芹，李光头忍不住嘿嘿地笑，他说："连我都知道，李白是唐朝的，曹雪芹是清朝的，唐朝的人怎么和清朝的人碰到一起？"（出自《兄弟》第 8 页）

译文：Glatzkopf-Li hatte während des Marsches durch die Straßen mit unbeteiligter Miene den Blick schweifen lassen. Doch als er hörte，wie sich die beiden Geistesführsten unserer kleinen Stadt Liuzhen mit dem berühmten Lyriker Li Bo und dem nicht minder berühmten Autor des Romans>>*Der Traum der Roten Kammer*<<Cao Xueqin verglichen，prustete er plötzlich los：>>Das weiß ja sogar ich，Li Bo lebte in der Tang-Zeit，Cao Xueqin aber tausend Jahre später in der Qing-Zeit. Wie sollten die beiden zusammenkommen? << （S. 12）

综上所述，译介活动中的文本与文本外因素始终处在一个互相影响的关系中。影响译介活动及其最终效果的文本外因素对于文本具有强大的操控作用，包括文本的选择、翻译等。反过来，文本间的共性又会维护文本外因素的地位与作用。文本间的差异性则会分化、改变文本外因素。

第三节　小结

1992 年中国提出进行社会主义市场经济体制改革。之后的 90 年代，中国社会经历了改革的"阵痛期"。改革在一开始对中国国内的对外出版机构造成了较大冲击，加之受 1990 年代国内外形势变化的影响，中德双方的译介活动都经历了一个短暂的低潮期。但在经历"阵痛"之后，改革的成效开始显现。进入 21 世纪，中国当代文学的多元发展、海外华人的集体崛起以及国家的政策支持共同推动中国当代小说德译活动打开新局面。译介数量、译介主体、译介渠道以及译介题材较之 1990 年代都得到了提升和拓展。小说文集/单行本的出版数量更是创下新高。在推介方式上，中外深入合作成为中国对外推介中国当代文学的主要特点。

在选题上，一方面，固有的偏好和选择性译介现象依然存在，例如"文革"类，纪实类小说、"禁书"以及反映中国风物作品的大量译介。但中国当代小说的最新发展也在译介作品得到体现，中国老、中、青三代作家的作品也都获得了译介。推理、科幻等类型文学的译介和引发的热烈反响表明，德语读者对中国当代小说的认知开始变得多元化，不再仅仅局限于政治和社会学视角。

通过对《美食家》和《兄弟》这两部分别于1990年代和2000年之后在德语地区获得巨大成功的作品进行分析，我们可以发现，即便旧有的政治、社会学解读依然存在，但德语读者对于作品文学性的认可同样不可忽视。同时我们也可以看到译本的成功背后所体现出的语境观和整体观。译本的成功源于多种有利因素的共同作用。其中既有小说本体与读者需求间的契合，又有知名出版社和译者的努力。在文本翻译层面，在最易于影响译本可读性以及读者理解的文化专有因素上，译者以文本的功能对等为原则，以德语读者为导向，准确把握了德语普通读者的需求和小说这一文本类型的特点，放弃了常见的脚注和尾注等注释形式，合理地运用了文外解释和文内解释策略，从而在向目的语读者传达原作文化特色的同时也兼顾了译本的可读性。此外，在对体现原作语言风格的俗语、谚语、诗歌等语言现象进行处理时，译者创造性地兼顾了原作语言的形式和内容，在传达中国特色文化的同时，也保留了原作的语言风格特色，从而使原作的文学性并未因翻译而受损，最终给德语读者奉上了高质量的小说译本。从保留和替换策略的使用比例来看，译者整体上还是以保留策略为主，这表明，译者在翻译过程中更为注重翻译的充分性。在中国当代文学在德语文学系统中身处边缘的情况下，译者能做到这一点实属难得。背后体现的是译者纯熟的翻译技巧、对文学翻译的责任意识以及对中国文化的热爱。

此外，从《兄弟》德译版可以发现，虽然作品的成功源于各个译介环节的良好配合，但作家的累积效应、出版社的大力推介以及译者以读者为导向的充分性翻译尤其具有借鉴价值。

最后，通过三个文本的共时与历时对比发现，文本内外因素间存在作用与反作用。三部作品的先后成功逐渐使知名出版社、知名译者、政治社会学审美以及简洁、透明的语言风格成为中国当代小说在德语文学市场成功的必要条件。但同时，无论是对于中国当代小说的解读视角还是对于中国特色文化的接受，德语读者都在逐渐改变。这种积极的变化在给人以希望的同时也表明，中国当代文学德译具有阶段性发展的特点，因而应以发展的视角看待外译活动。中国当代文学外译事业的成功不是一蹴而就的，需要持久的关注和推动。

第五章　1978～2017 年中国当代小说
德译的译介效果

第一节　媒体评论

接受美学的奠基人之一姚斯（Hans Robert Jauß）曾直言，文学史在本质上是读者的接受史。而读者与文本间的对话关系也是文学史的基本事实。[①] 从传播学的角度来看，接受效果不仅是传播活动的目标和重要一环，更是决定着后续传播活动的进行。由此可见读者反馈对于传播效果的重要性。因此，德语读者对于中国当代小说的接受效果便成为探究中国当代小说在德语世界传播情况所必须要解答的问题。

为了考察中国当代小说在德语地区的接受效果，本书对德语媒体上的相关书评进行了统计分析。数据显示，1984～2017 年间，德语媒体[②]上有关中国当代小说的评论共计 540 篇，具体分布如图 5-1 所示。首先，从数量分布上看，媒体评论的变化也可大致分为三个时期：1984～1991、1992～1999、2000～2017 年。这一结果与译介数量的分布情况大体一致。其次，从变化趋势上看，1984～2017 年，德语媒体对于中国当代小说的关注于 1990 年代初开始增加，之后保持平稳（多项式）。

通过对媒体评论数量较多的年份进一步分析发现，这些评论大多针对该年译介出版的某一或某些单个作品，具体如表 5-1 所示。

[①] 参见 Jauß, H. R.: *Literaturgeschichte als Provokation*, Frankfurt am Main: Suhrkamp, 1970, 171。

[②] 涵盖了报纸、杂志、图书、电台和电视媒体。

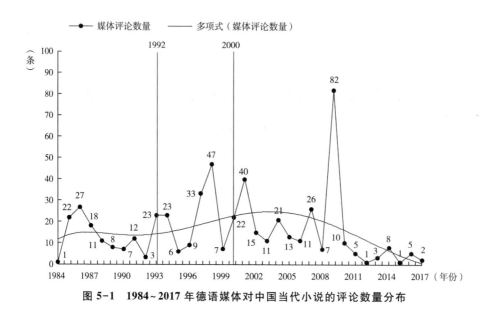

图 5-1　1984～2017 年德语媒体对中国当代小说的评论数量分布

表 5-1　单个小说作品出版当年的媒体评论数量

作品	德译本出版年份	出版当年的媒体评论数量（篇）
《沉重的翅膀》	1985	16
《北京人》	1986	20
《人啊，人!》	1987	8
《美食家》	1993	17
《活动变人形》	1994	9
《顽主》	1997	15
《活着》	1998	19
《许三观卖血记》	2000	16
《上海宝贝》	2001	20
《为人民服务》	2007	18
《丁庄梦》	2009	19
《兄弟》	2009	24

　　从媒体评论数量上看，表 5-1 涵盖了 1980 年代以来所有在德语地区引起较大反响的作品。而通观上述作品，它们又几乎均是名家名作。并且

这些作品在下文《法兰克福汇报》的文学评论中也赫然在列。

　　然而，通过表 5-1 的数据也可以发现一个有趣的现象，作为中国当代最知名小说家之一的莫言，其作品却并未出现在表中。此外，虽然自 1980 年代以来，莫言的作品在德语地区获得了相对来说较为持续的译介①，并且莫言获得诺贝尔文学奖也带动了作品的销售和读者的阅读。但平均来看，莫言作品在德语地区的销量并不强劲。而另一方面，德语评论界对莫言的作品赞誉有加，总体上认同"莫言的语言表现力与批判精神、肯定作品的现实主义描写"。② 综合上述三方面的表现来看，莫言的作品在德语地区的接受颇有些"叫好不叫座"的意味，作品的影响仍局限在学术界。造成这一结果的因素很多，但限于研究的篇幅和侧重点，本书在此仅作简要分析。

　　首先，莫言作品多以山东高密东北乡为故事发生地，描述的多是苦难、沉重的乡村生活。这是莫言作品的一大特点。但这样的故事内容与故

---

①　莫言作品德译信息：长篇小说《天堂蒜薹之歌》*Die Weise von Knoblauchsprößlingen*，载：*minima sinica*，1，1989，133-135；长篇小说《酒国》首章 *Die Verhaftung*（Eingangskapitel des Romans *Die Knoblauchrevolte*），载：*Hefte für ostasiatische Literatur*，11，1991，97-109；短篇小说《枯河》*Trockener Fluss*，译者为 Susanne Ettl und Wang Jue，载：Sirene. Zeitschrift für Literatur，10，1992，页码未知；短篇小说三篇《翱翔》*Der Jungfernflug*、《罪过》*Schuldig*、《天才》*Der Hochbegabte*，载：die horen. Welt mit leerer Mitte. Die Literatur der chinesischen Avangarde，169，1993，17-23、24-41、41-47；长篇小说《红高粱家族》*Das rote Kornfeld*，Reinbek：Rowohlt，1993；中篇小说《透明的红萝卜》*Durchsichtiger roter Rettich*，载：Sirene. Zeitschrift für Literatur，1，1994，108-158；长篇小说《天堂蒜薹之歌》*Die Knoblauchrevolte*，Reinbek：Rowohlt，1997；短篇小说集《枯河》*Trockener Fluss und andere Geschichten*，Dortmund：Projekt Verlag，1997；长篇小说《天堂蒜薹之歌》口袋书 *Die Knoblauchrevolte*，Reinbek：Rowohlt，1998；短篇小说《枯河》*Versiegter Strom*，译者为 Karin Hasselblatt，载：Orientierungen，1，1998，99-112；长篇小说《酒国》*Die Schnapsstadt*，Reinbek：Rowohlt，2002；长篇小说《生死疲劳》首章节选 *Des Lebens und des Todesleid. Teil I. Beschwerliches Leben als Esel*，载：*Hefte für ostasiatische Literatur*，41，2007，23-31；长篇小说《檀香刑》*Die Sandelholzstrafe*，Frankfurt：Insel Verlag，2009；长篇小说《生死疲劳》*Der Überdmss*，Bad Honnef：Horlemann，2009；短篇小说《拇指铐》*Daumenschellen*，载：*Kurzgeschichten aus China. Gela wird erwachsen und andere Erzählungen aus China*，Zürich：Chinabooks E. Wolf，2009，231-298；长篇小说《蛙》*Frösche*，München：Hanser，2013；小说《变》*Wie das Blatt sich wendet. Eine Erzählung aus meinem Leben*，München：Hanser，2014。

②　崔涛涛：《莫言作品在德国的译介与接受》，《西安外国语大学学报》2013 年第 3 期。

事基调与一般德语读者的生活体验相去甚远，因而读者很难在阅读时产生共鸣。[①]

其次，莫言的作品无论在语言表现手法上，还是在文化特色内容上都极为丰富。这是其作品的又一特点。虽然表面看来，这样的特点无疑符合德语读者追求"异域风情"的期待，实则不然。从目前中国当代小说德译所处的发展阶段来看，德语读者虽然期待异域风情的内容，但由于他们当前对中国的所知非常有限，因此又不希望作品中出现过多富有中国文化特色的内容，以免增加阅读难度，降低阅读乐趣。[②] 再者，作品中的很多文化特色内容难以为德语读者所接受，譬如莫言作品中多次提及的吃狗肉的情节，以及《檀香刑》中对于残忍行刑过程的细致描写等。[③] 从这个角度来看，莫言的作品难以成为当下普通德语读者阅读中国当代小说作品的首选。

最后，莫言作品语言和文化内容上的鲜明特点给作品的翻译带来了极大挑战。莫言作品德译本的译者都描述过翻译过程的艰难。[④] 虽然译者竭尽全力，但从最终效果上，都不能令人满意。有评论家认为《蛙》的德译本在语言上不够纯粹，既不像德语，也不像汉语。[⑤] 深入研究过莫言作品德译本的学者崔涛涛也曾指出莫言作品德译本在翻译方面存在种种问题，例如对原文的理解错误、汉语能力不足、德语表达缺乏图像性、缺乏文化敏感性、文化专有因素的不当传达以及语言风格的转换问题等。[⑥] 莫言作品翻译上的瑕疵无疑影响作品在普通德语读者中的接受和传播。

---

① 参见 Ulrich, K.: "Einfach nur Übersetzen geht nicht"，载：http://www.cicero.de/salon/einfach-nur-uebersetzen-geht-nicht/44850，类似观点参见附录二。

② 参见附录二。

③ 崔涛涛：《莫言作品在德国的译介与接受》，《西安外国语大学学报》2013 年第 3 期。

④ 参见宋健飞《德译中国文学名著研究》，外语教学与研究出版社，2017，第 374 页；参见赫慕天《解读中国故事》，载《翻译家的对话Ⅲ》，作家出版社，2015，第 98 页。

⑤ 参见谢天振、高立希、罗鹏、邱平伟等《中国文学呼唤伟大的文学作品与杰出的翻译——首届中国当代文学翻译高峰论坛纪要》，《东吴学术》2015 年第 3 期。

⑥ 参见 Cui Taotao: *Der chinesische Literaturnobelpreisträger Mo Yan in Deutschland-Werke, Übersetzungen und Kritik*, Würzburg: Königshausen & Neumann, 2015, 371-381.

第二节　《法兰克福汇报》评论

除了对总的媒体评论数量进行统计分析之外，本书还选取德语地区最具影响力的报纸之一《法兰克福汇报》（*Die Frankfurter Allgemeine Zeitung*）作为重点研究的对象。《法兰克福汇报》创建于 1949 年，每日销量高达近 40 万份，是德国乃至德语地区覆盖范围最广的纸质媒体之一。本书搜集了 1984～2017 年所有刊登于《法兰克福汇报》上的中国当代小说评论，共计 52 篇（具体分布见图 5-2）。

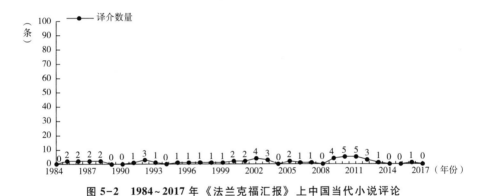

图 5-2　1984～2017 年《法兰克福汇报》上中国当代小说评论

对 52 篇评论文章的分析进一步印证了前文的论述，即：德语世界对中国当代小说的解读深受意识形态和诗学因素的操控。德语读者普遍从政治、社会学角度来解读中国当代小说作品。这一偏好从 1980 年代至今都未曾发生大的改变，例如：1985 年《沉重的翅膀》在德译介出版后，《法兰克福汇报》上的评论副标题为"女作家张洁描述当下中国的一部长篇小说"[①]，从标题便能看出评论者的解读倾向和读者的阅读期待。之后作者在文中写道：

[①] 原文为：Ein Roman der Autorin Zhang Jie über das heutige China. 见 Villon-Lechner, A.: "Man muß sich um die Leute kümmern. Ein Roman der Autorin Zhang Jie über das heutige China", 载：*Frankfurter Allgemeine Zeitung*, 13. 06. 1985, 26。

　　女作家张洁虽受到（中国）官方认可，却也因其作品的直接而饱受争议。她的长篇处女座《沉重的翅膀》使德语读者首次接触到一部全面描绘当下中国的小说作品：这部作品不仅满足了人们从政治和事实角度了解中国发展的兴趣偏好，并且也使我们在情感上接近远在北京的人们。①

类似的评论还有：

　　她（张洁）属于领国家工资的铁饭碗作家，也是一位具有批判意识的知识分子。她是政治忠诚的一面招牌，因为在中国，自我批评被视为个性优势。（选自1985年《沉重的翅膀》的评论）②

　　这部作品1984年由两位中国人从大量对谈中整理而成，是最重要的一部描绘新近中国现实的作品……，（在对谈中）这些人直言不讳！对中国而言，这样的作品不可想象。国外的人又何曾料到自己会听到一个中国人如此直接地讲述呢？（选自1986年《北京人》的评论）③

---

① 原文为：Mit „Schwere Flügel ", dem Debütroman der offiziell anerkannten, wegen ihrer Offenheit aber auch umstrittenen Schriftstellerin Zhang Jie, erreicht das deutschsprachige Publikum nun erstmals ein umfangreiches Prosawerk über das Leben im heutigen China：ein Werk, das über die Befriedigung eines eher politisch-sachlichen Interesses an der Entwicklung Chinas hinaus die Menschen im fernen Peking auch unseren Gefühlen nahebringen. 见 Villon-Lechner, A.："Man muß sich um die Leute kümmern. Ein Roman der Autorin Zhang Jie über das heutige China", 载：*Frankfurter Allgemeine Zeitung*, 13. 06. 1985, 26。

② 原文为：Sie ist eine kritische Intellektuelle mit der „ eisernen Reisschale " eines staatlichen Autorengehaltes, sie ist ein Aushängeschild politischer Loyalität, denn Selbstkritik gilt in China als Charakterstärke. 见 Reidt, A.：„ Selbstkritik als Zeichen für Charakterstärke. Die chinesische Autorin Zhang Jie las aus ihrem Roman, Schwere Flügel ", 载：*Frankfurter Allgemeine Zeitung*, 12. 08. 1985, 25。

③ 原文为：Das Buch wurde von zwei Chinesen im Jahre 1984 in vielen Gesprächen zusammentragen, es ist die wichtigste Publikation über die Wirklichkeit der Volksrepublik China in der jüngsten Vergangenheit…：Die Leute nehmen kein Blatt vor den Mund! Wer hätte im Ausland erwartet, einen Bewohner der Volksrepublik so reden zu hören, wie ihm der Schnabel gewachsen ist? 见 Wagner, R.：„ Kein Blatt vor dem Mund. Chinesen über das Alltagsleben in China ", 载：*Frankfurter Allgemeine Zeitung*, 19. 09. 1986, 11。

将这部作品当长篇小说来读，是一种误读，同样如此的是把王蒙视为"中国当代最重要的作家"，他充其量不过是一类文学的模范人物，而这类文学被用于服务意识形态。（选自 1995 年《活动变人形》的评论）①

人们会惊异于这部长篇小说竟能于 1988 年在北京出版，即便是"以一种与原版有所出入的版本"。这句话出现在小说德文版中，遗憾的是德文版并未对此加以解释，并且也没有后记来解答比如为什么莫言作为一个人民解放军的文化官员能够以文学的方式永久记录下一场反对社会主义的农民起义……。（选自 1997 年《天堂蒜薹之歌》评论）②

人们马上便会理解为何这部小说作者是阎连科，中国当下最重要的作家之一，首部译介到德语中去。这部小说将所有卖点集于一身。西方出版社习惯上认为这些卖点符合大众对中文作品的期望：与毛泽东有关，涉及到性，并且是禁书。（选自 2007 年《为人民服务》的评论）③

《兄弟》没有成为审查的牺牲品可以算是一个小意外，即便余华

① 原文为：Es wäre ein Mißverständnis, das Buch als Roman zu lesen, und ein weiteres, Wang Meng als„ Chinas bedeutendsten Schriftsteller der Gegenwart "zu bezeichnen. Er ist allenfalls ein Vorzeigemann einer ideologisch in Dienst genommenen Literatur. 见 Zhou Derong：„Torheit für alle. Wang Meng erzieht die gesamte chinesische Bevölkerung ", 载：*Frankfurter Allgemeine Zeitung*, 14. 01. 1995, 28。

② 原文为：Man wundert sich, daß der Roman 1988 in Peking überhaupt erscheinen konnte, wenn auch„ in einer etwas anderen Fassung ". So steht es in der deutschen Ausgabe, die von Erläuterungen leider absieht und auch auf ein Nachwort verzichtet, das beispielsweise erklären würde, wieso Mo Yan, ein Kulturoffizier der Volksbefreiungsarmee, einen antisozialistischen Bauernaufstand literarisch verewigen durfte,… 见 Bartmann, C. :„ Schläft ein Duft in allen Dingen. Nicht verfilmbar: Mo Yans, Ballade vom Knoblauchsprößling ", 载；*Frankfurter Allgemeine Zeitung*, 22. 10. 1997, 44。

③ 原文：Man versteht ohne weiteres, warum gerade dieser Roman der erste ist, der von Yan Lianke, einem der wichtigsten chinesischen Autoren zurzeit, ins Deutsche übertragen wurde. Er vereint in sich die Verkaufsargumente, unter denen westliche Verlage für gewöhnlich meinen, dem Publikum etwas Chinesisches zumuten zu können：Er hat mit Mao zu tun, handelt von Sex und wurde verboten. 见 Siemons, M. :„Es war einmal ein keuscher Soldat ", 载：*Frankfurter Allgemeine Zeitung*, 5. 10. 2007, 42。

在这部畅销书中损害了中国这一经济体的形象，并且还触碰了一个真正意义上的政治禁忌：小说的前两百页都献给了"文革"……（选自2010年《兄弟》的评论）①

上述小说评论再次印证了德语读者对中国当代小说的解读特点：政治意识形态色彩浓重，偏爱作品的纪实性和争议性。一如前文所言，这种解读视角是意识形态、诗学所致。但意识形态和诗学的形成背后又有着深厚的历史因素，其中与德国乃至欧洲的中国形象以及中国当代文学本体的发展关系最为紧密。

首先，"国家形象在很大程度上影响着文学作品在海外的传播效果，并最终制约海外读者对作品的理解与接受。其影响与制约力不仅局限于文学本身，而且延伸至读者的认知乃至舆论的形成。"② 而中国在欧洲的形象一直处在被理想化和被妖魔化的两极之间。③ 1275年，马可·波罗来到中国，之后在中国生活20年，1295年回国后由其口述的《马可·波罗游记》问世。游记实录了当时中国社会的方方面面，将中国描述为富裕繁荣之国。1477年游记德译本问世，中国以理想之地的形象首次进入德语世界。16、17世纪的传教士时期，传教士一方面将中国灿烂辉煌的一面介绍到西方；另一方面也将其鲜为人知的黯淡一面展示出来。中国形象开始变得复杂、立体。但截至18世纪中期，得益于欧洲多位思想家、文学家、哲学家如伏尔泰、莱布尼茨、黑格尔、歌德、叔本华等人对中国儒、释、道思想

---

① 原文为：Es ist ein kleines Wunder, dass„Brüder"nicht der Zensur zum Opfer gefallen ist, und das, obwohl Yu Hua mit seinem Bestseller nicht nur am Image der Wirtschaftsmacht China kratzt, sondern an ein veritables politisches Tabu rührt；Die ersten zweihundert Seiten des Romans sind der Zeit der Kulturrevolution gewidmet. 见 Mensing, K. :„Zwischen Triebstau und Trickbetrug. Ein Glatzkopf und der Kahlschlag der Modernisierung：Yu Hua erzählt mit deftiger Komik vom chinesischen Kapitalismus und seinen Absurditäten", 载：*Frankfurter Allgemeine Zeitung*, 29.11.2010, 28。

② Hugo Dyserinck：Komparatistik Eine Einführung. 3. Durchgesehene und erweiterte Auflage, Bonn：Bouvier, 1991：127, 转引自崔涛涛《中国文学在德国的译介困境》，载《名作欣赏》2019年第24期。

③ Bauer, W. :„Deutsch-chinesische Beziehung in der Vergangenheit und die daraus zu ziehenden Lehren", 载：*Zeitschrift f. Kulturaustausch*, 1973, 24, S. 8。

的推崇，欧洲的中国形象充满理想化色彩。然而从 18 世纪后期开始，随着欧洲的飞速发展和中国国力的日渐衰退，中国的形象一落千丈。在与中国多次交锋获胜之后，欧洲逐渐以欧洲中心主义和殖民主义的态度看待中国，中国在欧洲逐渐被妖魔化。而德国人更是用"经过防腐处理的木乃伊"（balsamierte Mumie）① 来形容当时他们眼中落后、缺乏活力的中国。

中国的两极化形象在德国乃至欧洲一直延续至今，在涉及中国的德国文学作品中同样可以找到大量中国两极化形象的例证。②

1949 年新中国成立之后，由于中西政体的不同，再加之当时的冷战氛围，西方以敌对和恐惧的态度看待中国，并将关注的重心转移到政治领域。1978 年改革开放之后，中国经济飞速发展，进入 21 世纪，中国经济取得了举世瞩目的成就，德语国家对中国的关注因此又扩展到经济领域，政治和经济成为关注的焦点。③ 但中国在经济上的崛起并没有改善其对外形象，反而更加剧了西方在政治上对中国的恐慌和敌对，将中国视为威胁。④ 数据显示，进入 21 世纪之后，德国对中国形象的认知日趋负面。而德国媒体对中国的选择性负面报道进一步加深了中国的负面形象。⑤ 这种政治意识形态上的敌视态度自然也左右了德语地区对中国文学的选择标准和解读角度。因而那些富于政治批判性和争议性的作品才会备受青睐。并且政治解读视角也早已不再局限于那些争议性作品，甚至是那些在中国国内正常出版的名家名作也会被德语读者置于"政治放大镜"下审视，努力

---

① 参见 Herder, J. G., in „ China ", in：Hsia, Adrian（Hg.）：*Deutsche Denker über China*, Frankfurt/M. Insel Verlag, 1985, 129, 转引自 Neder, Christiana："Rezeption der Fremde oder Nabelschau?", 载：Helmut Martin；Christiane Hammer（Hrsg.）：*Chinawissenschaften-Deutschsprachige Entwicklungen. Geschichte, Personen, Perspektiven.* Hamburg：Institut für Asienkunde, 1999, 614。

② 参见 Liangliang Zhu：*China im Bild der deutschsprachigen Literatur seit* 1989, Bern：Peter Lang, 2018, 类似观点参见曹卫东《中国文学在德国》, 花城出版社, 2002。

③ 参见附录二。

④ 参见周海霞、王建斌《经济危机时期德国媒体中的动态中国经济形象——以德国主流媒体〈明镜〉周刊和〈时代〉周报 2009-2010 年涉华报道为例》, 载《德国研究》2011 年第 1 期。

⑤ 参见崔涛涛《中国文学在德国的译介困境》, 载《名作欣赏》2019 年第 24 期。

寻找作品中的"言外之意"。

固有中国形象塑造出的解读视角致使德语出版机构选择与其解读视角相一致的中国文学作品，而这样的文学作品反过来又进一步强化了读者心中原有的中国形象。这种循环论证严重限制了读者对中国当代文学类型的接受范围。因此，多位中外作家和翻译家指出，对政治的过分关注和解读使译介到西方的中国文学图景与中国文学自身并不相符。①

其次，除了国家形象这一影响因素外，中国当代文学发展初期呈现出的特点也在一定程度上促成了德语读者政治、社会学解读视角的形成。1949年7月初召开的第一次文代会不仅昭示着中国当代文学的开端，同时此次会议还确立了新中国的文艺方向。会议认定毛泽东1942年的《在延安文艺座谈会上的讲话》（后称《讲话》）为新中国文艺工作的总方针。依照《讲话》精神，文艺为政治服务，从属于政治。"政治标准第一，艺术标准第二"成为文艺创作的标准。而这种文学与政治的一体化发展自1949年以来不断得以稳固，一直持续到1976年"文革"结束。② 这种一体化的文艺标准自新中国成立至"文革"结束存续了27年，这难免使人们对于文学与政治关系的认知形成了固定的思维模式和思想惯性。因此，70年代末至80年代末的文学创作依然未能摆脱一体化发展的影响，并且在审美上尚显稚嫩和粗糙，例如这一时期出现的伤痕文学、反思文

---

① 参见阿来《我对文学翻译的一些感受》，载《翻译家的对话Ⅳ》，作家出版社，2017，第31页。类似观点参见科内莉亚·特拉福尼塞克《关于翻译》，载《翻译家的对话Ⅳ》，第106～107页；崔涛涛《中国文学在德国的译介困境》，《名作欣赏》2019年第24期。

② 参见张岩泉、王又平《20世纪的中国文学》，武汉大学出版社，2009，第167页；类似观点参见朱栋霖、朱晓进、吴义勤《中国现代文学史1917-2012》第二版下册，北京大学出版社，2014，第1页；李平《中国现当代文学基础》（第二版），北京大学出版社，2014，第240页；朱栋霖《中国现代文学史精编1917-2012》，高等教育出版社，2014，第185页；丁帆、朱晓进《中国现当代文学》，南京大学出版社，2007，第256～258页；洪子诚《中国当代文学史》（修订版），北京大学出版社，2007，第24页；张钟、洪子诚、余树森、赵祖谟、汪景寿、计璧瑞《中国当代文学概观》（第三版），北京大学出版社，2014，第1、7页。

学、改革文学等。① 而在改革开放之后的 1979 年至 1985 年，中国当代文学的主题在于对"文革"模式的反思，取材和主题依然主要涉及"社会—政治层面，并大多具有社会—政治干预的性质"。②

在对文学独立品格一贯苛求的德语地区，中国当代文学发展之初的一体化特点无疑会难以为人所接受并招致批评。顾彬在描述 1949 年之后的文学时指出，文学和战争的任务是统一的。③ 20 世纪五六十年代的中国文学被德国学者称为"被意识形态功能化"（ideologisch funktionalisiert）④ 的文学。伊达·布赫尔（Ida Bucher）在自己的著作中表示，1980 年代的中国文学在当时的意识形态语境中要承担缓和"文革"话语和反思话语之间对立的角色，因而就使文本的文体显得不纯粹。⑤ 由此可见，在进入 1990 年代之前，德语汉学家普遍认为中国当代文学因与政治关系紧密而缺乏独立品格。

此外，随着中国 1978 年的对外开放，中国文学和文学批评界开始有机会接触和借鉴西方文学和文学批评理论。而这一过程也被德语学者所注意。⑥ 在此背景下，他们不免会有一种从文学乃至文化高地的视角来俯视中国新时期文学之嫌。

上述两方面因素使德语学者得出中国当代文学缺乏文学性的结论，汉学家马汉茂更是直言，那些在作品中找寻中国的人会比那些从中找寻艺术

---

① 参见朱栋霖、朱晓进、吴义勤《中国现代文学史 1917-2012》第二版下册，北京大学出版社，2014，第 146~147 页。类似观点参见张岩泉、王又平《20 世纪的中国文学》，武汉大学出版社，2009，第 254、256 页；丁帆、朱晓进《中国现当代文学》，南京大学出版社，2007，第 335 页。

② 洪子诚：《中国当代文学史》，北京大学出版社，2007，第 201 页。

③ 参见 Kubin, Wolfgang：*Die chinesische Literatur im 20. Jahrhundert.* München：K·G. Saur，2005，286。原文为："Die Aufgaben von Literatur und Krieg sind eines."

④ 参见 Neder, C.："Rezeption der Fremde oder Nabelschau?"，载：Helmut Martin；Christiane Hammer（Hrsg.）：*Chinawissenschaften-Deutschsprachige Entwicklungen. Geschichte，Personen，Perspektiven.* Hamburg：Institut für Asienkunde，1999，623。

⑤ 参见 Bucher, I.：*Chinesische Gegenwartsliteratur-Eine Perspektive gesellschaftlichen Wandels der achtziger Jahre*，Bochum：Brockmeyer，1986，512。

⑥ 参见 Kubin, Wolfgang：*Die chinesische Literatur im 20. Jahrhundert.* München：K·G. Saur，2005，389。

的人更容易获得满足。① 因此，德语汉学家在研究中便更多地将中国文学文本作为社会历史材料，力求通过文学文本来探究中国当下的社会真相。② 虽然中国当代文学在 1990 年代之后经历了新的发展，但政治和社会学解读却已成为一种固定的学术研究视角。而专业德语读者在社会中拥有更大的话语权，他们的解读视角必定会影响普通读者对中国当代文学的接受方式，加之普通读者对中国缺乏了解，阅读当代文学便成为他们了解当下中国的工具。对中国当代文学的社会学解读由此在德语地区成为一种普遍的阅读方式。

回顾德语地区的中国形象以及中国当代文学本体的发展，可以发现，无论是德语地区两极化中国形象的形成，抑或是德语汉学界对中国当代文学文学性不足论断的得出均不是一朝一夕之功。固定的中国形象和僵化的论断无疑会拥有强大的惯性。这意味着，在德语地区的读者对中国以及中国当代文学有更充分的了解之前，对中国当代文学的政治和社会学解读必将长期存在。

然而，通过对小说评论的分析，本书同时也发现，1978 年以来中国当代小说在德语地区的接受也并非一成不变，变化主要表现在两个方面。首先，从文章篇幅和排版位置来看，这些评论在 1980 年代呈现出篇幅短，位置偏的特点，进入 1990 年代之后，一方面篇幅增加，另一方面位置也逐渐接近版面的中心。这一趋势到了 2000 年之后愈加明显，专版评论更是屡见不鲜。从这一变化不难看出，德语读者对中国当代小说的关注度在不断增加。

其次，从评论内容上看，评论中也不乏对作品文学性和艺术表现手法的关注，并且这种关注也在随时间而变化。具体而言，德国读者对中国当

---

① 参见 Martin, H.: *Chinesische Literatur am Ende des 20. Jahrhunderts*, Dortmund: Projekt Verlag, 1996, 87。

② 参见谢森《德国汉学视野中的中国当代文学（1978-2008）》，博士学位论文，武汉大学，2009，第 79 页。类似观点参见 Neder, Christiana: "Rezeption der Fremde oder Nabelschau?"，载：Helmut Martin; Christiane Hammer（Hrsg.）: *Chinawissenschaften-Deutschsprachige Entwicklungen. Geschichte, Personen, Perspektiven.* Hamburg: Institut für Asienkunde, 1999, 623。

代小说的解读逐渐变得多元化，对作品文学性的关注增加。并且就文学性而言，中国当代小说以及作家经历了一个从被质疑、被批评到逐渐被认可的过程。德语读者对于 1980 年代小说作品的文学性还多以批评为主，例如：

尽管这部长篇小说饱含各种情感，但它却更像一部木偶戏，而不像一场由真人塑造真人的舞台剧。情节中的各式人物自始至终都被限定在其角色中……（选自鲁彦周《天云山传奇》的评论）[1]

但是其他人或许会因为这些心理描写而变得不耐烦，即便文笔极好，但还是会使故事发展停滞，而不是起到推动作用。（选自王安忆《锦绣谷之恋》和《荒山之恋》的评论）[2]

在《美食家》这部作品的很多地方还能看到"文革"的影响。主要是陆文夫的语言还带有"文革"的痕迹。然而，德译本却并未让人觉察到这一点。德译本读起来要比原作舒服许多。（选自陆文夫《美食家》的评论）[3]

但他们对于 1990 年代之后的当代作品和当代作家却更多是认可和赞赏的，例如：

从中欧的视角来看，这部小说带我们去往中国，一个遥远、充满

---

[1] 原文为：Obwohl randvoll mit Emotionen aller Art, ähnelt dieser Roman doch eher einem Spiel mit hölzernen Marionetten als einem Theaterstück, in dem lebendige Menschen von lebendigen Menschen dargestellt werden. Die Figuren der Handlung sind von Beginn bis Ende in ihrer Rolle determiniert... 见 Brandt, S.: "Die Partei und die Liebe. Zwei Prosabände aus China", 载：*Frankfurter Allgemeine Zeitung*, 05. 11. 1988, BuZ7。

[2] 原文为：Die anderen aber könnten ungeduldig werden angesichts der Psycho-Protokolle, die, wenn auch mit feinstem Pinsel geschrieben, den Gang der Geschichten eher aufhalten als vorantreiben. 见同上。

[3] 原文为：Im „Gourmet" läßt sich der Einfluß der Kulturrevolution noch an vielen Stellen erkennen. Spuren hat sie vor allem in der Sprache Lu Wenfus hinterlassen, was allerdings in der Übersetzung nicht zu bemerken ist. Sie liest viel angenehmer als das Original. 见 Zhou Derong: "Restaurant für die Massen. Lu Wenfus Roman, Der Gourmet", 载：*Frankfurter Allgemeine Zeitung*, 7. 12. 1993, L6。

异域风情的世界。谁想要对那个世界有更多认识，而不仅仅只是通过报纸泛泛了解的话，这部作品将会是合适之选。但如果这本书仅仅只是为了传递这些知识的话，那就没有太大吸引力。我们对一部长篇小说的期望不仅仅只是包装精美的民族学和社会学知识。我们想要的是故事以及我们关注并且能够理解的人的命运。

这部小说的作者余华在两方面都没有令我们失望。他给传统读者奉上了一个生动有趣的关于人的故事，同时也丝毫没有忽视那些好学的读者……①（选自《活着》的评论）

……作家们讨论"龙凤呈祥"这道菜的文学运用展示出莫言是多么熟练地将食物、意识形态、文学和时代诊断融为一体……②（选自莫言《酒国》的评论）

戴思杰以爱神的魔力和文学救赎的力量写出的不仅仅只是一个令人痴迷的寓言，同时也是一部自传。（选自戴思杰《巴尔扎克与小裁缝》的评论）③

中国作家阎连科有两个独有的特点：他具备写出伟大长篇小说的

---

① 原文为：Dieser Roman führt uns nach China, in eine ferne und, aus mitteleuropäischem Blickwinkel gesehen, exotische Welt. Wer über jene Welt gern mehr erfahren möchte, als gemeinhin den Zeitungen zu entnehmen ist, wird bei der Lektüre auf seine Kosten kommen. Zielte jedoch das Buch allein auf solche Wissensvermittlung, dann wäre seine Attraktion von geringem Ausmaß. Von einem Roman erwarten wir ja nicht bloß schön verpackte ethnographische und soziologische Auskünfte. Wir wollen eine Geschichte, menschliches Schicksal, dem wir folgen, das wir verstehen können. Der Romanautor Yu Hua enttäuscht uns weder auf dem einen noch auf dem anderen Gebiet. Er bedient den klassischen Leser mit einer Menschengeschichte voller Saft und Kraft, ohne den lernbesessenen Leser im geringsten zu vernachlässigen. 见 Brandt, S.: "Die Schönheit chinesischen Rosts. Wieder etwas dazugelernt: Das, Leben ', wie Yu Hua es sieht", 载：*Frankfurter Allgemeine Zeitung*, 13.08.1998, 30。

② 原文为：Wie geschickt Mo Yan in der Verbindung von Essen, Ideologie, Literatur und Zeitdiagnose ist, zeigt die Diskussion der Schriftsteller um die literarische Verwendung des Gerichts„Drache und Phönix glücklich vereint"… 见 Bender, N.: "Das lächelnde Bewußtsein. Affenscharf: Mo Yan bringt die Geschmacksknospen auf Trab", 载：*Frankfurter Allgemeine Zeitung*, 3.12.2002, 34。

③ 原文为：Sijie hat nicht nur eine bezaubernde Parabel auf den aphrodisischen Zauber und die erlösende Kraft der Literatur geschrieben, sondern auch ein Stück Autobiographie. 见 Halter, M.: "Mozart würde Mao lesen. Umerziehung des Herzens: Dai Sijie bezaubernde Liebesparabel", 载：*Frankfurter Allgemeine Zeitung*, 11.12.2002, 34。

天赋，并且有勇气在小说中谈及不那么令人舒服的话题。（选自阎连科《丁庄梦》的评论）①

名副其实的英雄史诗（选自李洱《花腔》的评论）②

《三体Ⅰ》对于当下的世界科幻文学具有指向意义，因为它讲述的是，连宇宙和人类理智的关系也很可能要比我们所有已知的更为丰富，并与之有别。（选自刘慈欣《三体Ⅰ》的评论）③

综合来看，发生这种变化的原因一方面在于随着改革开放和全球化的深入，沟通的渠道变得更加便捷和多元，德语读者对中国的认知不再仅仅局限于"纸上中国"，而是包含越来越多的个人体验，中国形象也逐渐变得真实、丰富。这在一定程度上使德语读者对中国当代小说的解读态度发生了转变。另一方面更为重要的原因是中国当代小说，尤其是新时期小说本体 1985 年之后所经历的变化。1980 年代中后期，文学界提出回归文学本体④，文学创作开始"偏离强烈的政治意识形态性，偏离现实批判、政治历史反思"⑤，转移到对世俗生活的描述。虽然意识形态因素始终如影随形，但进入 1990 年代之后，中国当代文学作品本身所带有的意识形态色彩逐渐隐性化，并尝试建立文学的独立品格⑥，在创作手法上也日臻成熟。

---

① 原文为：Der chinesische Schriftsteller Yan Lianke besitzt zwei besondere Eigenschaften：Er verfügt über das literarische Talent，große Romane zu schreiben，und er hat Mut，in seinen Romanen unbequeme Themen aufzugreifen. 见 Müller，M.："Allein mit dem Virus. Verzweifelter Kampf gegen ein Tabu：In seinem in China verbotenen Roman setzt Yan Lianke den verdrängten Aidsopfern ein Denkmal"，载：*Frankfurter Allgemeine Zeitung*，14. 10. 2009，L8。

② 原文为：Heldenepos，echt wahr。见 rad.："Heldenepos，echt wahr"，载：*Frankfurter Allgemeine Zeitung*，2. 12. 2010，34。

③ 原文为：Das Buch ist wegweisend für die phantastische Weltliteratur der Gegenwart，weil es davon handelt，dass auch der Kosmos und der menschliche Verstand füreinander mehr und anderes sein könnten als alles bisher Bekannte. 见 Dath，D.："Ein Menschenbotschafter"，载：*Frankfurter Allgemeine Zeitung*，13. 12. 2016，11。

④ 参见洪子诚《中国当代文学史》，北京大学出版社，2007，第 202 页，类似观点参见朱栋霖《中国现代文学史精编 1917-2012》，高等教育出版社，2014，第 187 页。

⑤ 同上，第 281 页，类似观点参见谢淼《德国汉学视野中的中国当代文学（1978-2008）》，博士学位论文，武汉大学，2009，第 56 页。

⑥ 参见谢淼《德国汉学视野中的中国当代文学（1978-2008）》，博士学位论文，武汉大学，2009，第 81 页。

小说作品逐渐摆脱了"已经解体的用以整合社会矛盾的意识形态，将未被'同质化'的个体经验作为观察、表达的主要依据"。[①] 中国文学开始步入多元化的时代，新写实小说、世俗小说、新历史小说、先锋小说、军旅小说、女性小说等相继涌现，并且在叙事方式、立场、视角和语言上都较之以前有所创新，具有个人化和民间化的特点，"从主流社会生活转向日常生活，从主流意识形态转向民间文化形态，从一统的现实主义转向多种创作方式并存"。[②]

进入 21 世纪，随着 1990 年代文化转型的完成，即主流文化（官方文化、国家意识形态文化、正统文化）、知识分子文化（高雅文化、精英文化）、大众文化（流行文化、通俗文化）以及民间文化的组合代替 1976 年之前主流文化与民间文化的组合[③]，中国当代文学也相应地更为多元化地发展，传统文学、大众文学和网络文学三分天下，传统精英写作的作家坚守在传统文学创作领域，继续耕耘[④]，他们的写作回归现实，专注于对"日常生活的审美观照"[⑤]。而这些作家的创作坚守逐渐获得世界的认可。莫言获诺贝尔文学奖以及新近中国作家刘慈欣、郝景芳所获得的雨果奖便是明证。

总体看来，中国当代文学，尤其新时期以来的中国文学经历了意识形态从"显性"到"隐性"，从一体到多元的转变过程。而这一过程也在德语读者对中国当代小说的接受中再次获得印证。德国联邦经济和能源司副司长何玲（Gerlind Heckmann）女士也是一位资深的中国文学爱好者，她从个人多年的阅读体验出发，对中国当代小说做出如下评价：

---

① 参见洪子诚《中国当代文学史》，北京大学出版社，2007，334。汉学家顾彬指出，1979 年之前的中国当代文学中只有统一的官方声音，直到 1979 年之后个体声音才开始出现，并在 1990 年代末成为主导。参见 Kubin, W.: *Die chinesische Literatur im 20. Jahrhundert*. München：K·G.Saur, 2005, 第 285 页。

② 李平：《中国现当代文学基础》（第二版），北京大学出版社，2014，第 275 页。

③ 参见张钟、洪子诚、佘树森、赵祖谟、汪景寿、计璧瑞《中国当代文学概观》（第三版），北京大学出版社，2014，第 21 页。

④ 参见朱栋霖、朱晓进、吴义勤《中国现代文学史 1917-2013》（第三版）（下册），高等教育出版社，2014，第 189 页。

⑤ 同上。

从今天来看，新中国文学对中国社会的反映虽然一开始很生涩，但是随着时间的推移，它正在变得越来越具有可读性。二十一世纪的文学作品在我看来已经变得非常吸引人，并且非常多元化。[①]

何玲的评价无疑是对这一转变的最好注脚，并且从中也可以发现中国当代小说本体的发展与其域外接受之间的互动。进入 21 世纪，除余华的《兄弟》外，李洱的《石榴树上结樱桃》的德译本更是获得德国总理默克尔的盛赞，并被当作国礼赠送给时任中国总理温家宝。而近来麦家的《解密》与刘慈欣的《三体》在德所引发的热烈反响再次印证了德语读者对于这种转变的认可与赞赏。虽然德国原图书信息中心主任王竞不无遗憾地表示，目前还缺少一部能够引爆德国文学市场的中国当代小说作品，[②] 但如果从中国当代文学本体自身的发展趋势来看，这样的作品出现只是时间问题。中国当代文学对文学本体的回归无疑会逐步改变异域读者对于中国当代文学的旧有认知。

---

① 何玲：《我和中国文学——亲密无间的三十年》，顾牧译，载顾牧、王建斌主编《超越时空的对话——现代语境下的中德文学翻译》，外语教学与研究出版社，2017，第 11 页。

② 参见论文附录二。类似观点参见王竞《怎样让德国出版社对中国文学兴奋起来?》，载顾牧、王建斌主编《超越时空的对话——现代语境下的中德文学翻译》，外语教学与研究出版社，2017，第 28 页。

结　论

一　中国当代小说德译的回顾与展望

1978 年以来，中国当代小说在德语世界的译介经历了三个阶段：1980 年代参与译介的主体众多，构成丰富，译介数量庞大，渠道多元，呈现出一片繁荣景象；1990 年代则因市场经济体制改革和国内外局势的变化，译介数量、渠道、主体大幅缩减；21 世纪以来在国家支持和各种文化事件的推动下，译介又迎来新的增长。仅从数量上看，中国当代小说在德语地区的译介经历了不同阶段，有过潮起潮落，但如果从作品的销量、译介渠道、出版社的参与构成以及与作家的合作方式上看，中国当代小说的整体译介情况还具有较大的拓展空间。

纵观近 40 年来中国当代小说在德语地区的译介，研究发现其中呈现出以下特点。第一，中国当代小说的德译历程与中国当代小说，尤其是新时期小说本体的发展轨迹相一致，呈现出一种延迟性镜像发展的特点。获得译介的小说作品涵盖了 1978 年以来所有新的文学流派。伤痕文学、反思文学、改革文学、女性文学、寻根文学、纪实文学、先锋文学、魔幻现实、新写实、身体写作以及 "80 后" 青春文学都被涵盖在内。虽然由于译介周期以及主客观因素的限制，作品的出版存在滞后性和选择性，但整体依然清晰地反映出整个新时期文学的发展主线。

第二，从译介活动的影响因素上看，意识形态与诗学的作用无可否认。然而，在意识形态和诗学的夹缝之中，译介活动中的文学审美也逐步显现。通过对译介数据的整体分析，研究发现，首先，译介持续时间长（10 年左右），译介作品数量多的作家依然是那些在中国当代文学史上已有定论的知名作家，如阿城、阿来、毕飞宇、残雪、冯骥才、陆文夫、莫言、苏童、王安忆、王蒙、王朔、余华、张洁、张抗抗、张贤亮、张辛欣等，并且上述作家作品的译介主体不仅仅局限在学术界，各类商业出版社也参与其中。

其次，不同译介周期广受欢迎的作品均是中国当代小说不同发展阶段内的名家名作，如1980年代的《沉重的翅膀》、1990年代的《美食家》以及2000年之后的《兄弟》。这些作品除去自身的政治与社会学元素之外，其文学价值也不容否认。这是其德译本能够成为"长销书"的决定性因素，因为仅仅由了解当下中国而催生的阅读兴趣必定不会长久。① 与之相反，那些仅仅只是主题符合德语读者的阅读期待，但却缺乏文学内涵的作品虽能博取一时之宠，却注定只是昙花一现，例如卫慧的《上海宝贝》。该小说虽在德语文学市场上引起一时之热议，却在口碑和销量上双双折戟。由此可见，中国当代小说作品在德语世界是否具有持久的生命力依然取决于作品的文学价值。

再者，德语读者对中国当代小说的接受同样体现出延迟性镜像发展的特点，经历了由1980年代的怀疑、批评到1990年代之后逐步认可的过程。这一点不仅体现在小说的报纸评论中，也体现在译者对不同时期中国当代小说作品的处理策略上。1980年代出版的《沉重的翅膀》经历了大幅删减，总体属于面向译语的可接受性翻译，而1990年代和2000年之后出版的《美食家》与《兄弟》在内容上并没有出现大幅删减的现象，并且都是以源语为导向的充分性翻译。单个来看的话，三个译本翻译策略的选择都体现出译者的主体性作用。限于研究中探讨的个案文本数量有限，我们无法仅从这三个文本的分析中得出中国当代小说的翻译策略已由面向目的语的可接受性翻译转变为面向源语的充分性翻译。但是在中国当代文学在德语文学系统中尚处边缘地位的情况下，《美食家》和《兄弟》这两部以充分性翻译为主导的译本的成功

---

① 参见高立希《我的三十年——怎样从事中国当代小说的翻译》，载《外语教学理论与实践》2015年第1期。

表明，保留作品的文学性和文化特色同保障作品的可读性并非不可调和的矛盾。兼顾两者的关键在于译者的主体性作用以及对于"保留"和"替换"策略的使用。这对于译者的文本处理无疑具有借鉴意义。

从《沉重的翅膀》中的大幅删减，到《美食家》和《兄弟》中的完全保留。这种变化的根源并不在德语读者，而在于中国当代小说，尤其是新时期小说本体的发展。1978年以来的近40年，中国社会经历了翻天覆地的变化，中国当代文学也经历了一个急速发展的过程，从一开始的借鉴西方到发展自己的特色①；由一开始的社会政治选题、"文革"话语到关注个体、日益多元化。中国文学在此过程中逐步完成了对文学本体的回归。而这种文学内核的变化也带动了海外读者解读视角的改变。从这个意义上来讲，随着中国当代文学自身的日益成熟和多元化发展，中国当代小说在德国的译介和接受情况必将有所改观。但就如同德语读者对于中国特色文化专有项的接受需要一个过程一样，他们对于中国当代文学多元化发展变化的感知同样尚需时日。

回顾1978年以来中国当代小说在德语国家的译介，我们能够发现译介环节的复杂与译介过程的艰难，总体上存在译介数量少、译介渠道窄、读者群体小等问题。这背后反映出中国当代小说在德语文化中的边缘地位。虽是文学译介，译介的出发点却往往并非文学本身。中国当代小说在语言与文化的转换和传递过程中被意识形态和诗学等外在因素所操控，译介活动在一定程度上背离了文学的初衷。

但与此同时，中国当代小说德译的发展始终追随着中国当代小说本体的脚步，并未偏离本体的发展轨迹，并且长久来看，中国当代小说德译虽然一开始从不太纯粹的文学起点出发，历经波折，最终却依然抵达了文学的终点，完成了从"非文学"到文学的回归。因此，无论从中国当代文学本身，还是从中国当代文学德译来看，对文学自身价值的不懈追求才是解

---

① 对于模仿西方的说法多位中国当代作家都表达过这样的观点，例如作家麦家就表示他在写法上就是学习西方。此外还有贾平凹，他曾直言："几十年来，中国当代作家无一不受西方文学的影响，甚至在文学观上，写法上借鉴效仿，这是事实……。"参见贾平凹《与中国文学携手同行》，载《翻译家的对话Ⅳ》，作家出版社，2017，第92页。

决问题的关键。①

二　中国当代小说德译的启示

中国当代小说在德语世界的接受虽然在进入 21 世纪之后出现了积极的发展，但仍面临诸多问题。要改变中国当代小说在德语世界的尴尬境遇，要从内外两个方面入手。

第一，在外要加强中德之间各个层面的交流，并且不能仅仅局限于政府和机构层面，而是要真正地实现个体与个体之间的交流，只有如此才能逐渐从根本上改变在德国已经扭曲变形的中国形象，从而整体上改善中国当代小说在德语地区的接受环境。

回看中国形象在德语地区的发展演变，不难发现，无论是理想化还是妖魔化，抑或是当下媒体的选择性报道，多数都非基于个人真实体验而得出的结论。这些所谓真实的中国形象其实只是"纸上"或想象中的中国，与真实相去甚远。并且无论是哪种中国形象的最初形成，其目的都不在于介绍、了解中国，而是将中国这个遥远的国度视为一个符号和象征，通过这一符号来反观德国乃至欧洲自身，解决自身的问题。② 因此，在一定意义上，中国形象在欧洲就成为一个可以"任人打扮的小姑娘"。换个角度来看，我们也不难断定，即便已历经几个世纪，但德语读者对真实的中国其实知之甚少。而正是由于不了解才会想象，才会被操控。一如德国学者乌尔里希·雅奈茨基所言，小国惧怕大国是普遍现象，德国作为小国自然会对经济腾飞的陌生大国——中国产生恐惧，而消除恐惧的最好方法就是增进了解。③ 并且学界的研究业已表明，自 1990 年代以来，随着中德交流

---

① 冯小冰、王建斌：《中国当代小说在德语国家的译介回顾》，载《中国翻译》2017 年第5 期。

② 参见曹卫东《中国文学在德国》，花城出版社，2002，第 212 页。类似观点参见谭渊《丝绸之国与希望之乡——中世纪德国文学中的中国形象探析》，载《德国研究》2014 年第 2期；吴悦旗《德国历史发展中的中国形象变迁》，载《语文学刊》（外语教育教学）2015年第 10 期；蔡馥谣《西方新闻周刊镜像下的中国形象——基于 1949-2013 年德国〈明镜〉周刊封面的中国符号分析》，载《兰州大学学报》（社会科学版）2014 年第 4 期。

③ 参见杜雪琴《当代中国文学在德国——乌尔里希·雅奈茨基访谈录》，载《外国文学动态》2011 年第 2 期。

在深度和频度上的不断提高，德国有关中国的描述逐渐呈现出正常化、真实化的趋势。[①] 因此，进一步开放、深化中德交流对于改善中国当代文学在德语语境的接受生态至关重要。

第二，中国要为中国当代作家提供更为宽松和自由的创作环境，使其能够创作出越来越多获得国际认可的佳作，为中国文学外译提供更多优质的可译素材。另一方面要在技术层面改进对外推介中国当代小说的方式。中国目前的推介方法仍存在有待改进之处，要使投入与产出成正比，首先要改变的是文学外推活动的指导思想。对待文学译介活动，需要树立历史观、整体观与语境观。首先，文学外译具有阶段性发展的特点，读者接受态度的改变也需要时间，因而要正确地看待当下的不足，制定长远计划，逐步推进。其次，译介活动构成环节众多，包括译介主体、译介内容、译者、译介渠道、译介受众、译介效果以及译介活动的其他外部影响因素。译介活动的成功与否并非仅由其中某一单个环节所决定，而是受到各个环节的共同影响。因此，在把握好各单个环节的同时更要树立译介活动的整体观。

第三，要分清译本发挥作用的语境为目的语语境，而非源语语境。只有认识到这一点，才能认清自己在译介活动中的优势与短处，才能扬长避短，提高文学外推活动的效率。具体而言，文学产品只是整个文学系统的一部分，作品生产的程序、各个环节间的关系以及系统内外的影响因素，如意识形态和诗学，都会对翻译活动产生重大影响。这就意味着，身处源语语境中的中国相关机构如果要使译介出的作品取得良好效果，就不仅要做好具体文本的翻译工作，同时还要在发起译介活动之前展开大量调查，了解目的语国读者群体的构成、阅读期待、审美需求和阅读习惯等，再结合中国文学走出去的现实需要，选择适合的译介作品、译者以及相应的文本处理方法等，这意味着大量的前期准备工作。此外，译本完成后，出版机构还要及时搜集、整理、分析读者反馈，以调整新一轮的译介计划。如

[①] 参见 Liangliang Zhu：*China im Bild der deutschsprachigen Literatur seit* 1989，Bern：Peter Lang，2018，226-227。

果没有这些前、后期工作，仅凭一腔热情或者猜测去开展译介活动必然会影响译介效果。

由于中国当代小说德译本发挥作用的地区都在德语国家，那么与中国出版社相比，德语地区的出版机构在面对这些前后期工作时无疑具备"地利"与"人和"的优势。因此，无论是从经济成本的角度考虑，抑或是从实际的工作效率上来讲，中国当代小说作品的翻译与发行必须要有目的语译者和出版机构的参与，并让他们扮演主要角色。他们的加入一方面可以大大减轻译介的前、后期工作，提高译介效率，另一方面由他们译介出版的作品更容易进入德语文学市场，也更易于为德语读者所接受。

虽然由德语地区发起的中国文学译介活动在多数环节上优势明显，但中国相关机构也并非毫无优势，例如在对中国文学，尤其是对中国文学最新发展的了解上，德语出版社自然无法与中国文化机构相提并论。在选题环节，无论是德语地区的出版社还是中国出版社都以小说作品的英译本作为重要的选题参考标准。这其中当然有意识形态和诗学因素的影响，但另一个重要原因是中德之间缺乏可以直接沟通的平台，因而才不得不以英语译本作为交流的"中间人"，这无疑大大降低了沟通的效率和可靠度，并直接导致出版社编辑对于中国当代文学片面的认识乃至无知。在面对中国每年巨大的小说出版量时，他们也难免会手足无措，加上在选定文本时也来不及进行细致充分的调查分析，并且让单个的汉学家或者出版社完成如此庞大的信息分析工作无疑也不现实，因而他们便只能在自己有限的时间和资源中选择认为值得译介的中国当代小说作品。在这样的条件下出现"当译的不译，却译了不当译的"现象便在所难免，甚至会是常态。①

综上所述，在中国当代小说德译活动中，中国方面提供经济上的资助，在目的语国建立平台推介中国文学，具体译介活动则交由德国相关专业机构执行才是比较合理而又高效的方式。具体来讲，就是要实现译介外

---

① 该问题汉学家司马涛也曾谈及，具体参见 Zimmer, T.："Das Stiefkind der Globalisierung-Einige Überlegungen zum Problem des Übersetzens aus dem Chinesischen"，载：Martin, H./Christiane Hammer（Hg.）：*Chinawissenschaften-Deutschsprachige Entwicklungen. Geschichte, Personen, Perspektiven.* Hamburg：Institut für Asienkunde，1999，649。

推活动的本地化，包含五个方面。

（1）培养自己在德语地区的"代言人"。在西方对中国官方普遍持有偏见的情况下，德语地区的非官方机构在进行译介活动时要比中国官方机构拥有更大的运作空间，并且更易于为德语读者所接受，因此我们可以资助德语地区的大学、文化机构或者民间团体建立独立的推介中国当代文学的第三方平台，及时向德语地区介绍中国当代文学中适合译介的优秀作品，并寻找知名译者完成作品的试译，为中国文学作品做好版权推介工作，改变中国出版业在世界出版版图中的"后来者"① 地位。同时积极组织与中国文学有关的文化活动，例如作品朗诵会等。这些推介活动可以拉近中国作家以及中国文学同德语读者，尤其是德语出版社之间的距离，从而使这一平台充分发挥连接出版社与中国文学之间的"中介"作用。

在推介选题上，首先要有长远计划，不求一步到位。其次，既要考虑自己的切实需求，又要照顾到德语读者的期待。在双方都可接受的范围内选择推介作品。具体来讲，文学种类涵盖范围要广，既要有通俗文学，又要包含纯文学作品，借助通俗文学作品开拓读者，扩大影响的广度，纯文学或者"严肃文学"作品则负责树立中国当代文学的口碑和艺术性。从具体主题上看，由于中国文学目前绝大多数依然以农村题材为主，此类作品译介的也相应较多，但这类作品距离德语世界普通人的生活经验太过遥远，因而难以产生感同身受的共鸣。在译介选题上可以适当增加反映中国城市，尤其是大城市普通人生活的作品比例。②

从作品的语言风格特点来看，一如前文个案分析所显示的那样，取得成功的译作都呈现出语言简约、情感含蓄、文化专有因素数量适中的特点。因此，在译介选题上同样要注意到作品的语言风格特点。

---

① 胡安江：《中国文学"走出去"：问题与思考》，《中国翻译》2017年第5期。

② 翻译家高立希认为译介到德语中的中国当代小说作品中虽然包括一些描写中国都市生活的作品，但多是涉及知识分子阶层的生活反思，对于德语读者并无太多新意，因为德语文学自身就已经包含太多此类作品。具体参见 Ulrich, K.: "Einfach nur Übersetzen geht nicht"，载：http://www.cicero.de/salon/einfach-nur-uebersetzen-geht-nicht/44850。此外，从本书选取的三个时期的成功个案来看，这三部作品在内容上无一例外反映的是都市普通人的日常生活。

（2）译者的本地化。根据前文的分析结论，以母语者为主的合作翻译或母语者独立翻译的译本能够取得更好的译介效果。有鉴于此，积极同德语地区的母语译者，尤其与知名译者加强联系就显得非常必要。

（3）出版的本地化。德语地区的出版社，尤其知名出版社拥有地利、人和的优势，并且与母语译者一样拥有所谓的"自己人"身份，因而在德语地区的知名度、影响力以及受认可度上都是国内出版社难以企及的。前文所选取的中国当代小说的成功译本无一不是出自德语地区的知名出版社。因此，同样可以用翻译或出版资助的方式来加强同德语地区出版社的合作，借助他们来推出中国当代文学作品。

（4）作品宣传的本地化。译本上市之后的营销和宣传是出版行业的惯例。但由于中国当代文学在德国市场的表现乏力，德语出版社不愿投入过高成本进行推介，往往只是将新书寄给一些大的媒体，很少会邀请作家本人到德国做宣传。这个环节无疑需要国内的合作出版机构来弥补，因为市场营销对于作品最终的接受效果同样重要。最近几年，中国当代文学的外推活动在作品营销上也开始出现新的积极发展，例如王刚、麦家、刘慈欣、刘震云等作家作品的外推就已经把作家本人也纳入推介活动中去。在作品的德译本出版后，这些作家和译者一道在德国各地举办媒体见面会和朗诵会，取得了极佳的推介效果。这种推介活动一方面拉近了作家与德语读者的距离；另一方面，这种面对面的交流也能够在一定范围内避免和改变德语读者对于中国当代文学的固有观念和片面解读。

（5）翻译和出版资助的本地化。在德国，翻译是一个报酬极低的行业，译者很少能够以此为生。虽然 1998 年"德国翻译基金"得以创立，部分译者可以从外交部和内务部获得资助，但整个行业的现状并无太大改变。① 并且对于出版社来讲，出版中国当代小说不是一个可以获得丰厚利润的事业。对于更为看重市场前景的商业出版社来讲，这无疑会极大影响他们出版中国当代文学作品的积极性。在这种情况下，对于译者和出版社

---

① 参见西格丽德·法格特《翻译工作和译者在德国》，高年生译，载《中国翻译》2000 年第 3 期。

的资助就显得必不可少。而资助的本地化则会更为直接地提高译者和出版社的积极性。因而，中国方面可以依托推介中国文学的第三方平台或者德国翻译文学协会等当地机构，对翻译出版优秀中国当代文学作品的译者和出版社给予经济支持，从而逐步改变中国当代小说作品德译缺乏系统性和持续性的局面，为作家积累名气，开拓读者群体。

综合来看，中国文学德译不是一项一蹴而就的事业，要以长远眼光理性看待当下的种种不足与问题。一味逢迎固然不必，有所取舍却是必须，急功近利虽不可取，放任自流亦无裨益。人们要用宏观视野看待中国文学外译活动，把握好各个环节；科学、细致地开展译介活动；加强合作，建立平台，在逐步培养目的语读者的基础上推动中国文学"走出去"。一如学者王建斌所言："一个国家的文学、文化在异文化中的推广应该像春雨一样，应着季节的轮回，轻轻流淌，润物无声。"①

---

① 王建斌：《序》，载《超越时空的对话——现代语境下的中德文学翻译》，外语教学与研究出版社，2017，第 v 页。

附录一 1978~2017 年中国当代小说德译本出版书目①

中文书名	德文书名	作者	译者	出版社	出版年	备注
《海岛女民兵》	*Milizionärinnen auf einer Insel*	黎汝清	不详	Verlag für fremd-spra-chige Literatur（外文出版社）	1978	
《北京最寒冷的冬天》	*Der kälteste Winter in Peking*（转译自英文版）	夏之炎	Liang-lao Dee	Ullstein	1979	
《暴风骤雨》	*Orkan*	周立波	Wolfgang Müncke/Yang Enlin	Verlag für fremd-spra-chige Literatur	1979	
《期盼春天：中国现代短篇小说》第二卷 1949–1979	*Hoffnung auf Frühling. Moderne chinesische Erzählungen. Zweiter Band 1949–1979*	艾芜/方纪/李准/刘心武/李陀/北岛/师陀/秦兆阳/王蒙/王汶石/西戎/王亚平/赵树理/周立波	Roderich Ptak/M-artin Krott/Gud-run Hagen/Petra Großholtforth/Renate Krieg/Ruth Keen u. a.	Suhrkamp	1980	

---

① 极个别小说作品因为年代久远无法通过其德译本名称以及其他渠道确定原作名称，以"不详"代之。另有一些作品原作并非用汉语写就，也并未译介到中文中，并且也没有通行的中文译名。作者以"暂无中译名"加以注明。而文集类作品译名为本书作者添加。此外，个别作品并未明确注明译者，在这种情况下，同样以"不详"代之。备注里的"重"指再版的译本。

中国当代小说在德语国家的译介研究（1978~2017）

续表

中文书名	德文书名	作者	译者	出版社	出版年	备注
《翡翠：中国小小说 1977 -1979》	*Der Jadefelsen. Chinesische Kurzgeschichten 1977-1979.*	陈国凯/蒋子龙/刘心武/卢新华/王亚平等	Jochen Noth	Sendler Verlag	1981	
《爱的权利：关于一个重获发现的话题的三篇中国短篇小说》	*Das Recht auf Liebe. Drei chinesische Erzählungen zu einem wiederentdeckten Thema.*	张洁/张抗抗	Claudia Magiera	Simon& Magiera	1982	
《中华人民共和国的文学与政治》	*Literatur und Politik in der Volksrepublik China*	刘宾雁/蒋子龙/茹志鹃/沙叶新/王蒙等	Rudolf G. Wagner/Thom-as Harnisch	Suhrkamp	1983	
《天云山传奇》	*Die wunderbare Geschichte des Himmel-Wolken-Berges*	鲁彦周	Eike Zschacke	Lamuv Verlag	1983	
《花轿泪》	*Die Sänfte der Tränen* （转译自法文版）	周勤丽	Claudia Stadler	Ullstein	1983	
《佛珠》	*Die Perlen des Buddha* （转译自法文版）	周勤丽	Renate Orth-Guttmann	Ullstein	1983	
《青春之歌》	*Das Lied der Jugend*	杨沫	Alexander Sichro-vsky/An-ne-marie Ma	Verlag für fremd-spra-chige Litera-tur	1983	
《中国科幻小说》	*Science Fiction aus China.*	顾均正/童恩正/王晓达/魏雅华/肖建亨/叶永烈等	Bettina Proksch/Christ-a Höger/Charlott-e Dun-sing/Helm-ut Martin/Günter Bittner/Sabine Peschel/Martin Krott/Wolf Baus	Goldman-n	1984	

续表

中文书名	德文书名	作者	译者	出版社	出版年	备注
《风筝飘带：来自中国的故事》	*Die Drachenschnur. Geschichten aus dem chinesischen Alltag.*	陈国凯/高尔泰/高晓声/刘心武/王蒙	Helmut Forster-Latsch/Marie-Luise Latsch/Zhao Zhenquan/Andreas Donath/Eike Zschacke/Rupprecht Mayer	Ullstein	1984	
《探索：16 位中国小说家》	*Erkundungen. 16 chinesische Erzähler.*	冰心/邓友梅/陈国凯/高晓声/李准/玛拉沁呼/陆文夫/莫应丰/欧阳山/茹志鹃/谌容/王安忆/王蒙/汪曾祺/张弦	Gabriele Jordan/Eva Müller/Klaus Kaden/Ulrich Kautz/Hannelore Salzmann/Ilse Karl/Irma Peters u. a.	Volk und Welt	1984	
短篇小说集《道路》	*Wege. Erzählungen.*	王安忆	Andrea Döteberg/Jan Väth/Eike Zschacke	Engelhard-t-Ng Verlag	1985	
《一个冬天的童话》	*Ein Wintermärchen*	遇罗锦	Michael Nerlich	Engelhard-t-Ng Verlag	1985	
《沉重的翅膀》	*Schwere Flügel*	张洁	Michael Kahn-Ackermann	Hanser	1985	
《方舟》	*Die Arche*	张洁	Nelly Ma/Michael Kahn-Ackermann	Verlag Frauenoff-en-sive	1985	
《天云山传奇》	*Die wunderbare Geschichte des Himmel-Wolken-Berges*	鲁彦周	Eike Zschacke	Volk und Welt	1985	重

中国当代小说在德语国家的译介研究 （1978～2017）

中文书名	德文书名	作者	译者	出版社	出版年	备注
《中国讽刺小说集：流言》	*Kleines Gerede. Satiren aus der Volksrepublik China.*	王蒙/中杰英/从维熙等	Rupprecht Mayer/ Monika Motsch/ Friedhelm Denninghaus/Tienchi Martin-Liao/Roderich Ptak/ Harald Richter	Diederich-s	1985	
《芙蓉镇》	*Hibiskus oder vom Wandel der Beständigkeit* （转译自英文版）	古华	Peter Kleinhempel	Volk und Welt	1985	
《在寒夜中哭泣：中国当代小说集》	*Das Weinen in der kalten Nacht. Zeitgenössische Erzählungen aus China.*	赵本夫/迟松年/陈国凯/高晓声/京夫/乔典运等	Eike Zschacke	Lamuv	1985	
《动乱之后：文革后的中国短篇小说与诗歌》	*Nach den Wirren. Erzählungen und Gedichte aus der Volksrepublik China nach der Kulturrevolution.*	冯骥才/贾平凹/刘心武/孟伟哉/谌容/苏叔阳/王蒙等	Heidrun Schulz/ Konrad Wegmann/Wolfgang Ommerborn/Wolf Baus u. a.	RWAG Dienste und Verlag GmbH	1985	
《人啊，人》	*Die große Mauer*	戴厚英	Monika Bessert/ Renate Stephan-Bahle	Hanser	1985	
《啊》	*Ach*	冯骥才	Dorothea Wippermann	Diederich-s	1985	
《中国七位当代女作家》	*Sieben chinesische Schriftstellerinnen der Gegenwart*	黄宗英/茹志鹃/王安忆/张抗抗/张洁等	Jeanette Werning/Waltraut Bauersachs u. a.	Verlag für fremdspra-chige Literatur	1985	
《中国女作家》	*Frauen in China. Erzählungen.*	黄宗英/茹志鹃/王安忆/张抗抗/宗璞/张洁	Helmut Hetzel	dtv	1986	

中文书名	德文书名	作者	译者	出版社	出版年	备注
《在同一地平线上》	Am gleichen Horizont	张辛欣	Marie-Luise Beppler-Lie	Engelhard-t-Ng	1986	
《我们这个年纪的梦》	Traum unserer Generation	张辛欣	Goatkoei Lang-Tan	Engelhard-t-Ng	1986	
《北京人》	Pekingmenschen	张辛欣/桑晔	Barbara Ascher/Isa Grüber/Monika Motsch/Florian Reissinger u. a.	Diederich-s	1986	
《芙蓉镇》	Hibiskus oder vom Wandel der Beständigkeit（英文版转译）	古华	Peter Kleinhempel	Volk und Welt	1986	重
《沉重的翅膀》	Schwere Flügel	张洁	Michael Kahn-Ackermann	Aufbau	1986	重
《一座雕像的诞生》	Geburt einer Statue	孟伟哉	Hugo-Michael Sum	Verlag für fremdspra-chige Literatur	1986	
《北京人》	Eine Welt voller Farben. 22 chinesische Portrats.	张辛欣/桑晔	Ines Gründel/Petra John/Marianne Liebermann/E-va Müller/Reiner Müller	Aufbau	1987	
《人道主义的幽灵》	Das Gespenst des Humanismus. Oppositionelle Texte aus China von 1979 bis 1987.	王若望/刘宾雁/魏京生/北岛/白桦等	Lutz Bieg/I. Wiesel/Wolfgang Kubin/Eva Klapproth/Helmut Forster-Latsch/Marie-Luise Latsch	Sendler	1987	
《方舟》	Die Arche	张洁	Nelly Ma/Michael Kahn-Ackermann	Verlag Frauenoffe-nsive	1987	重

续表

中文书名	德文书名	作者	译者	出版社	出版年	备注
《爱情短篇》	*Liebes-Erzählungen*	张洁	Claudia Magiera/ Gerd Simon	Simon&Magiera	1987	
《何必当初：讽刺小说集》	*Solange nichts passiert, geschieht auch nichts. Satiren*	张洁	Michael Kahn-Ackermann	Hanser	1987	
《沉重的翅膀》	*Schwere Flügel*	张洁	Michael Kahn-Ackermann	dtv	1987	重
《湖畔梦痕》	*Traumspuren*	赵淑侠	Heiner Klinge	Kai Yeh Verlag	1987	
《人啊，人》	*Die große Mauer*	戴厚英	Monika Bessert/ Renate Stephan-Bahle	Hanser	1987	重
《蒲柳人家》	*Die Leute bei den Kätzchenweiden*	刘绍棠	Ursula Richter	Verlag für fremd-spra-chige Litera-tur	1987	
《小二黑结婚：二十世纪中国短篇小说》	*Die Eheschließung. Chinesische Erzählungen des 20. Jahrhunderts.*	鲁迅/茅盾/老舍/王蒙/叶圣陶/赵树理/巴金/	Sylvia Nagel/Johanna Hertzfeld/ Fritz Gruner/ Irma Peters	Aufbau	1988	
《陈奂生故事集》	*Geschichten von Chen Huansheng*	高晓声	Eike Zschacke	Lamuv Verlag	1988	
《晚霞消失的时候》	*Zur Stunde des verblassenden Abendrots*	礼平	Marianne Fronhofer/Birgit Voigtländer	Herder	1988	
《大云山传奇》	*Die wunderbare Geschichte des Himmel-Wolken-Berges*	鲁彦周	Eike Zschacke	Lamuv Verlag	1988	重
《蝴蝶》	*Ein Schmetterlingstraum*	王蒙	Irmtraud Fessen-Henjes/Gabriel-e Jordan/Ilse Karl/ Ulrich Kautz/Susanne Kölpin/ Irma Peters/ Gunnar Richter/ Hanne-lore Salzmann	Aufbau	1988	

续表

中文书名	德文书名	作者	译者	出版社	出版年	备注
《锦绣谷之恋》《荒山之恋》	*Kleine Lieben. Zwei Erzählungen.*	王安忆	Karin Hasselblatt	Hanser	1988	
《翡翠戒指》短篇小说集	*Der Jadering. Erzählungen.*	赵淑侠	Heiner Klinge	Adonia Verlag	1988	
《啊》	*Ach*	冯骥才	Dorothea Wippermann	Volk und Welt	1989	重
《炸裂的坟墓：中国短篇小说》	*Das gesprengte Grab. Erzählungen aus China.*	冯骥才/李杭育/陆文夫/王蒙/王浙滨/张弦	Ernst Schwarz	Verlag NeuesLeben	1989	
《花园街 5 号》	*Gartenstraße 5*	李国文	Marianne Liebermann	Aufbau	1989	
《说客盈门及其他》	*Lauter Fürsprecher und andere Geschichten*	王蒙	Sun Junhua/Inse Cornelssen/Helmut Martin/Hillgriet Hillers	Brockme-yer	1989	
《男人的一半是女人》	*Die Hälfte des Mannes ist die Frau*	张贤亮	Petra Retzlaff	Limes Verlag	1989	
《北京人》	*Pekingmenschen*	张辛欣/桑晔	Barbara Ascher/Isa Grüber/Monika Motsch u. a.	dtv	1989	
《烟壶》	*Das Schnupftabakfläschchen*	邓友梅	GünterAppoldt u. a.	Verlag fürfremdspra-chige Literatur	1990	
《烟壶》《那五》	*Phönixkinder und Drachenenkel. Bilder aus dem alten Peking.*	邓友梅	Ulrich Kautz	Aufbau	1990	
《男人的一半是女人》	*Die Hälfte des Mannes ist Frau*	张贤亮	Konrad Herrmann	VerlagNeues Leben	1990	
《中国短篇小说集》	*Chinesische Erzählungen. Herausgegeben von Andrea Wörle.*	鲁迅/巴金/沈从文/王蒙/王安忆/张洁/张辛欣等	Michael Kahn-Ackermann/Florian Reissinger/Eik-e Zschacke u. a.	dtv	1990	

中国当代小说在德语国家的译介研究（1978~2017）

中文书名	德文书名	作者	译者	出版社	出版年	备注
《中国讲述：14篇短篇小说》	*China erzählt. 14 Erzählungen. Ausgewählt und mit einer Nachbemerkung von Andreas Donath*	巴金/北岛/残雪/丁玲/老舍/刘宾雁/鲁迅/茅盾/莫应丰/沈从文等	Wolf Baus/Andreas Donath/Diana Donath u. a.	Fischer	1990	
《波动》	*Gezeiten. Ein Roman über Chinas verlorene Generation.*	北岛	Irmgard E. . A. Wiesel	Fischer	1990	
不详	*Der Mann im Käfig. China, wiees wirklich ist.*	多多	Bi-He und La-Mu	Herder	1990	
《苏州缩影：作家陆文夫生平与作品》	*Suzhouer Miniaturen: Leben und Werk des Schriftstellers Lu Wenfu*	Stefan Hase-Bergen	Stefan Hase-Bergen	Brockmey-er	1990	
《中国故事集》	*Chinesische Geschichten. Heraus-gegeben von Jutta Freund*	北岛/鲁迅/巴金/王蒙/张洁/沈从文等	MarianneBretschneider/Andreas Donath/Lena Frender u. a.	Heyne	1990	
《绿化树》	*Die Pionierbäume*	张贤亮	Beatrice Breitenmoser	Brockmey-er	1990	
《木箱深处的紫绸花服》	*Die gemusterte Jacke aus violetter Seide in den Tiefen der Holztruhe*	王蒙	Ursula Richter/Chen Hanli/Zhao Rongheng/Bettina Schröder/Dagmar Altenhofen/Ursula Ebell/Stefan Hase-Bergen u. a.	Verlag für fremdspra-chige Literatur	1990	
《短篇小说集：神鞭》	*Der wundersame Zopf. Erzählungen.*	冯骥才	Monika Katzenschlager/Frieder Kern	Verlag für fremdspra-chige Literatur	1991	

196

中文书名	德文书名	作者	译者	出版社	出版年	备注
《扯皮处的解散：现代中国作家作品》	*Die Auflösung der Abteilung für Haarspalterei. Texte moderner chinesischer Autoren.*	柏杨/北岛/残雪/巴金/陈若曦/白先勇/古华/冯骥才/韩少功/刘宾雁等	Cordula Gumbrecht/Kornelia Roßkothen/Marion Eggert/Wolf Baus/Heidrun Schulz u. a.	Rowohlt	1991	
《美食家》	*Der Gourmet*	陆文夫	Stefan Hase-Bergen	Brockmey-er	1992	
《妻妾成群》	*Die rote Laterne*	苏童	Stefan Linster	Goldman-n	1992	
《幸福大街 13 号》	*Glücksgasse 13*	北岛	不详	Brockmey-er	1992	
《感谢生活》	*Leben, Leben, Leben! Ein Mann, ein Hund und Mao Zedong.*	冯骥才	Karin Hasselblatt	Sauerländ-er	1993	
《美食家》	*Der Gourmet. Leben und Leidenschaft eines chinesischen Feinschmeckers.*	陆文夫	Ulrich Kautz	Diogenes	1993	
《红高粱家族》	*Das rote Kornfeld.*	莫言	Peter Weber-Schäfer	Rowohlt	1993	
《高个女人和她的矮丈夫》	*Die lange Dünne und ihr kleiner Mann*	冯骥才	Hannelore Salzmann	Projekt Verlag	1994	
《三寸金莲》	*Drei Zoll goldener Lotus*	冯骥才	Karin Hasselblatt	Herder	1994	
《假婚》	*Trügerische Heirat. Erzählungen vom Lande.*	李锐	Norbert Beißel/Marion Eggert/Barbara Frisch u. a.	Projekt Verlag	1994	
《活动变人形》	*Rare Gabe Torheit.*	王蒙	Ulrich Kautz	Verlag Im Waldgut	1994	
《习惯死亡》	*Gewohnt zu sterben*	张贤亮	Rainer Schwarz	Edition q	1994	
《英儿》	*Ying'er. The Kingdom of Daughters*	顾城/谢烨	Li Xia	Projekt Verlag	1995	

中国当代小说在德语国家的译介研究（1978~2017）

中文书名	德文书名	作者	译者	出版社	出版年	备注
《一个女孩》	*Neun Leben. Eine Kindheit in Shanghai*	陈丹燕	Barbara Wang	Nagel&Ki-mche	1995	
《玩的就是心跳》	*Herzklopfen heißt das Spiel*	王朔	Sabine Peschel/ Wang Ding/Edgar Wang	Diogenes	1995	
《树王》《孩子王》《棋王》	*Baumkönig-Kinderkönig-Schachkönig. Erzählungen aus China.*	阿城	Marianne Liebermann/Folke Peil/Anja Gleboff	Projekt Verlag	1996	
《天堂里的对话》	*Dialoge im Paradies. Erzählungen aus der Volksrepublik.*	残雪	Wolf Baus	Projekt Verlag	1996	
《战神关公：50年来的中国乡村故事》	*Kriegsgott Guangong. Chinesische Dorfgeschichten aus fünf Jahrzehnten.*	王刚/王蓬/王拓/王志刚/吴若增/杨青矗/张枚同/张石山等	Thomas Zimmer	Projekt Verlag	1996	
《混在北京》	*Verloren in Peking*	黑马	Gerlinde Gild/ Karin Vähning	Eichborn	1996	
《红粉》	*Rouge. Frauenbilder des chinesischen Autors Su Tong.*（含苏童小说《红粉》*Rouge*）	Susanne Baumann	Susanne Baumann	Projekt Verlag	1996	
不详	*Schöne dritte Schwester-Übersetzungen.*	Helmut Martin	Helmut Martin	Projekt Verlag	1996	
《我们的歌 I》	*Unser Lied*（*I*）	赵淑侠	Michael Ruhland	Kai Yeh Verlag	1996	
《银饰》	*Der Fluch des Silbers*	周大新	Karin Bode/Zhou Kejun/Zhong Yingjie	Verlag Chinesische Literatur（Panda-Bücher）	1996	

198

续表

中文书名	德文书名	作者	译者	出版社	出版年	备注
《系在皮绳结上的魂：西藏小说家》	*An den Lederriemen geknotete Seele. Erzähler aus Tibet. Tashi Dawa, Alai, Sebo.*	扎西达娃/阿来/色波	Alice Grünfelder /Beate Rusch	Unionsver-lag	1997	
《返乡：短篇小说集》	*Heimkehr. Erzählungen.*	多多	Irmtraud Fessen-Henjes	Akademie Schloss Solitude	1997	
《背叛之夏》	*Der verratene Sommer*	虹影	Stephanie Song	Krüger	1997	
《台湾制造》	*Made in Taiwan. Thriller.*（译自英文版）	Irene Lin-Chandler	Brigitta Merschmann	Eichborn	1997	
《天堂蒜薹之歌》	*Die Knoblauchrevolte*	莫言	Andreas Donath	Rowohlt	1997	
《枯河》	*Trockener Fluss*	莫言	Susanne Hornfeck u. a.	Projekt Verlag	1997	
《米尼》	*Zwischen Ufern*	王安忆	Silvia Kesselhut	Edition q	1997	
《荷花戏台》	*Das Seerosenspiel*（译自荷兰语版）	王露露	Marlene Müller-Haas	List	1997	
《顽主》	*Oberchaoten*	王朔	Ulrich Kautz	Diogenes	1997	
《阁楼上下》	*Lange Schatten. Aus dem Leben des Sohnes eines chinesischen Gutsbesitzers.*（译自英文版）	曹冠龙	Henning Ahrens	Residenz-Verlag	1998	
《天堂蒜薹之歌》	*Die Knoblauchrevolt. Taschenbuchausgabe*	莫言	Andreas Donath	Rowohlt	1998	重
《米》	*Reis*	苏童	Peter Weber-Schäfer	Rowohlt	1998	
《罂粟之家》	*Die Opiumfamilie*	苏童	Peter Weber-Schäfer	Rowohlt	1998	
《活着》	*Leben!*	余华	Ulrich Kautz	Klett-Cotta	1998	

中国当代小说在德语国家的译介研究（1978～2017）

中文书名	德文书名	作者	译者	出版社	出版年	备注
《孽缘千里》	*Das Klassentreffeno-der Tausend Meilen Mühsal.*	黑马	Karin Hasselblatt	Eichborn	1999	
《饥饿的女儿》	*Tochter des Gelben-Flusses*	虹影	StephanieSong	Krüger	1999	
《旧址》	*Die Salzstadt*	李锐	Peter Weber-Schäfer	Rowohlt	1999	
《当代东方作家》	*Orientalische Erzähler der Gegenwart. Vorträge und Übersetzungen der Mainzer Ringvorlesung im Sommersemester 1998*	王蒙/汪曾祺	Helmut Martin	Harrasso-witz	1999	
《幸福的颜色》	*Die Farbe des Glücks* （译自法文版）	魏巍	Isabell Lorenz	Rowohlt	1999	
《在海上》	*Auf dem Meer. Erzählungen.*	高行健	Natascha Vitting-hoff	Fischer	2000	
《等待》	*Warten* （译自英文版）	哈金	Susanne Horn-feck	dtv	2000	
《背叛之夏》	*Der verratene Sommer.*	虹影	Stephanie Song	Fischer	2000	重
《啦啦啦》	*La la la*	棉棉	Karin Hasselblatt	Kiepenheuer & Witsch	2000	
《许三观卖血记》	*Der Mann, der sein Blut verkaufte.*	余华	Ulrich Kautz	Klett-Cotta	2000	
《巴尔扎克与小裁缝》	*Balzac und die kleine chinesische Schneiderin* （译自法文版）	戴思杰	Giò Waeckerlin Induni	Piper	2001	
人间烟火——德国之声文学大奖优秀作品文集	*Das irdische Dasein-Deutsche Welle Literaturpreis China.*	崔子恩/王振军/水土/熊明国等	EvaMüller u. a.	Deutsche Welle 外语教学与研究出版社	2001	

续表

中文书名	德文书名	作者	译者	出版社	出版年	备注
《灵山》	*Der Berg der Seele*	高行健	Helmut Forster-Latsch/Marie-Luise Latsch	Fischer	2001	
《灵山》	*Der Berg der Seele. Nobelpreis für Literatur* 2000（诺贝尔文学奖版）	高行健	不详	Coron-Verlag	2001	
《池塘》	*Im Teich*（译自英文版）	哈金	Susanne Hornfeck	dtv	2001	
《斋苏府秘闻》	*Das Geheimnis des Hauses Tesur*	斋林·旺多	Diethelm Hofstra	Horleman-n	2001	
《上海宝贝》	*Shanghai Baby*	卫慧	KarinHasselblatt	Ullstein	2001	
《如此一生》	*Ach, was für ein Leben!: Schicksal eines chinesischen Intelektuellen*	周纯	无	Abera-Verlag	2001	
《党的女儿》	*Tochter der Partei*	周纯	无	Abera-Verlag	2002	
暂无中译名	*Die Mordversionen. Kriminalroman.*	Chu Wen-huei	无	Octavo Press	2002	
《高先生的灵魂漫游》	*Die Seelenwanderung des Herrn Gao. Das literarische Werk des Gao Xingjian.*	高行健	Wolfgang Wiesner	Wiesner	2002	
《新郎》短篇小说集	*Ein schlechter Scherz. 12 Erzählungen.*（译自英文版）	哈金	Susanne Hornfeck	dtv	2002	
《成为毛夫人》	*Madame Mao*	闵安琪	Barbara Heller	Scherz	2002	
《酒国》	*Die Schnapsstadt*	莫言	PeterWeber-Schäfer	Rowohlt	2002	
《围棋少女》	*Die Go-Spielerin*（译自法文版）	山飒	Elsbeth Ranke	Piper	2002	
暂无中译名	*Lili*（译自英文版）	Wang Annie	Margarete Längsfeld	Blessing	2002	

中国当代小说在德语国家的译介研究（1978～2017）

续表

中文书名	德文书名	作者	译者	出版社	出版年	备注
《上海宝贝》	*Shanghai Baby. Taschenbuchausgab-e.*	卫慧	Karin Hasselblatt	Ullstein	2002	重
《上海宝贝》	*Shanghai Baby. Hörspiel*	卫慧	Karin Hasselblatt	Ullstein	2002	
《森林骄子》	*Uralt wie die Abenddämmerung. Zwei Erzählungen, zwei Schamanen.*	乌热尔图	Marie Luise Latsch/Helmut Forster-Latsch	Verlag Im Waldgut	2002	
暂无中译名	*Die Tempelglocken von Shanghai*	Hong Liyuan	无	Nymphen-burger Verlagsan-stalt	2002	
《活在当下：中国最新短篇小说集》	*Das Leben ist jetzt. Neue Erzählungen aus China.*	毕飞宇/韩冬/黄凡/李大卫/安妮宝贝/赵凝	Frank Meinshaus-en	Suhrkamp	2003	
《他者眼中的他者：以图文穿越中国》	*Das Fremde im Auge des Fremden. Reise in Texten und Fotografien durch China. Herausgeben von Margrit Manz.*	曹元勇/陈丹燕/丁丽英/胡续冬/黄灿然/梁秉钧等	Raffael Keller/Wolfgang Kubin u. a.	Literaturh-aus	2003	
《红英之死》	*Tod einer roten Heldin*	裘小龙	Holger Fliessbach	Zsolnay	2003	
《1991—1992年的中国政治文学》	*Politische Literatur in China 1991 – 1992.*（其中译介了王蒙的短篇小说《坚硬的稀粥》*Zäher Brei*）	Martin Woe-sler	Martin Woesler	Europäischer Universitätsverlag	2003	
《尘埃落定》	*Roter Mohn*	阿来	Karin Hasselblatt	Unionsve-rlag	2004	
《漂泊勇士》	*Meister Atami und der kleine Mönch*（译自英文版）	陈达	Suanne Hornfeck	Piper	2004	

中文书名	德文书名	作者	译者	出版社	出版年	备注
《狄先生的情结》或《释梦人》	Muo und Der Pirol im Käfig（译自法文版）	戴思杰	Giò Waeckerlin Induni	Piper	2004	
《一个人的圣经》	Das Buch eines ein-samen Menschen	高行健	Natascha Vitting-hoff	Fischer	2004	
《疯狂》	Verrückt（译自英文版）	哈金	Susanne Horn-feck	dtv	2004	
《等待》	Warten（译自英文版）	哈金	Susanne Horn-feck	dtv	2004	重
《K》	Die chinesische Ge-liebte.	虹影	Martin Winter	Aufbau	2004	
《喜马拉雅：人与传说》	Himalaya-Menschen und Mythen	金志国/马原	Alice Grünfelder	Unionsve-rlag	2004	
《你的黑夜我的白天》	Deine Nacht，mein Tag	棉棉	Karin Hasselblatt	Kippenheuer & Wits-ch	2004	
《狂热者》	Wilder Ingwer（译自英文版）	闵安琪	Helga Augustin	Knaur	2004	
《忠字舞者》	Die Frau mit dem ro-ten Herzen（译自英文版）	裘小龙	Susanne Hornfeck	Zsolnay	2004	
《红英之死》	Tod einer roten Hel-din. Ungekürzte Ausg.	裘小龙	Holger Fliessbach	dtv	2004	
《红英之死》	Tod einer roten Hel-din. Hörspiel.	裘小龙	Holger Fliessbach	dtv	2004	
《围棋少女》	Die Go-Spielerin. Taschenbuchausgabe.	山飒	Elsbeth Ranke	Piper	2004	重
《剩下的都属于你》	Und alles，was bleibt，ist für dich.	徐星	Irmy Schweige-ru. a.	SchirmerGraf	2004	
《我心中的石头镇》	Stadt der Steine（译自英文版）	郭小橹	AnneRademacher	Knaus	2005	

中国当代小说在德语国家的译介研究（1978~2017）

续表

中文书名	德文书名	作者	译者	出版社	出版年	备注
《战争垃圾》	*Kriegspack*（译自英文版）	哈金	Susanne Hornfeck	dtv	2005	
《背叛之夏》	*Der chinesische Sommer*	虹影	Karin Hasselblatt	Aufbau	2005	
《K》	*Die chinesische Geliebte*	虹影	Martin Winter	Aufbau	2005	重
《孔雀的叫喊》	*Der Pfau weint.*	虹影	Karin Hasselblatt	Aufbau	2005	
《大都市之外的中国：刘继明、刘庆邦、张炜小小说及随笔》	*China abseits der Großstädte. Kurzgeschichten und Essays von Liu Jiming, Zhang Wei und Liu Qingbang.*	Thilo Diefenbach	Thilo Diefenbach	Europäischer Universitätsverlag	2005	
《你给我从五楼上滚下去》	*Du fliegst jetzt für meinen Sohn aus dem fünften Stock!*	罗令源	无	dtv	2005	
《兰贵人》	*Die letzte Kaiserin*（译自英文版）	闵安琪	Veronika Cordes	Krüger	2005	
《忠字舞者》	*Die Frau mit dem roten Herzen*（译自英文版）	裘小龙	Susanne Hornfeck	dtv	2005	重
《当红是黑的时候》	*Schwarz auf Rot*（译自英文版）	裘小龙	Susanne Hornfeck	Zsolnay	2005	
《女皇》	*Kaiserin*（译自法文版）	山飒	Elsbeth Ranke	Piper	2005	
暂无中译名	*Bitterer Tee*（译自法文版）	山飒	Elsbeth Ranke	Piper	2005	
《我的禅》	*Marrying Buddha*（主要转译自英文版）	卫慧	Susanne Hornfeck	Ullstein	2005	
《天葬》	*Himmelsbegräbnis. Ein Buch für Shu Wen.*（译自英文版）	薛欣然	Sigid Langhaeuser	Droemer	2005	

续表

中文书名	德文书名	作者	译者	出版社	出版年	备注
《中国好女人》	Verborgene Stimmen. ChinesischeFrauen erzählen ihr Schicksal.（译自英文版）	薛欣然	Sigid Langhaeuser	Knaur	2005	重
《许三观卖血记》	Der Mann，der sein Blut verkaufte.	余华	Ulrich Kautz	btb	2005	
暂无中译名	Summerlove. Erotische Geschichten.	虹影等	不详	Aufbau	2006	
《饥饿的女儿》	Tochter des großen Stromes. Roman meines Lebens.	虹影	Karin Hasselblatt	Aufbau	2006	
《碧奴》	Die Tränenfrau	苏童	Marc Hermann	Berlin-Verlag	2006	
暂无中译名	Peking Girls（译自英文版）	Wang Annie	Annette Hahn	Aufbau	2006	
《青衣》	Die Mondgöttin	毕飞宇	Marc Hermann	Blessing	2006	
《苦瓜》	Bittergurke. Roman der chinesischen Jugend unter dem roten Kaiser Mao.	陈鸣祥	无	Kolb	2006	
暂无中译名	Himmelstänzerin（译自法文版）	山飒	Elsbeth Ranke	Piper	2006	
《北京娃娃》	China-Girl	春树	Karin Hasselblatt	Goldman-n	2006	
《孔雀的叫喊》	Der Pfau weint. Taschenbuchausgabe.	虹影	Karin Hasselblatt	Aufbau	2007	重
《石榴树上结樱桃》	Der Granatapfelbaum，der Kirschen trägt.	李洱	Thekla Chabbi	dtv	2007	
《中国代表团》	Die chinesische Delegation	罗令源	无	dtv	2007	
《遗情书》	Mein intimes Tagebuch（译自法文版）	木子美	Isabell Lorenz	Aufbau	2007	
《当红是黑的时候》	Schwarz auf Rot（译自英文版）	裘小龙	Susanne Hornfeck	dtv	2007	重

中国当代小说在德语国家的译介研究 （1978～2017）

中文书名	德文书名	作者	译者	出版社	出版年	备注
《双城案》	*Rote Ratten*（译自英文版）	裘小龙	Susanne Hornfeck	Zsolnay	2007	
暂无中译名	*Septembermond*（译自英文版）	Wang Annie	Margarete Längsfeld	Aufbau	2007	
暂无中译名	*Die namenlosen Töchter*（译自英文版）	薛欣然	Michaela Grabinger	Droemer	2007	
《为人民服务》	*Dem Volke dienen*	阎连科	Ulrich Kautz	Ullstein	2007	
暂无中译名	*Rotes Land, Gelber Fluss. Eine Geschichte aus der chinesischen Kulturrevolution.*（译自英文版）	Zhang Ange	Friedbert Stöhnen	Hanser	2007	
《给我姥爷买鱼竿》	*Die Angel meines Großvaters*	高行健	Natascha Vittinghoff	Fischer	2008	
《恋人版中英词典》	*Kleines Wörterbuch für Liebende*（译自英文版）	郭小橹	Anne Rademacher	Knaus	2008	
《我要做个好孩子》	*Seidenraupenschule für Jin Ling*	黄蓓佳	Barbara Wang/ Hwang Yi-Chun	NordSüd Verlag	2008	
《狼图腾》	*Der Zorn der Wölfe*	姜戎	Karin Hasselblatt	Goldman-n	2008	
《夜游莱茵河》	*Nachtschwimmen im Rhein*	罗令源	Axel Kassing	dtv	2008	
《深圳之星》	*Die Sterne von Shenzhen*	罗令源	无	dtv	2008	
《最后的太后》	*Die Kaiserin auf dem Drachenthron*（译自英文版）	闵安琪	Helga Augustin	Krüger	2008	
《成都，今夜请将我遗忘》	*Chengdu, vergiss mich heut nacht.*	慕容雪村	Hans Peter Hoffmann u. a.	Zweitause-ndeins	2008	
《碧奴》	*Die Tränenfrau*	苏童	Marc Hermann	dtv	2008	重
暂无中译名	*Chinesen spielen kein Mao-Mao. Geschichten aus meinem Land.*	薛欣然	Sigrid Langhaeuser	Droemer	2008	

206

续表

中文书名	德文书名	作者	译者	出版社	出版年	备注
《文学之路——中德语言文学文化研究》第九卷	*Literaturstraße 9 = Literaturstraße. Chinesisch-deutsches Jahrbuch für Sprache, Literatur und Kultur. Band 9, 2008.*（含作家张悦然短篇小说译本 *Kleine Fehler*）	张悦然等	Zhang Yi	Königsha-usen und Neumann	2008	
《中国小小说：格拉长大及其他中国短篇小说》	*Kurzgeschichten aus China. Gela wird erwachsen und andere Erzählungen aus China. Zweisprachig Chinesisch-Deutsch.*	阿来/冯骥才/冯丽/莫言/叶兆言	Karin Hasselblatt/Katrin Buchta	Chinaboo-ks E. Wolf	2009	
《遥远的温泉》	*Ferne Quellen*	阿来	Marc Hermann	Unionsve-rlag	2009	
《生活在别处：中国日常故事》	*Leben andernorts. Geschichten aus dem chinesischen Alltag.*	韩寒/侯德云/李海洋/苏童/曾平等	Mareike Ohlberg/Alexander Lange/Lena Hermingsen	Projekt Verlag	2009	
不详	*Der rote Spatz. Eine Fabel aus dem modernen China über die verhängnisvollen Konsequenzen der Macht.*	白桦	Claudia Wiesner	Verlag Die Waage	2009	
《白色的贝壳》	*Die weiße Pagode und andere Erzählungen*	程玮	程玮/Bernd Liebner	Iskopress	2009	
《在路上：文学与当代中国》	*Unterwegs. Literatur-Gegenwart China.*	范小青/黄土路/金仁顺/李师江/鲁敏/潘向黎/田耳/徐则臣/叶弥等	Ulrich Kautz/Karin Hasselblatt/Johannes Fiederling/Irm-y Schweiger u. a.	DIX	2009	

中文书名	德文书名	作者	译者	出版社	出版年	备注
《20世纪中国小说杰作：从郭沫若到张洁》	Meisterwerke chinesischer Erzählkunst des 20. Jahrhunderts. Von Guo Moruo bis Zhang Jie.	方纪/黑马/林淑华/王蒙/张洁/张抗抗等	Alexander Saechtig	Weimarer Schiller-Presse	2009	
《所谓先生》	Ein vermeintlicher Herr	冯丽（皮皮）	Ulrich Kautz	Ostasien Verlag	2009	
《不想长大》	Der Duft der Kindheit. Erzählung von Feng Li.	冯丽（皮皮）	Dorothee Schaab-Hanke	Ostasien Verlag	2009	
《她眼中的UFO》	Ein Ufo, dachte sie.（译自英文版）	郭小橹	Anne Rademacher	Knaus	2009	
《新红楼梦：中国现代短篇小说集》	Neue Träume aus der Roten Kammer. Moderne chinesische Erzählungen.	郭小橹/哈金/李大卫/李洱/李翊云/罗令源/盛可以等	Anne Rademacher/Susanne Hornfeck/Frank Meinshausen u. a.	dtv	2009	
《自由生活》	Ein freies Leben（译自英文版）	哈金	Sonja Hauser/Susanne Hornfeck	Ullstein	2009	
《上海王》	Die Konkubine von Shanghai	虹影	Claudia Kaiser	Aufbau	2009	
《太白山记》	Geschichten vom Taibai-Berg	贾平凹	Andrea Riemenschnitter	LIT Verlag	2009	
《卡通猫的美国梦》	Love, Revolution und wie Kater Haohao nach Hollywood kam.	李大卫	Anne Rademacher	Knaus	2009	
暂无中译名	Die Sterblichen（译自英文版）	李翊云	Anette Grube	Hanser	2009	
《苍河白日梦》	Bekenntnisse einesHundertjährigen.	刘恒	Ingrid Müller/Zhang Rui	Hanser	2009	
《我叫刘跃进》	Taschendiebe	刘震云	Marc Hermann	DIX	2009	

续表

中文书名	德文书名	作者	译者	出版社	出版年	备注
《留洋肚子静悄悄》	*Wie eine Chinesin schwanger wird.*	罗令源	无	dtv	2009	
《非法流浪》	*Red Dust. Drei Jahre unterwegs durch China.*（译自英文版）	马建	Barbara Heller	SchirmerGraf Verlag	2009	
《肉之土》或《北京植物人》	*Peking Koma*	马建	Susanne Hobel	Rowohlt	2009	
《熊猫》	*Panda Sex*	棉棉	Martin Woesler	Kippenheuer & Wits-ch	2009	
《檀香刑》	*Die Sandelholzstrafe. Roman*	莫言	Karin Betz	Insel Verlag	2009	
《生死疲劳》	*Der Überdruss*	莫言	Martina Hasse	Horleman-n	2009	
《红旗袍》	*Blut und rote Seide*（译自英文版）	裘小龙	Susanne Hornfeck	Zsolnay	2009	
《红尘岁月》	*Das Tor zur roten Gasse. Erzählungen.*（译自英文版）	裘小龙	Susanne Hornfeck/ Sonja Hauser	dtv	2009	
《见证中国——沉默一代的声音》	*Gerettete Worte. Reise zu Chinas verlorener Generation.*（译自英文版）	薛欣然	Michaela Grabin-ger	Droemer	2009	
《滴答》	*Dida*	徐璐	Anna Stecher/ Zhang Weiyi	Edition Raetia	2009	
《跑步穿过中关村》	*Im Laufschritt durch Peking*	徐则臣	Marc Hermann	Berliner Tasche-nb-uch Verlag	2009	
《丁庄梦》	*Der Traum meines Großvaters*	阎连科	Ulrich Kautz	Ullstein	2009	
《兄弟》	*Brüder*	余华	Ulrich Kautz	Fischer	2009	
《我爱美元》	*I love dollars und andere Geschichten aus China.*	朱文	Frank Meinshaus-en	A 1 Verlag	2009	
《自由生活》	*Ein freies Leben*（译自英文版）	哈金	Susanne Hornfeck u. a.	Ullstein	2010	重

中国当代小说在德语国家的译介研究（1978~2017）

中文书名	德文书名	作者	译者	出版社	出版年	备注
《文学之路——中德语言文学文化研究》第11卷	*Literaturstraße* 11 = *Literaturstraße. Chinesisch-deutsches-Jahrbuch für Sprache, Literatur und Kultur. Band* 11, 2010.（含铁凝的短篇小说《可爱女人》 Eine liebenswürdige Frau）	铁凝等	Huang Liaoyu	Königsha-usen und Neumann	2010	
《肉之土》或《北京植物人》	*Peking Koma. TB-Ausgabe*	马建	Susanne Hobel	Rowohlt	2011	重
《红旗袍》	*Blut und rote Seide*	裘小龙	Susanne Hornfeck	dtv	2011	重
暂无中译名	*Tödliches Wasser*（译自英文版）	裘小龙	Susanne Hornfeck	Zsolnay	2011	
《未曾谋面的中国母亲捎来的讯息》	*Wolkentöchter*（译自英文版）	薛欣然	Ulrike Wasel u. a.	Droemer	2011	
《丁庄梦》	*Der Traum meines Großvaters*	阎连科	Ulrich Kautz	List	2011	重
《文学之路——中德语言文学文化研究》第12卷	*Literaturstraße* 12 = *Literaturstraße. Chinesisch-deutsches Jahrbuch für Spra-che, Literatur und Kultur. Band* 12, 2011.（含周嘉宁作品《爱情》 Die Liebe）	周嘉宁等	小详	Königsha-usen und Neumann	2011	
《南京安魂曲》	*Nanking Requiem*（译自英文版）	哈金	Susanne Hornfeck	Ullstein	2012	
《我是你爸爸》	*Ich bin doch dein Vater!*	王朔	Ulrich Kautz	Ostasien Verlag	2012	
《金陵十三钗》	*Die Mädchen von Nanking*（译自英文）	严歌苓	Greta Löns	Knaus	2012	

续表

中文书名	德文书名	作者	译者	出版社	出版年	备注
暂无中译名	Das Mädchen, der Koch und der Drache	罗令源	无	Quadriga Verlag	2013	
《蛙》	Frösche	莫言	Martina Hasse	Hanser	2013	
暂无中译名	Tödliches Wasser	裘小龙	Susanne Hornfeck	dtv	2013	重
《湖光山色》	Im Bann des Roten Sees	周大新	Longpei Lü	Bussert& Stadeier	2013	
《青铜葵花》	Bronze und Sonnenblume	曹文轩	Nora Frisch	Drachenhaus Verlag	2014	
《梅雨——青春文学卷》	Pflaumen regenfeucht. Erzählungen über dieJugend.	陈希我等	Harald Kolleger	Löcker	2014	
《到城里去——乡土文学卷》	Auf in die Stadt. Erzählungen vom Land.	陈忠实等	Jürgen Strasser	Löcker	2014	
《温故1942》	1942. Eine Dokumentation und andere Erzählungen.	刘震云	Martin Winter	Löcker	2014	
《变》	Wie das Blatt sich wendet	莫言	Martina Hasse	Hanser	2014	
暂无中译名	99 Särge（译自英文版）	裘小龙	Susanne Homfeck	Zsolnay	2014	
《英格力士》	Der Englischlehrer	王刚	Ulrich Kautz	Ostasien Verlag	2014	
《金山》	Der Traum vom Goldenen Berg	张玲	Marc Hermann	Schöffling	2014	
《一片落叶——微型小说卷》	Ein gefallenes Blatt und andere Miniatur-Erzählungen	阿城等	Helmuth A. Niederle	Löcker	2015	
《一双泥靴的婚礼——民族文学卷》	Die Hochzeit in Gummistiefeln. Erzählungen kleiner Volksgruppen in China.	阿来等	Rodrigo Belaunde, Teresa Thun-Hohen-stein	Löcker	2015	
《淡绿色的月光——情感文学卷》	Jadelicht und Liebesknoten. Erzählungen von Sehnsucht und Schmerz.	戴来等	Jürgen Strasser	Löcker	2015	

中国当代小说在德语国家的译介研究（1978~2017）

中文书名	德文书名	作者	译者	出版社	出版年	备注
暂无中译名	*Ich bin China*	郭小橹	Anne Rademacher	Knaus	2015	
《背叛指南》	*Verraten*（译自英文版）	哈金	Susanne Homfeck	Arche Verlag	2015	
《狼图腾》	*Der letzte Wolf*	姜戎	Karin Hasselblatt unter Mitarbeit von Marc Hermann und Zhang Rui	Goldmann	2015	
暂无中译名	*Die dunkle Straße*	马建	Susanne Höbel	Rowohlt	2015	
《解密》	*Das verhängnisvolle Talent des Herrn Rong*	麦家	Karin Betz	Deutsche Verlags-Anstalt	2015	
《未曾谋面的中国母亲捎来的讯息》	*Wolkentöchter*（译自英文版）	欣然	Ulrike Wasel, Klaus Timmermann	Droemer	2015	重
《受活》	*Lenins Küsse*	阎连科	Ulrich Kautz	Eichborn	2015	
《推拿》	*Sehende Hände*	毕飞宇	Marc Hermann	Blessing	2016	
《作曲家和他的鹦鹉》小说集	*Papagei über Bord. Stories*（译自英文版）	哈金	Susanne Homfeck	Arche Verlag	2016	
《早安，重庆》	*Guten Morgen, Chongqing!*	海娆	Hans-Peter Kolb	BACOPA Verlag	2016	
《蒲公英王朝：七王之战》	*Die Schwerter von Dara*	刘宇昆	Katharina Naumann	Knaur	2016	
《我不是潘金莲》	*Scheidung auf Chinesisch*	刘震云	Michael Kahn-Ackermann	Bastei Lübbe	2016	
暂无中译名	*Schakale in Shanghai*（译自英文版）	裘小龙	Susanne Homfeck	Zsolnay	2016	
《给我买片天》	*Kleine Kaiser. Geschichten über Chinas Ein-Kind-Generation*（译自英文版）	欣然	Juliane Gräbener-Müller	Droemer Knaur	2016	

续表

中文书名	德文书名	作者	译者	出版社	出版年	备注
《草房子》	*Das Schilfhaus*	曹文轩	不明	Drachenhaus Verlag	2017	
《租界》	*Die Verschwörung von Shanghai*	小白	Lutz-W. Wolff	Insel Verlag	2017	
《昔日东方》	*Es war einmal im Fernen Osten.*（译自英文版）	郭小橹	Anne Rademacher	Knaus	2017	
《三体Ⅰ》	*Die drei Sonnen*	刘慈欣	Martina Hasse	Heyne	2017	
《镜子》	*Spiegel*	刘慈欣	Marc Hermann	Heyne	2017	
《女皇》	*Kaiserin*	山飒	Elsbeth Ranke	Piper	2017	重
《永远有多远——女性文学卷》	*Wie weit ist die Ewigkeit? Erzählungen von Frauen.*	盛可以等	Helmuth A. Niederle, H. M. Magdalena Tschurlovits, Jürgen Strasser	Löcker	2017	
《化妆——城市文学卷》	*Die Maske. Geschichten über das Leben in der Stadt.*	铁凝等	Helmuth A. Niederle	Löcker	2017	
《四书》	*Die Vier Bücher*	阎连科	Marc Hermann	Eichborn	2017	
《第七天》	*Die sieben letzten Tage*	余华	Ulrich Kautz	Fischer	2017	

附录二　访谈录

原德国图书信息中心主任王竞博士访谈[①]

笔者（以下简称冯）就中国当代文学在德国的受关注度、德国出版社的出版流程、选题标准、读者类别与期待、编辑与译者角色等方面的问题专门采访了原法兰克福书展德国图书信息中心主任王竞（Jing Bartz）博士（以下简称王）。

冯：王竞老师您好！非常感谢您能抽出宝贵的时间接受我的采访。在之前的"全球化语境下的文学翻译：现状与反思国际学术研讨会"[②]上，

① 王竞博士（Jing Bartz）：曾在北京、德国基尔、莱比锡求学，主修文学、教育学和经济。大学毕业后作为记者和编辑在中德两国工作。2003 年起任职法兰克福书展德国图书信息中心主任，曾负责与中国新闻出版总署合作，策划了 2009 年德国法兰克福书展主宾国中国的图书翻译项目，参与编辑出版了多部中国当代小说德译选集，例如与《人民文学》杂志主编李敬泽在 2009 年合编了一部旨在向德语世界推介中国当代文学的短篇小说集 *Unterwegs. Literatur-Gegenwart China.*《在路上：文学与当代中国》，该小说集收录了范小青、黄土路、金仁顺、李师江、鲁敏、潘向黎、田耳、徐则臣、叶弥等中国当代文坛新秀的短篇小说。此外还和施战军在 2018 年共同主编了《都市生活：八位女性，八个故事》*Stadtleben：Acht Frauen，acht Geschichten*，由龙舍出版社与人民文学杂志社合作推出。王竞博士目前作为中西文化项目顾问和作家，同时也是《路灯》杂志德文版的编辑总监，主要负责向德语世界推广中国当代文学，包括组织中国作家赴德交流、开读书会等一系列文化活动，例如王刚、麦家等作家作品在德国的推广。

② 此次会议于 2016 年 12 月 5 日在北京外国语大学德语系召开，来自瑞士、德国和中国的翻译学者、知名译者从不同角度探讨了中德两国在文学领域的交流，总结了经验，指出了问题，探究了可能的应对之策。王竞博士做了会议主题报告，题为"怎样让德国出版社对中国文学兴奋起来？"具体参见王竞《怎样让德国出版社对中国文学兴奋起来？》，顾牧、王建斌（主编）《超越时空的对话——现代语境下的中德文学翻译》，外语教学与研究出版社，2017，第 26~32 页。

您从出版业的角度出发，探讨了中国文学在德国的现状与问题。其中您指出了很多目前中国文学在德国传播时所存在的问题，但是由于时间关系您并没有展开探讨。因此，我想首先继续就您之前报告中指出的一些问题来谈。

王：当然可以。

冯：您和一些汉学家都认为，德国在面对中国文学，尤其是中国当代文学时还没有做好充足的准备。这其中又涉及诸如出版社、译者以及德国人对中国文学的关注度等多方面的问题。我想首先谈关注度的问题。德国人对中国文学，尤其是中国当代文学的整体关注度如何？

王：像世界上许多其他国家的人一样，德国人现在也越来越关注中国，但是他们主要关注的首先是中国经济，其次是政治。当然有些时候在面对一些突发事件时，他们又会先关注政治，之后才是经济。就中国文化来讲，他们普遍对其兴趣不高，可以说，中国文化在德国还是处于一个比较边缘的位置。作为中国文化一个组成部分的中国文学，当然我们这里谈的是纯文学，在德国就是边缘中的边缘。随着现在网络等新媒体的发展，人们对于纯文学的关注度普遍都在下降，德国也不例外。在德国人对纯文学的兴趣普遍减少的情况下，对于中国文学的关注自然更显稀少。我认识一个汉堡的书商，他以一己之力开办了一家专门出售中国文学英译本和德译本图书的网店，已经经营了四年，但从销售数据来看，并没有明显的增加。

唯一可能的高潮应该是 2009 年，当时中国成为法兰克福书展的主宾国，为此我们曾推动中国政府向德国和世界其他国家大规模地出售中国图书的版权。余华、莫言等一些中国知名作家也都参加了书展。围绕这次文化事件，中国当代文学的译介达到了一个小高潮。然而，这一热潮却并没有带来持续效应，反倒在一定程度上加深了德国人对于中国文学固有的，不那么积极的印象。比如莫言的《檀香刑》由德国的苏尔坎普出版社译为德文，德文版共有六百多页。余华的《兄弟》上下两册被译为德文后更是达到近七百页。这就使德国读者认为中国当代小说作品普遍过长。再者，从作品主题上来讲，这些作品描写的都是比较遥远的，反应中国乡土生活的作品。这样的主题其实并不符合德国读者想要了解当下中国的期望，并且作品中的暴力和性描写过多。这些都会使德国读者对中国当代文学产生比较片面的印象。

冯：从您刚刚所说的情况来看，这种片面印象的产生其实同中国当代文学本身的特点也有一定的关系。

王：对，其实中国的许多当代作家都尝试模仿西方，但是他们的作品对于德语读者来讲依然显得非常陌生。比如我推介的作家麦家，德国读者在读他的作品时一开始觉得颇有新意，但读到小说的最后就会觉得陌生。其实与其他中国当代作家相比，麦家已经开始更加注重写作策略，而不是一味地沉浸在语言的肆意挥洒之中，因为他自己也曾表示他的写作方式主要是从西方学习而来。我个人认为，这种陌生在一开始来讲是不可避免的，就像我们刚开始读西方作品一样，但与德国读者不同的是，我们保持着一种开放的心态。而现在的德国读者则是站在一个文化高地上来看待中国当代文学。在这样的视野和标准下，他们会觉得中国当代文学尚且不够成熟，并因而简单地用"太过陌生"来一言蔽之。

冯：这是一个很有意思的问题。我记得您和作家李敬泽有过一次对谈，他在谈及中德文学中的文化差异时表示，只要人们怀有了解的意愿，文化和经验上的差异并不能成为了解彼此的障碍。① 由此来看，文学的接受还取决于读者了解的意愿。

王：对，我觉得这一点非常重要。在当下，大家可以发现，德国政治界和经济界对于中国的态度已经发生了明显的变化。但是在德国文化界，对于中国的态度转变并不明显。

冯：之前无论是汉学家还是翻译家，他们在谈及中国当代文学时往往都是从自身所从事的职业角度出发，也即学者和译者。从这两个角度出发探讨中国当代文学德译的论述相当多，但是到目前为止，来自出版行业的声音还不多。因此，我接下来的问题针对的是您所熟悉的出版业。德国出

---

① 参见李敬泽《答德国图书中心王竞》，http：//book. hexun. com/2008 - 06 - 20/106840088. html，2008.

版社在出版一部中国当代小说作品时一般要经过哪些具体环节？

　　王：其实总体来讲，在德国，图书的出版所经历的环节并不复杂。首先第一个环节叫"版权推介"，比如说像我这样游走在中西方文化间的人发现一部作品无论从文学性，还是从故事内容和写法上都对西方读者具有一定的吸引力，那么接下来就要开始对其进行推介。这就需要写一个简述（Das Exposé）提供给出版社。而在推介的环节除了要有一篇简述之外，最好还要附有翻译好的作品样章（Die Probeübersetzung）。这是第一个环节。接下来将这些材料发给各个出版社，可能的结果有三种：第一种是各个出版社都没有回应。第二种结果是只有一家出版社回应，这种情况下就要进入第三个环节，即合同谈判。第三种结果是有很多家出版社感兴趣，这一情况下，出版社之间便要进行竞价，之后才会进入合同谈判环节。因此第二个环节其实是合同谈判之前与出版社沟通的环节。

　　第三个环节便是合同谈判。合同谈判涉及的主要内容包括将作品的翻译版权给哪些国家和地区的出版社以及版权转让的有效期等。版权转让的有效期长短一般要看作品在首个有效期内的销量。如果作品在首次转让的有效期内销售的不错，那么版权转让的有效期就有可能获得延长。除此之外，合同谈判的另一个重要内容是版税和预付金。如果是一本广受追捧的作品，版权的最终归属就要看哪一家出版社给的预付金更高。版税则一般是阶梯式的，即版税会随着销售版次的增加而渐次提高。

　　合同谈判完成之后会签订版权转让合同，之后便进入作品的翻译、编辑和出版环节。这个环节会决定作品翻译、编辑的人选以及译本的书名。说到书名，现在很少有出版社会将原作的书名直译之后直接用作译本的名称，而一般都会根据市场需求和作品的卖点而新取一个书名。此外，在这个环节中，出版商还要决定译本的印数，因为印数越高也就意味着更高的风险。

　　图书付印之后就进入新书上市的环节。如果只是一般的作品，则可能没有营销的环节。但如果是一部重要的作品，出版社一般会在作品上市之前就开始对其进行营销，会通过各种手段来炒作这部作品，比如出版社在新书上市前后邀请作品的作者来做针对媒体或者终端读者的营销活动。

这类营销活动不仅仅可以在新书刚上市时候进行，有时候甚至可以在作品的销售中途持续展开。尤其是对于中国当代文学作品而言，因为这些作品在德国图书市场上属于比较慢热的类型，往往在上市半年乃至更长的时间内都还没有大的起色。这时进行持续的营销就显得很必要。况且在德国图书市场上，只要出版社有具体的作品，无论什么样的营销方式都是可以的。

冯：说到出版社与作家之间的关系，除了营销时的密切合作之外，在德国出版行业中似乎每个作家都会有固定合作的出版社。这样就可以使出版社持续、稳定地推出作家的作品，从而为作家积累名气，形成持续效应，最终能够帮助拓展读者群体。然而，就中国作家而言，除了海外华裔作家如虹影、裘小龙等之外，似乎还没有其他作家有固定合作的出版社。您觉得这其中的原因何在？

王：我认为首先这是双向选择的结果。出版社也分为不同的类型。商业出版社在出版文学作品时更加注重作品短时间的经济效益。如果作家的一部作品短时间内的销量不错，它就愿意再出版该作家的下一部作品，并且往往会在签下第一本书的版权合同时就表示希望拥有作家后续作品版权转让的首选权。相反如果作品的销量没有达到商业出版社的预期，它就会迅速放弃该作家。对于被放弃的作家来讲，他就不得不为自己的后续作品寻找新的出版社。

除了商业出版社以外，在德国还有一些并不以商业利益至上的出版机构也会参与文学作品的出版。这些出版社能够通过其他方式来维持自己的运营，因而在出版文学作品时抱着另外的目的，并不会要求每一本书都能够带来巨大的经济效益。与商业出版社相比，他们更加注重文学本身的价值，所以但凡他们认为重要的作品，他们都会想办法收录出版，我们称这类出版社为"作家出版社"。"作家出版社"关注的其实是作家，他们会对他们认为重要的作家保持持续的关注，而不仅仅只会出版作家的某一单个作品。比如德国作家君特·格拉斯（Günter Grass）一生的作品都在德国史泰德（Steidl）出版社出版，甚至直到他死后都未曾改变。

中国出版行业的情况则往往与所谓的"商业极端主义"和"人情社

会"这两个因素密切相关。首先，在中国出版行业中，商业竞争极为激烈，出版社有时候为了获得像麦家这类畅销作家作品的出版权，他们在竞价过程中的报价甚至会超过该作品所能带来的市场利润。这已经不能算是一种良性竞争。其次，在中国这个人情社会中，作家有时候为了平衡各方关系会把自己的不同作品交给不同的出版社来做。这其实是一种不专业的做法，因为只有当作家与出版社之间形成稳定的合作关系之后，出版社才能对作家进行长期投入，包括作品的出版和营销等环节。

冯：回到德国出版社一方，在面对中国当代文学作品时，什么样的作品才会是他们觉得有吸引力的作品呢？出版社的选题标准是什么？

王：这个问题其实没有绝对统一的回答，不同出版社的标准也有所区别。但总体而言，就像我之前做的访谈中谈到的那样，德国读者始终都希望通过中国的文学作品来了解这个发展速度超乎所有人想象的国家以及急速发展中个体命运的变化。这是德国一般读者的普遍期望，当然他们也希望通过一个好的故事来了解这些内容。

冯：这样看来，德国读者似乎是从一个社会学的视角来看待中国文学，而不是从纯粹的文学角度。

王：解读的视角其实与读者群体有关。中国文学的德语读者可以分为两类。一类是普通读者，他们对中国文学作品的解读角度相对多样化，既有文学方面的，也有社会学的视角，比如西方读者对于麦家作品的解读。我记得美国一家媒体在评价麦家的作品时就曾表示，终于诞生了一本不仅仅只适合那些希望了解当下中国现实的人阅读的中国文学作品。从中不难看出，一般读者也同样注重作品的文学价值，可以说是文学审美与中国故事相结合的解读视角。

除了一般读者之外，还有一类读者对于中国文学的解读则呈现出比较明显的偏向性。这类读者主要存在于西方媒体界，而在德国媒体界表现的尤为明显。就像刚才我提到的那样，德国媒体主要关注的是中国的政治和经济，而对于文化的关注度不高。但是一旦媒体上发表有关中国文学的书评时，他们往往倾向于从政治角度来解读作品，这也是为什么那些异见作家容易受到德国媒体关注的原因。

冯：如您所言，中国文学作品在海外拥有一般人和媒体这两类读者，但是很明显媒体由于自身的传播优势会对一般读者产生很大的影响和导向作用。那么媒体对于中国文学作品的这种政治解读的倾向性势必也会影响一般读者对于中国文学本身的理解。

王：是，媒体的影响非常大。中国文学在德国译介数量不多的原因首先在于其媒体曝光度不高，即便有媒体的相关报道，也基本上都是政治角度的解读。这就使得中国文学作品在德国的销售不佳。当然好的方面是现在作品的宣传方式开始多样化，比如作家在作品德译本出版之后亲自到德国去宣传，作家会和读者在现场进行面对面的交流，在现场我们可以发现读者都非常踊跃地和作家进行对话。虽然现场活动由于条件的限制参加人数不多，但这依然是一个突破媒体封锁和歪曲的有效手段。

冯：这样来讲的话，真正从文学角度来看待中国文学作品的德国读者数量应该十分有限。

王：很少，少的可怜。

冯：刚刚我们谈的是出版社的选题标准，属于比较宏观的角度。接下来我想从文学作品本身这个比较微观的角度来了解一下德国读者的阅读喜好。什么样的文学作品才会激发读者的兴趣？需要包含那些要素呢？

王：说到读者的期待我之前举过一个例子，就是高立希教授在多年之前翻译过陆文夫的中篇小说《美食家》。他个人表示这是他翻译的小说作品中卖的最好的一部。这部作品篇幅不长，题材相对来说也不是那么凝重，从1993年上市以来直到今天依然处在销售状态中。现在德语媒体上早已不再有关于这部作品的书评，毕竟它已经上市二十多年，因此完全可以说这部作品仅仅只是依靠文学本身的魅力而活跃在图书市场上，成了一本经典的"长销书"。这部作品可以说是中国当代文学作品在德语图书市场上取得成功的典型案例。当然这也与高立希高超的翻译技巧密切相关。只是这样成功的例子屈指可数。

因此，我想换个角度来回答你的问题，即德国读者不喜欢或者说不习惯什么样的作品。德国读者觉得中国文学作品比较陌生或者理解起来困难的原因有三个方面。首先是作品中人物太多，人名对于他们来讲也难于识记。其次他们觉得中国当代文学作品中缺乏对于人物内心心理的描写，对于人性的挖掘还不够深。再者，中国文学作品中比较厚重的内容往往都是对于民族命运的反思，对于乡土生活的描写等，但这些内容对于德国当代的读者来讲则显得过于陌生。德国一般读者普遍对于中国缺乏了解，而当这些作品的故事背景过于复杂和中国化时，阅读和理解它们便显得十分困难。从这个角度来看，我们也能够理解《美食家》这部作品的成功之处了。这部作品首先在内容上写的是大家都熟悉的话题，即美食，从中却也写出了许多非常人性和中国特色的内容。

冯：由此来看，德国读者似乎既期望从中国文学作品中读到一些具有"异域风情"的内容，但又不希望这些内容太多从而降低了他们的阅读兴趣。

王：是的。简单来说，大部分的德国普通读者对于中国乃至中国文学都知之甚少，而我们不能指望他们都是中国方面的专家，更不能要求他们都要在成了中国方面的专家之后才能阅读中国文学作品。

冯：刚刚您介绍了图书出版的各个环节。接下来我想和您聊一聊不同环节的参与者。这其中除了译者以外被谈及最多的便是出版社的编辑。据了解，德国出版社的编辑中几乎没有人懂得汉语。对此学者表达了不同的观点，有些人认为这是一件好事，有些则持相反的意见。您怎么看待目前的这一现状？

王：首先，我觉得德国编辑不懂汉语是很正常的现象。其次，在不同的出版环节有不同的编辑在做不同的工作。在中国的出版社中，"编辑"的指称涵盖的范围比较广。但在西方，出版业高度专业化，分工也就更加细致，编辑也分为不同类型。其中处在出版上游环节的大编辑有些类似我们国内所谓的项目经理，他负责买下书的版权，买下的书就成了一个项目，而他就要负责这个项目的全部环节。而到了生产环节，也就是作品在翻译完成后，就会有一个新的编辑专门负责译本的文字，这类编辑也被称为"文字编辑"。对于他们来讲，会不会中文完全无关紧要，因为他的主要任务在于审核译作是否合格以及润色，提升译本的文字。并且就"文字编辑"的作用来讲，他只是整个出版环节中的一个构成部分，因而对于整个出版活动的影响有限。

而出版社里的大编辑则不同，因为他决定着作品版权的引入。由于他们不懂汉语，便只能在决定本子的时候依赖于二手资料，这时候他们承担的风险便会更大。因此有些人对此感到遗憾。我再举麦家的例子，德国出版社之所以会做麦家的书是因为出版社的大编辑非常偶然的看到了兰登书屋出的英文版，这就给了他信心，因为他可以通过英译本来了解麦家的书，从而自己决定值不值得做，而不用借助他人。

相比较而言，我觉得我们目前对出版活动的上游环节关注不足。我们需要做的是如何使我们的作品能够进入这些大编辑的视野，使他们能够下定决心买下作品。买下一部作品意味着大量资金的投入，因为版权转让、翻译、出版、营销等环节都需要投入大量资金，同时大编辑还要考虑如何收回成本以及盈利，因此他们在选择作品上必然十分谨慎。这就使前期工作显得尤为关键，即我们如何促使大编辑们下决心买下我们的书。其中有很多角色都能影响大编辑的选择，首先很多版权代理商与出版社都有紧密的合作，出版社信任他们推荐的作品。但现在这样的代理商非常少，因为刚刚我也提到过，出版中国当代文学作品并不赚钱，相应的版权代理也就少。其次是译者。比如顾彬，他译了很多北岛的诗和散文，也渐渐和出版社编辑成了朋友，因此他的推荐也会影响编辑的决定，与此类似的还有汉学家的推荐。但是总体而言，无论是译者还是汉学家，他们在其所处的专业圈子内依然是比较边缘的人物，因而他们对于出版社编辑选题决策的影响作用很小。然而，正是由于目前各种专业机制的缺乏，尤其是国家层面推介机制的缺失反倒使译者或者汉学家这种偶然性的推荐行为发挥了一定的作用。

我觉得比较具有借鉴意义的是我之前在德国图书信息中心所做的工作。德国是以一种半国家性的形式在推介德国的当代文学。因为德国的当代文学也面临同样的问题，很多人觉得德国当代文学作品太晦涩，无聊，节奏慢等等。因而德国当代文学的推广同样困难重重。但是德国在国家层面认为当代文学是它在文化输出上的重要部分，因而就建立了德国图书信息中心这样一个第三方推介平台。这一平台分别接受德国外交部和法兰克福书展的资助。通过这一平台，中德出版社之间能够顺畅的沟通，德国新书的信息也能够及时传达给中国的各个出版社。反观中国方面，目前还没有这种国家层面的机制和平台来主动推介中国当代文学。我们现在的做法是投入大量资金，谁都可以进行项目申请，但是整体做法还不太专业。

冯：您刚刚也提到了译者或者汉学家有时候也会向出版社推荐值得译介的作品。但他们的推荐又难免会带有个人的主观偏好，因而并不一定符合一般读者的期望与口味。

王：对，他们的推荐具有很强的主观性。也正因为如此才会出现很多失败的案例。由于资源的欠缺，使很多非专业人士在做这些工作。这种欠缺是源头性的，而这一源头在中国文学自身。中国目前还没有出现一部世界性的畅销书，比如日本作家村上春树的《1Q84》。中国目前还缺少这样一部能够成功引爆文学市场的书。这就使出版社对中国文学缺乏足够的信心，他们不愿意投入人力物力，更不会有相应的预算、营销计划等等。再加上官方推介机制的缺失，就使得中国文学外译在各个环节上都显得不专业，比如刚才说的汉学家推荐作品。其实在德国汉学家的阅读趣味是比较另类的，他们和在出版行业积累了丰富经验的人在选题上存在很大差异。专业人士更了解市场的需求，当然我也并不是说一定要始终追随市场，但至少还是要对市场有一个基本的把控。

冯：中国当代文学作品在德国上市之后是如何进行宣传的呢？

王：总体来讲，中国图书上市之后的营销做的比较少。因为现在德国出版社普遍对于出版中国文学作品的热情不高，自然也就不会有太高的预算来做宣传。最多只是按照标准的流程来做。比如在新书上市之后，他们会按照惯例把书寄给各大媒体，之后就等着媒体上的书评，比如《法兰克福汇报》《南德意志报》等。如果没有，他们也不会再做其他的宣传，更是极少会邀请作家来参加书展或者举办朗诵会。唯一的例外是余华的《兄弟》在上市三周之前，费舍尔出版社曾主动出钱请余华到德国的各个城市举行为期十天的媒体见面会，希望德国媒体能够多多关注和报道余华的作品。

当然近几年来，情况有所好转，有些中国作家也会去德国举办朗诵会，但在朗诵会上作家发声的机会比较少，一般都是译者在说话。这与译者有一定的关系。因为随行的译者多数都是常年从事笔译工作，而在朗诵会上为作家和读者之间进行现场口译并不是他们所擅长的。在多数朗诵会上译者除了向读者介绍作家及其作品之外，多数时间都是在朗读译本，只有在活动最后才会为作家和读者做现场翻译，但时间往往都不会很长，作家和读者之间的互动十分有限。据我了解，王刚、余华、北岛等作家作品的朗诵会都是如此。中国作家在这些活动中多数时间里都处于沉默失声的状态。这是目前这类宣传活动的局限。

冯：在德国出版社对中国文学普遍缺乏信心的情况下，我们该如何促使他们愿意甚至乐于翻译出版中国文学作品？

王：我觉得很重要的一点在于我们要积极地和德国出版社进行合作，要研究和了解西方的图书市场，弥补德国出版社的薄弱环节或者他们不愿意做的环节。比如他们因为没有信息而不愿出版中国的图书，那么我们就需要开辟信息沟通的渠道，筛选好的作品，做好试译和作品的推广。而当出版社已经买下一本书后，我们就需要把作品的营销环节做好，比如麦家的作品，中国方面承担了作家德国之行的差旅费用，德国出版社则负责麦家在德国当地的费用。这样的做法就使德国出版社乐于积极地配合作品的出版和宣传。

附录三 《沉重的翅膀》德译本中删节最大一处的小说原文内容

　　郑圆圆对他说过，全家人里，她最爱的，只有爸爸。莫征想起自己的父亲，那软弱的，经常处在惊悸不安状态下的书生啊。就连摇头，叹息这样的事，也要躲到书架子后面，才敢稍稍地放肆一下，还要轻轻地、轻轻地。

　　会议室不大。郑子云看见女儿从旁门溜了进来，在叶知秋的身旁坐下。他觉得眼前象亮了许多。圆圆是他生活里的月亮。她总在惦记他：身体、情绪、工作。那么一个小人儿，能为他想到这些，真是不错。可她早晚有一天会出嫁，会离开他。那么，他那个家可真没有什么让他留恋的地方了。她会嫁个什么样的人呢？在这个问题上，他觉得她随时会朝他和夏竹筠甩过来一枚炸弹。近来她的行踪有点诡秘，是不是她在恋爱？如果她自己不说，郑子云决不主动问她。即使对自己的女儿，他也给予平等的尊重。他从不私拆女儿的信件，也不趁她不在，偷偷地溜进她的房间，看她的日记或是想要寻出点秘密。夏竹筠这么干的时候，他总是想办法制止。她一面讽刺他："全是你在教会中学里学的那套资产阶级的教养。怎么，是不是你自己有什么怕我拆的信？"一面理直气壮地拆着圆圆的信，闹得他有一次对圆圆说："你的抽屉上是不是安把锁？"无须他再多说什么，父女两个人对这家庭的看法、感受、情感是相通的。

　　汪方亮正在讲话："……有人提到过，政治是统帅，是生命线，怎样提，可以继续研究。小平同志说过，四化是最大的政治。因此，四化就是最大的统帅，如果我们的思想政治工作把人的思想、精力、干劲都转移到

225

四化上来，思想政治工作就是名副其实的灵魂、生命线。否则，叫什么也是扯淡。"

郑子云挨着个儿巡视一个个人的面孔，希望看出人们的反应。他的眼睛和杨小东的眼睛相遇。也不知杨小东怎么想的，脸上什么表情也没有。郑子云稍稍地挤了挤自己左边的眼睛，算是打个招呼，杨小东向他规规矩矩地点了点头。不好，怎么一进会议室，在饭馆里那么招郑子云喜欢的、生龙活虎的劲头就没有了。

"……由于十年动乱，外来和内在的社会影响，在思想上产生某种程度的混乱，有一些青年职工思想空虚，从'四人帮'的'精神万能'，走向另一个极端的'物质现实主义'，实际上是个人利己主义……"

郑子云看见杨小东皱了皱眉头。是表示赞同，还是表示反对？

"在这种精神状态下，如何实现四化？我们工业企业的各级领导必须不失时机地、及时地注意这个问题，严肃认真地加强这方面的工作。现在和战争时代不同了，那时的主要对象是军队。今天是搞社会主义建设，搞四个现代化，对象是广大职工，问题更复杂了。军队至少没有房子问题、拖儿带女问题、上山下乡问题、工作环境问题等等。我们面临许多新的问题。要在总结我们固有经验的基础上，研究学习关于人的新的科学，加以补充。

"有人说，我们只能学习西方的生产技术，自然科学，不能学管理，因为那是上层建筑。我认为不一定对。没有好的管理，最好的技术设备，也不能发挥作用，我们不能学清末的洋务派，见物不见人。我们一切从实际出发，千万不能再搞那些形而上学的东西了。有些东西可能现在用不上，但将来可能有用。现在不学，将来就晚了。我认为许多学科都有助于我们从社会的各种角度研究人，做好人的工作，发挥人在四化中的作用。因为人的思想是客观社会的反映，要做好人的思想工作，不能不研究一个人生活的环境，比如历史、文化、国家体制、社会制度、劳动环境、家庭状况以及个人的习惯和修养。我们是地地道道的唯物主义者，不要再空谈什么生命线、灵魂了好不好？"

讲得不错！老伙计！郑子云很满意。用右手的中指，轻轻地，有节奏地叩着桌面，好象在给汪方亮的讲话做伴奏。郑子云和汪方亮共事多年了，但仍觉得汪方亮是个举措无定、不大好捉摸的人。

为了这次会议，大家闹得很不痛快。田守诚好象从来就没同意过召开这个座谈会。这倒没什么稀奇，在某些情况下，情面这东西，在节骨眼上，是顶不值钱的东西。而且田守诚当场撤回了他准备在会上的讲话稿。这倒正好，原本不希望他去念那套经的。但他是第一把手，不请他讲话说不过去。位次，这几乎是铁定了的一套礼仪。虽没有什么明文规定，可比神圣的法律条文更加威严，是绝对不能乱套的。可真请他讲，他便会念紧箍咒。郑子云不想把这次会议开成一个布置工作的会议，把那套陈腐了的，已经跟不上形势发展需要的思想政治工作办法往下一灌，然后参加会的干部便回去照搬一通。他想在这次会议上，和处在实践第一线的，以及搞理论工作的同志一同研究些问题，商议些问题。

田守诚反对这次会议，是因为他感到，郑子云在这次会议上，即使不和上面唱反调，至少也得闹出来点新花样。他想起郑子云曾经对"兴无灭资"的口号，激烈反对过："什么叫'资'，什么叫'无'？搞清楚了没有？概念还没搞清楚嘛。这么一来，又得象'文化大革命'那样，打得乱七八糟。而且，说不定那些口口声声喊'兴无灭资'喊得最起劲儿的人，往往把封建主义的糟粕，当成无产阶级的意识形态去兜售，实际上是在搞'灭无兴封'。"一席话，听得田守诚直想皱眉头，但他没皱，只是垂下眼睛，看也不看郑子云，再不发一言。反正，他的意见已经表示过了，也已经记在党组会议的记录本上，将来有据可查，出了什么事，他早已经反对过，这也就行了。剩下，谁爱怎么折腾就怎么折腾，就是下地狱，跟他有什么关系？

汪方亮没说同意会议延期，也没说同意按期召开，只是大讲了一通传统教育："我们有很好的思想政治工作传统和经验，打败了日本帝国主义，打败了蒋介石，推倒了三座大山，三十年来也取得了一定成就，是成功的，极其广泛的，极其细致的，不是单纯上大课，讲一些教条，而是因地、因时、因事、因人而异，一句话，是从实际出发的。"党组会后，在和郑子云研究会议的具体日程时，因为郑子云身体不好，尚在休息期间，他同意由他主持会议，可是临近会期的时候，他突然声称他拉肚子，几天不来上班。筹办会议的会务组的同志急坏了，一个部长也不到会，这个会还怎么开？田守诚早已有言在先，不能再找他；郑子云在病中，给他增加负担也太残忍，何况他根本没准备。还是郑子云自己打电话询问会议准备情况时，了解到这些，才说："好吧，我去主持。"

他到了会场，才见到汪方亮的汽车也停在院子里。而且讲话还讲得这么精彩。简直有点象是玩把戏、捉弄人、吊人胃口似的。

这过程，叶知秋是知道的。她觉得她心里那用来称量郑子云的天平的某一端又上升了一点。因此，当郑子云向她和她身旁的郑圆圆微微点头的时候，她也高兴地对他微笑。

郑子云忍不住插话："三中全会以来，我们解放思想，开动机器，通过实践是检验真理标准的讨论，社会主义经济建设从理论到实践都有很大突破，经济调整和改革工作正在进行，按经济规律和科学规律管理经济的工作，开始逐步实现。但同时也出现了不少新问题：在一些同志中有这样的思想，好象已经按劳付酬了，只要'钱'书记动员就可以了，思想政治工作可有可无了。其实，现在群众中需要解决的思想问题很多，党内需要解决的思想问题也很多。我们必须把思想政治工作放在非常重要的地位，切实认真做好。我们的思想政治工作有很好的传统和经验。刚才汪副部长讲了，我们的思想政治工作传统，首先是从红军、解放军那里传下来的。革命军队的思想政治工作传统，最早应该是从北伐时建立的。一九二四年，周恩来同志任黄埔军校政治部主任时，建立了一套政治工作制度。以后，在古田会议以至后来的留守兵团政治部《关于军队政治工作经验》，《评西北大捷兼论解放军新式整军运动》，以及延安整风文件都有过科学总结。一九三八年我还读过一本罗瑞卿同志写的关于军队政治工作的小册子，可惜现在没有找到。我军的政治工作，在革命战争中起过伟大作用，是我们的传家宝。许多故去和健在的军队老同志，都做了许多贡献，丰富了我党我军思想政治工作的经验，我们必须继承发扬。

"解放以后，在军队政治工作经验的基础上，许多企业也积累了大量的思想政治工作经验。但是，由于长期左倾路线的影响，对党的政治工作的优良传统许多同志模糊起来，不少新党员、新干部不了解什么是我们的传统，正如耀邦同志所说，当前确有一种危险，'就是我们的好传统要失传了'。所以在把调动人的积极性建成为一门科学的工作中，正确地总结历史经验是一个重大问题，要做为一个科学题目来认真研究。比如过去我们常讲，做群众思想工作，要摆事实、讲道理，要深入细致地谈心，要摸准脉搏，对症下药，一把钥匙开一把锁等，都是具体问题，具体分析，从实际出发的，所以是卓有成效的。如果我们真正地懂得了马列主义的方法论，从中国不同时期的任务出发，调查研究，发扬传统，那么思想政治工作就能做好……但是，我们还需要研究国外企业管理中做人的工作的许多研究成果，特别是心理学、社会学、行为科学中的科学部分，加以改造，为我所用，丰富、充实、提高我们已有的经验，创造我们自己的具有我们社会主义特色、民族特色的思想政治工作新经验。这种充实和提高之所以必要，是由于我们过去的经验属于感性知识范畴的多，从人的心理活动的规律、动机和行为的规律、人群关系的规律等等研究得少，更多地停留在这个、那个企业的经验总结的水平上，因而不够科学化、理论化。特别是随着现代化技术的发展，管理的现代化，生产的高速度发展，在企业中对群体组合的科学化、高效化，对人们迅速地交流、接受、分析信息，对迅速而正确的决策，对加强各个人各个群体的创造性、主动性，都提出了更高的要求……"

郑子云看见，吴国栋的脸皱得象吃了没捂过的生柿子一样。奇怪，这张脸竟和田守诚的脸说不出有哪些非常相似的地方。别人呢？陈咏明听得津津有味，杨小东方才那种古板劲儿也没了，重又变成饭馆里那个招人喜爱的、生气勃勃的小伙子。他情不自禁地接着说下去，完全忘记汪方亮的话还没讲完：

"资本主义工业的企业管理，二次世界大战后，有了新的发展，使他们也认识到，人不单是经济人，还是社会人。影响生产效率的，除了物质条件外，还有人的工作情绪，而这种情绪是受社会和心理因素，如家庭、生活、人同人的关系等等的影响。这就开辟了企业管理中的一门新学科，叫做'行为科学'。因为它应用了社会学、心理学、人类学许多方面的道理，是跨社会科学和自然科学的一个学科。从生产企业来说，它就是研究人的行为的规律，研究人的各种精神和物质的需要、动机、目标和行为的关系，研究人和人，人和群体的关系。目的是从精神上和物质上调动人的积极性，挖掘人的潜力，进一步提高生产效率。据我了解，在这方面，在实际工作中已经有同志注意到了这些问题，比如，曙光汽车厂二车间的班组长杨小东同志，就在自己班组的工作实践中解决得比较好。我可以肯定，一定还有不少企业的不少班组、车间也已经注意到了这方面的工作，因为这是社会生产发展的必然结果……"他把大手往杨小东坐的方向一摆："这位年轻的同志，就是杨小东，三十一岁。"

杨小东在椅子上扭捏起来，低下了头。同时，他暗中佩服郑子云的记忆力，记得名字也许算不了什么，竟记得他的岁数，他不由地又抬头迅速地瞟了郑子云一眼。只见郑子云一双鹰一样锐利的眼睛正盯着他。这次，杨小东没低头，郑子云的那种目光，在他心里激起一种男子汉的争胜好强之心。

郑子云满意地想：好，小伙子，要的就是你的这个劲头！然后对汪方亮说："对不起，我喧宾夺主了。"

汪方亮接着说："这个工作，要先试点，总结经验，然后再逐步推广，最终要制定出一套办法。要做好企业里人的工作，一定要有个制度，什么该做，什么不该做，是有轨电车，不能是无轨电车。制度要人人遵守，不能有人遵守，有人不遵守。曹操的马踩了青苗割胡子的事情，京剧里的辕门斩子，虽然是故事，但说明即使在封建社会，一些头脑清醒的人，也要采取一些收拢人心的办法……怎么个搞法，关键在于领导，要有不怕被选掉的勇气。外国总统、首相还要落选嘛！选掉了下次再来。如果你真有本事，群众还会选你的。不要担心会选些老好人，选老好人，生产搞不好，工人认识了，下次就不会再选了。民主只有在实践的过程中才能健全起来。不能象蒋介石搞的那样，先搞训政，再搞宪政。

"自然，这里面的问题还很多，很复杂，但这是我们社会主义企业最根本的一个问题，也是思想政治工作的一个最根本的问题。把群众当阿斗，又让阿斗发挥积极性，是行不通的。

"我们这个国家，小资产阶级的思想还有很大市场，不左即右。我主张大家都学学唯物辩证法，彻底反对唯心主义的形而上学。形而上学大约有这几种现象：

1. 只见树木，不见森林，就是只计一点，不计其余；

2. 一刀切，不论什么都要求一个样；

3. 非好即坏，绝对化，不从整体着眼；

4. 矫枉必须过正，结果老是矫过来，枉过去；

5. 把一些个别地区、个别事情的经验绝对化；

6. 割断历史，孤立论断一些问题……

"对人的工作究竟怎么做，希望我们把这个问题研究得更好一些。郑副部长对这方面的问题，做了不少的调查研究，刚才，他只讲了一个开头，看样子，大家很希望他再介绍一些情况，我这个分析对不对？"

会议室里响起一片掌声。汪方亮对郑子云说："你看，你把大家胃口吊上来了，那你就再讲讲？"

郑子云也不谦让，他想讲，他很想讲。刚才，他已经从众人的眼睛里看到了理解和兴趣，他意识到，他所致力的事情是可以得到呼应的。思想政治工作要科学化，一定会被人重视、发展起来，会在社会主义的四化建设中发挥巨大的作用！

心脏又开始隐隐作疼了，一种麻木感直通向左边的肩膀，沿着手臂通向手掌。老头子，你沉不住气了，兴奋了。是啊，是啊！郑子云想，哪怕他一生最后干完这一件事就进八宝山也是值得的。郑子云的眼睛掠过一张张面孔，奇怪，叶知秋那张丑脸好象被什么东西照亮了，这一霎间，不能说她变得漂亮，但至少是不那么丑了。圆圆，那永远用揶揄的玩笑来掩盖对爸爸的热爱和崇拜的任性的女孩，象一件艺术品，终于揭掉了盖在它上面的那块粗帆布，而把它那真实的、精美的面目显露出来。此刻，她一点也不苛刻，一点也不象平时那么桀骜不驯，她是多么可爱啊！但郑子云的眼睛却在陈咏明那张因为聚精会神而变得几乎是严厉的脸上停留下来。难道他也象某种低级动物一样，天生地具有一种可以导向的触角，单单地选中了陈咏明。

"我没有做过更系统、更深入的调查研究，我只想把我了解到的一些情况，介绍给大家，而且我希望大家不要以为我是以行政领导的身份来讲的，可以把我的讲话当做一个企业管理协会的会员，在学术讨论会上的一次发言。

"刚才讲到行为科学，实际上它还是个不成熟的学科，还是许多概念的混合物，有一些论断还缺少充分的科学根据。我觉得在我们的社会里，有不少有利条件和实践经验，经过一段时间的努力，完全可以把社会主义制度下企业中关于人的科学搞得更系统、更严谨、更成熟些。大家都知道日本的'丰田生产方式'，就是高度应用行为科学成果的一个典型。一九七八年，日本每一千名雇员只损失 36 个工作日，而德国是 204 个，美国是 455 个，意大利是 1844 个。美国人说，在日本旷工、怠工、停工、病休的比例是很小、很小的。日本人的工作日损失之所以低，不能否认他们对人的工作是下了功夫的，日本人自己说，企业不是由资本构成的，而是由人构成的。日本人说他们最大的特点是尊重人，自动化技术也是要由人来掌握的。所以企业中主角是人，不是机器，人和人之间的关系最为重要。也有的日本人说，企业管理最重要的是人的管理。西欧原来讲资金、物资和人，现在也转入了以人为中心的管理了。日本生产性运动的成功原因也在这里。而以人为中心，就是通过教育，使人有干的精神。资本主义社会中的行为科学，自然是为资本家服务的，问题是我们要吸收它某些合乎科学规律的成分，以我为主，为我所用，让它为四化服务。

"谈到把心理学和社会学认识应用到我们的企业管理和思想政治工作中来，我们有些同志总担心会出毛病，认为这些是唯心主义的，资本主义的东西，是'洋玩意儿'。我们中国共产党人使不得。其实，这是一种偏见。马克思主义的心理学和社会学是无产阶级社会科学的组成部分，列宁把心理学作为构成唯物辩证法的认识论的基础科学之一。人的认识过程，是个客观存在的心理过程。至于我们自己，两千五百年前，《孙子兵法》上就说：'人情之理，不为不察。'春秋战国时代，孟子提出：'天时不如地利，地利不如人和。'又说：'得道者多助，失道者寡助。寡助之至，亲戚叛之；多助之至，天下顺之。'这也揭示了社会关系变化的一条规律。

荀子'群'与'分'的社会论，也为社会学做出过贡献。所以说，这不是什么唯心主义，也不是什么'洋玩意儿'。"

郑子云在讲些什么呀？这些个人名、这些个名词、概念全是吴国栋没有听到过的。吴国栋对凡是自己弄不懂的东西，都有一种反感。而这些让他反感的话，出自郑子云的口中，更让他感到一种压力。虽然郑子云说他不是以行政领导身份讲话，谁要真这么认为，谁就是个傻瓜。这话，不过说说而已，不管怎么说，他是个部长，谁能不拿他的话当话呢？这么一来，吴国栋没准就得重新调整各个方位，调整那些多少年也没出过漏子，磨得溜光水滑，几乎靠着惯性就可以运转下去的关系。郑子云说的那套，谁知道它灵不灵啊？！而且郑子云在讲话中所流露出来的，在吴国栋看来，是超越身份和地位的热情，是有损部长的威严和分量的。一个部长有这样讲话的吗？两眼闪闪发光，还瞪得那么大，两颊泛红，声音激昂，一句连一句，前面一句话简直就象让后面一句话顶出来的。整个给吴国栋一种"王婆卖瓜，自卖自夸"的印象，这就使吴国栋对郑子云的讲话内容，越发地怀疑，越发地觉得不可信。他不由地环顾四周，带着一种说不清的意念去寻找。寻找什么？平时在厂子里传达文件和政治学习时司空见惯的那些情景，那些扎着脑袋打瞌睡、闷着头织毛活、喊喊喳喳开小会、两眼朝天想心事、鬼鬼祟祟在人后背上划小王八、大明大摆看报纸的情景全都没有了。好象郑子云把人人心里都有的，型号规格不同、马力不同的发动机全都发动起来了。别管是赞同的、反对的，全都支着耳朵在听。难道郑子云讲的话里，真有点镇人的东西不成？

郑子云看到，有人在东张西望了，可能他讲的内容太过抽象。参加会议的虽然有不少搞理论研究的同志，但也有不少基层的政工人员、行政工作人员，应该照顾到接受能力上的差异，他赶紧拉回话头："上面大致地介绍了一下国外的情况，下面，我谈谈为了使我们的思想政治工作科学化，当前需要注意的几个问题：

"第一，民主管理问题。我觉得，在我们社会主义制度下发挥人的积极性，首先要解决的问题应该是实现真正的民主管理。要使职工有真正的权力。现在的形式是职工代表大会，但为什么效果不明显呢？因为我们是党委领导下的厂长负责制，职工代表大会没有明确的管理权限，体制上体现不了职工的主人翁地位。过去是说'党委代表了人民的利益'，是党委决定一切。因此全民所有制职工的主人翁权力，只能体现在他'相信党'这一点上。党员还有一个选举党代会代表的权利，非党员只能体现在他'相信党'这一条上。这不是权力！这样来体现人民的主人翁地位，圈子兜得太大了。现在党中央已经明确提出要有准备、有步骤地改变党委领导下的厂长负责制，经理负责制，经过试点，逐步推广。同时还指出，职工代表大会或职工代表会议有权对本单位的重大问题进行讨论，作出决定。有权向上级建议罢免本单位的不称职的行政领导人员，可以在适当范围逐步实行选举领导人。下面还有个管理委员会来实现集体领导，它不是党委，是由各方面有经验、有责任感的专家组成的管理委员会。这是个非常重要的决定。但如何实现，还要下很大功夫，不是那么容易的事情。我认为，还需要由全国人民代表大会定出一个法律，非常明确地规定职工代表大会的权力，规定厂长或经理是职工代表大会聘任的人员，在什么条件下可以罢免他的职务。南斯拉夫就有明确的规定，厂长不是工人代表大会的代表，只能列席会议，只有汇报工作的义务，无权投票，这就把主人和聘用人员的关系明确起来了。

　　"在这个题目下，还有一系列问题要研究，比如行为科学家所谓的目标管理，就是说，如何使企业的目标成为职工自己的目标，怎样把它落实到每个人的工作上；还有班组中职工参加管理问题，现在是职工从根本上在企业里无权；这些问题解决以后，还要研究职工参加管理的具体方式；企业干部的选举制度；企业内的分权问题等等，等等。所以，民主管理好象是个老问题，实际上，你要把它作为一门科学，从如何发挥职工积极性这个角度去研究，文章多得很。就连资本主义国家，他们对职工如何参加管理，发挥人的积极性问题，也进行了不少研究，产生了许多实际效果。联邦德国有三个法律规定职工参加管理。例如一九五一年，公布了一个法律，规定在煤钢企业中实行所谓煤钢共同决定法，凡具有一千名以上职工的股份公司成立监事会，公司里的大事都要通过监事会。监事会里，劳资双方代表各占一半，另外再设立一名双方同意的中立代表。一九七六年，又公布了共同决定法，规定在两千名以上职工的非煤、钢工业企业里成立监事会，主席由资方担任，副主席由劳方担任，如果发生争执，票数相等时，主席有两票投票权。资方要定期向监事会报告经营情况，两千名以下的公司监事会，三分之一是职工代表。我们同德国大众汽车公司谈判合营问题时，他们说：回去还要取得监事会的同意才行。可见，他们的监事会还有一定作用。一九七二年，德国又公布企业法，规定成立工人代表大会。资方还要向工人代表大会汇报工作。联邦德国是资本主义社会，它为了缓和阶级矛盾，还有这三条法律，也确实起了作用。德国工会联合会认为：工人看到自己对企业有如此多的共同利益而不愿罢工，这不是原意，但却是实际结果。我看，这就是资本家的原意，实际上德国罢工就是少。从这里可以看出，资本主义有些基本矛盾无法解决，把职工参加管理作为缓和阶级矛盾的一个办法。资本家也懂得发挥人的积极性的重要。有的经济学家认为，战后德国经济发展快，劳资纠纷少，就是因为德国人这套办法起了作用，英国经济发展慢，罢工多，因为英国人保守，没有这些办法。日本人那里，跳厂的人少，每年不过 2%，美国近 50%，这不能不说是日本人应用行为科学的成果。我们是社会主义国家，完全有条件比他们做得更好些，因为人民是社会的主人，应当享有广泛的民主权利。过去说民主是手段，集中是目的，是不好的，不给人讲真正的民主，光说民主是手段，就会使人反感。

"这是我说的第一个方面的问题，是个大题目，有很多问题，需要深入研究。"

郑圆圆从来没见过自己父亲工作的时候是个什么样子。也不知道他的工作在社会生活中究竟有多少现实意义。照她的想象，无非是开会——那些常常是只有决议，没有结果的会议；做报告——根据××号文件和××号文件的精神；划圈——可以不置可否；传达文件诸如此类，而已而已。她只能从家里了解爸爸，而在家里，她觉得郑子云象好些个上了年纪又有点社会地位的小老头一样，肝火挺旺，急急躁躁，谁的账都不买的。前天晚上，已经十点多了，全家人都上床了，他却忽然从自己的房间里跑出来，咚、咚、咚地跑下楼去，说是听见有个女人在叫喊，是不是遇见了小流氓？手里什么家什也没拿，就那么跑了出去。就凭他睡裤底下露出来的那段小细腿脖子，是小流氓他又能把人家怎么样？好象那些小流氓全是纸糊的，只要他伸出一个手指头就能把他们捅个大窟窿似的。不一会儿，自己颠颠地回来了，其实什么事也没有，想必是他自己听岔了。

夏竹筠不过随意地开了句玩笑："没准是那个女人在楼下叫你去赴约会吧，你那么积极！"

郑子云大发雷霆："我怎么不知道你从什么时候起，已经变成了个大老娘们儿了？"然后"砰"的一声摔上了自己的房门，震得墙上的石灰、水泥簌簌地往地上掉碴子。

夏竹筠在他门外又是吵骂又是擂他的门，闹得全家一夜也不得安生。

"文化大革命"期间，家里的阿姨让"造反派"给轰走了，妈妈在机关里"全托"，郑子云在机关里"日托"。有次过什么节，方方买回来一只活鸡。圆圆是不敢杀的，方方既然是当时家里最年长的妇女，只有硬着头皮去干这理应是主妇该干的事。她拿着那把锈迹斑斑，早已没了锋刃的菜刀，往鸡脖子上匆匆地瞄了一眼，闭着眼睛抹了一刀，便赶紧把手里的鸡往院子里一丢。那鸡非但没死，还歪着个脑袋在院子里乱飞乱扑，吓得方方和圆圆躲进屋里，关好房门，还担心那鸡不知会不会从意想不到的地方钻进来。郑子云拿来一片刮胡子的刀片，带着见怪不怪的神气说："用不着那菜刀，这个刀片就行。"他倒是挺从容的，一把抓住了那只发了狂的母鸡，把鸡翅膀往后一拧，鸡脖子往手心里一窝，拿起刀片就往鸡脖子上抹，抹了几下也没见血。他脸上那种大包人揽的神气，渐渐地被恼怒所代替，立刻从厨房的门后找来一把斧子，"吭"地一声，把整个鸡头剁了下来，他脸上为这微不足道的小事所生出来的认真的恼怒真是好笑极了，可是郑圆圆不敢笑，他那种死不服输的劲头，简直到了连开玩笑都不懂的地步，除非他自己确实感到吃不准的时候，他才会同别人商量。也是在那段没有女人当家的日子里，他每每指着厨房里、木头架子上摆着的那些瓶瓶罐罐对圆圆说："瞧见吗？这个瓶子里装的是肥皂粉，可别当成盐放进菜里去！"

郑子云心血来潮难得地炒了一次菜，油都冒烟了，葱花还没切；炝了锅，又发现菠菜还没洗，最精彩的是他偏偏把那瓶肥皂粉当成了盐。当肥皂粉在锅里泛起泡沫的时候，他就象在参观一台刚出厂的数控机床，背着手问道："嗯，它起沫了，它为什么起沫？是不是加盐之后都要起沫？"

就是这样，他也没打算把那个和佐料瓶子挤在一起的装肥皂粉的瓶子挪到别的地方去。而他自己不动，别人是不敢动的。

郑圆圆一阵遗憾：她作为他的女儿，她所了解、所看到的郑子云是多么肤浅、多么表象的一个概念啊！这里，才是真正的他，热情、追求、执着。虽然他讲到的内容她还不甚了了，但它无疑如音乐之对于贝多芬、绘画之对于达·芬奇、文学之对于巴尔扎克、芭蕾之对于乌兰诺娃……郑圆圆转过头去看叶知秋，镜片后面，叶知秋那双小而浮肿的眼睛，象一面迎着强烈光源的镜子，显得炫人眼目。

叶知秋猛然感到郑圆圆对她的注视，回过头来，对郑圆圆说："你有个多么好的父亲！你应该很好地爱他！"

她的语气里，有着深深的遗憾，好象她深知郑子云不论在家里或是在工作岗位上，都没有得到应该得到的照应、理解和支持。

这一不沾亲，二不带故的人，怎么会比郑圆圆自己，比她的母亲想得更周到呢！

看着郑圆圆那探究的目光，叶知秋加了一句："他这样的人，不仅仅属于他自己和他的家庭，他应该属于整个社会！"

爸爸在别人的心里，竟是这样地重么？

几十台录音机在开着、在收录。

陈咏明那黝黑结实的脖子，象鹅一样执拗地向前伸着。那头灰白的头发，并不使他显得老迈，反倒增添了男人成熟的美。看他那样子，他要不在那个位置上再大干十五年，他是决不肯善罢甘休的。

杨小东，听得多么入迷，他歪着脑袋，象孩子似地半张着厚厚的嘴唇。上一代人，对他们这一代人有多少误解啊！以为打动他们的不过是吉他、喇叭裤……问题是社会是不是能够拿出来真正引动他们的东西。

那个头发修剪得整整齐齐，表情十分严肃，很有派头的、上了年纪的男人，大概是个大学教授吧，好象在听学生的论文答辩，时不时地皱皱眉头，是不是觉得郑子云的有些提法还不够严密呢？

最触目的是吴国栋，好象一个吃斋念佛的清教徒，不知怎么一下从天上掉进了巴黎的福里百惹游艺场那沸腾着人间一切淫邪欲念的地狱。张着一双恐怖得几乎精神失常的眼睛，张皇无定地溜来溜去，好象要找个豁口逃将出去，好笑极了。

叶知秋遗憾着莫征没有机会来听听，见见世面，那他就会知道，中国，还是有自己的脊梁骨的。

郑圆圆更加肃然地听郑子云讲下去："第二，我再谈谈作为行为科学基础理论的所谓'人的本性'问题。

"行为科学的许多观点是从这个理论出发的。五十年代中期，美国斯隆管理学院的麦克里戈提出了一个理论，他说传统的管理理论认为人生下来就是懒惰的，不愿意工作的，是没有抱负的。因而就得出一个结论，对工人要管得严，要采取惩罚的办法，否则就会偷懒。资本主义传统的管理一直是这么搞的，养一些工头监督工人。他给这种理论起个名字叫 X 理论，他认为这个理论是错误的。人的本性是勤劳的，有责任感的，有抱负、有创造力的，现在人的潜力没有充分发挥。因而管理者应该善于发挥人的主动性。只要给他指出明确的目标，他就能够主动去工作。要想办法发挥人的潜力。他把这个理论叫做 Y 理论，成为行为科学家一个重要的理论基础。日本人引进了行为科学之后，又把它东方化了。日本人说 x 理论是荀子的'性恶论'；Y 理论是孟子的'性善论'。后来又有一派说人性有善，有恶，不能一概而论。所以，如何管理要因人而异，叫做 z 理论。说法不完全一样，但基本上是 X、Y 两种对立的理论。这两种不同的理论，很自然地导致企业管理上的两种完全不同的方针。麦克里戈的理论，对现代管理学的发展，起了很大的影响。

"从我们来看，这个理论有两个大问题，一个就是只讲人的本性，研究怎么通过人的本性的研究来更多地发挥人的作用，不谈人在社会中的地位这个根本问题。这也是因为资本主义社会的职工，不包括高级职员，不论怎么说还是雇佣劳动者，资本家与工人是主人和被雇佣者的关系。日本人虽然强调终身雇佣制，实在不能给他生产利润的时候，还是要搞所谓自愿退职。日本有一个小说，讲的就是一个职员自愿退职之后如何去自杀。而我们在做人的工作时，有一个根本的态度问题，这就是尊重人、信任人、关怀人。我认为这一点，应该是我们做人的工作的根本出发点。再不能象长期的极左路线时期那样，老是今天抓右派，明天拔白旗，搬石头，老在那里找阶级斗争新动向。或者，这个有海外关系，不可信任，那个是白专道路，不可重用，弄得大家重足而立，侧目而视，担心不定哪天大祸临头，哪儿还有什么积极性、主动性可言！今天，这种情况过去了，但在一些同志中间极左的东西是不是肃清了？不能说完全。前几天，一个老工程师来看我，说起他那里现在虽然没有人说'臭老九'了，实际上在使用上还是作为'臭老九'看待。为什么许多归国华侨又重新外流？不完全是因为生活水平低，而是得不到信任，不能合理使用。

"应该看到，积极因素存在于人的本身。如果看不到这一点，不对人采取尊重、信任和关怀的态度，任凭我们有多大能耐，也激发不出人的积极性来。

"其次，马克思主义者认为，人刚生下来的时候，只有自然属性。社会属性只是一张白纸，不是生来俱有的，也不是固定不变的，是发展的。不论是 X 理论还是 Y 理论，都把人的本性看作是生而俱有、一成不变的东西。清代王夫之提出了人性'日生日成'的学说，意思是说人的本性不是天生自成的，而是在新故相推的环境中变化发展的。他根据这种环境影响人的本性的理论，认为要教育改造人的思想意识和行为，必须从改造生活所要求的现实环境入手，做好'适其性'的工作。王夫之的观点，是辩证唯物主义的观点。

"从我们这个基本观点出发，得出一个结论，就是思想教育工作是非常重要的，不可缺少的，我们要注意改造影响人们思想的社会环境。企业要把思想教育工作放在重要位置上。

"资产阶级行为科学家，没有思想教育这一条。而我们历来有抓思想教育这个传统和经验，这同我们关于人的本性的理论是以马克思主义的哲学基本原理为指导分不开的。从这个理论出发，就有一个对后进人物转化的问题。这在外国行为科学中是没有的。我们的社会，是个有组织的社会，工厂的思想教育，是社会教育的继续，是一个统一教育内容的一部分。

"从这两点出发，我们在企业管理中，就必须尊重人，信任人，关怀人。要善于使每个人想到自己对社会的贡献，认识到自己工作的意义、价值，同时尽可能关心和满足他的需要，充分调动他的主动性、积极性；同时，又要有必要的目标、监督和协调。并针对当时当地的实际情况，根据对象的水平、能力、经验和成熟程度的不同，有针对性预见性地做思想政治工作，不能放任自流，也不能搞'一刀切'、'不走样'。"

每每说到这些，郑子云总免不了有一些激动。倒不是因为想起他自己在这个问题上遭受过的挫折。他想到的是，那个大写的"人"。

从他参加革命的那一天起，他经历过很多运动。他时常惋惜地想起，在历次政治运动中，那些无辜的，被伤害了的同志。他们其中，有些已经不在人间。比如，在延安时，曾和他住过一个窑洞，就是灰土砸军装穿在身上，也显得潇洒、整洁的那位同志，五九年庐山会议后，戴上了一顶右倾机会主义的帽子。"文化大革"初期，因为不堪忍受那许多人格上的侮辱：什么假党员、什么叛徒……便自杀了。听说他在遗书上写过这样的话："……我不能忍受对我的信仰的侮辱，然而现在，除此我没有别的办法来维护我的信仰的尊严……"

一个非常有才干的同志，虽然有些孤傲。

然而孤傲一点又有什么不可以呢？人都有自己的脾性，只要无妨大局。难道一定要当个没皮没脸的卜二烂，才叫改造好了的知识分子么？

偏见比无知离真理更远。这是谁说的？他忘了！他的记忆力已经坏到这种地步！以前，凡是他看过的书，他认为重要的段落，几乎能大段、大段地背诵下来。

是啊，我们有很多的人，有不论水淹或是火烧都不可以毁灭的信仰。然而，人在富足的时候，却容易挥霍。

难道他是个守财奴？！要知道，人，这是创造财富的财富。可是，并非人人都能在实际工作中认识这一点。侮辱别人，也常被别人所侮辱；不尊重别人，也常被别人所不尊重。难道马克思曾将这行径，列入过过渡到共产主义所必不可少的条件么？唉，经不错，全让歪嘴的和尚给念坏了。

他自己就象处在这样一个两极之中的钟摆。郑子云觉得在很大程度上，他早已变得粗俗，还有些官僚。否认吗？不行！存在决定意识。哼哼哈哈；觉得自己不是全部人的，至少也是一部分人的上帝；对那些既没在抗战时期，又没在解放战争时期参加过革命工作的同志，情感上总有一段距离；听到某人不是共产党员的时候，立刻有一种不自觉的戒备……逢到下级没按自己意愿办事的时候，他也照样吹胡子、瞪眼睛，拍桌子、打板凳……反过来，他也照样挨上一级的训，俯首贴耳，不敢说半个不字，别看他是个副部长。他心里明白，他可以在一天之内什么都不是，如同别人，如同那些什么都不是的人一样。

当然，现在他还是个副部长，他得抓紧时机，把他所致力的事情，能办多少，就办多少。他更加急促地说下去：

"第三，关于人群关系问题。

"我们常说要安定团结。因为团结是使一个集体产生力量的根源，不团结使力量抵消或削弱。所以团结就是力量。不论一个工厂、一个车间、一个班组、一个党、团组织，如果能创造一种有原则的、团结的、和谐的、心情舒畅的、互相依赖、互相支持的气氛，就能更好地完成这一个集体的工作任务，更容易克服困难。

"我们的企业由各种各样的群众组成。一个群众，可以是行政正式组织的成员，如一个车间，一个班组的成员。也可以是非正式的，如一个业余体育队，一个业余演出队。一个人也可以同时属于几个不同的群体，又是团员，又是钳工小组的人，又是体育队员。有的群体是正当的，也有的是不正当的，如一个流氓集团，一个由个人利益结合的宗派集团。

"有的群体它可能是正式的、正当的，却起不到一个群体的作用，如一个企业管理得不好，结果大家离心离德，许多人想离开，离不开只好混日子。这就是一个失败的群体。人是个社会人，都有一种归属感。没有一个正当的群体可以归属，他就可能跑到一个不正当的群体里去。例如参加流氓集团。

"如何创造一种条件使职工产生一种向心力、一种归属感，是企业管理中要研究的问题。社会主义企业的各级领导人，各个组织的负责人，都要认真对待这个问题。我们过去的工作，实际上也在向这方面努力，但需要更自觉地提高到理性上来认识对待这个问题。

"一个成功的群体，必须使一个人感到他的存在，他的价值，正如前面所说的，要尊重他，信任他，关心他。他的努力会受到社会承认，我们的表扬鼓励就属于这个性质。要使人感到在他做出成绩时，他对集体、对社会是有贡献的；在他提出建议时，使他感到他的意见受到重视；在他有困难时，会得到帮助和支持。就是他的建议是不能实现的，或是困难一下解决不了，甚至是错误的，也要认真地听他讲完，并加以说明。这样，他是高兴的。你听都不听，他就会产生反感。

"一个健全的群体，成员之间必须有一种心理上的谅解，使成员认为相互之间是可以信赖的，他在这里会得到公正的待遇。在他犯错误的时候，他知道会得到恰如其分的处理，而不会一棍子打死。一个健全的群体，还要使工作的目标为大家所知道，为大家所关心。要鼓励互相交流思想，创造一种有原则的坦率、信任的气氛。

"要努力建立一种群体意识，或叫集体意识。使人感到我这个集体在社会上是有一定地位的，是有价值的，有贡献的，因而产生一种自觉维护荣誉的力量。

"集体意识会产生温暖、荣誉、自豪，这种温暖、荣誉、自豪会转化为巨大的力量。这就是集体意识的作用，也是集体的动力学。

"我在偶然之中了解到一个工厂的一个班组对待同志的特点。很抱歉，的确是在一个很偶然的机会中了解到的。

"我了解到他们的班长如何对待组员，如生产任务完不成时，这个班长是怎么办的？他们如何对待犯错误的同志？对待超假的同志又是如何处理的？如何对待没有父母亲的同志？如何对待找不到对象的同志？如何对待恋爱、婚姻问题上碰到问题的同志？家庭有问题怎么办？对有病而又没有假条的人又是怎么处理的？对集体奖金又是如何处理的等等问题。使我感到，共同的利益，共同的目标，是形成集体意识的首要条件；合理的管理和奖励制度，有利于集体意识的形成；有一个自然形成的领袖人物，是培养集体意识的不可缺少的条件；友爱，则是集体意识的纽带。

"搞好人群关系，对于工业企业来说，是个重要问题。各国行为科学家曾花很大力气企图解决好这个问题。"

他象是在唱田园式的牧歌。

郑子云想起田守诚，想起部里的一些人，和那些离心离德、勾心斗角的事情。然而，他并没有因为这一个角落而失去信心，失去希望。希望是黄金。不是还有杨小东那些人吗？

新陈代谢，总是这样的。

好象到了深秋，树叶的绿色会变暗、发黄，最后还会脱落。但是到了来年春天，又会长出鲜绿、鲜绿的嫩叶，在同一棵树上，却不是在同一个树节上、枝桠上。

"第四，关于激发动机理论的应用问题。

"激发动机是个心理学的名词，用心理学的语言来说，就是人有某种需要，就产生了一种动机想去满足他的需要，有了动机就导致某种行为。譬如说饿了就想吃饭，吃饭就要去做饭。用我们普通人习惯的语言说，也可以说是有了需要就产生一种思想，有了思想就想行动。

"激发的意思，是说要在了解了人的需要之后，要激发他的动机，引导他产生正确的行动，使人的行为向正确的方向发展。研究这个问题之所以有意义，是因为一个人的动机可以是合理，也可以是不合理的；可以导致正确的行为，也可以导致不正确的行为。我们应当了解人的需要，激发他的正确动机，产生积极性；消除他不合理的动机，减少不正确的行为，防止产生不利的结果。

"不但动机可以引导，需要也是可以引导的。国外有马斯罗的需要层次论，认为人的需要是一层一层的，如生理需要、安全需要、社交的需要、尊重的需要、自我成就需要。只有满足了第一层才能进入第二层。我以为这理论有些机械，它忽略了通过思想教育在一定条件下改变需要主次关系的可能性。

"心理学家认为激发动机，强化行为，还要有一个激动人心的目标，但目标是要有可能办到的，不能高不可攀，就是所谓小步子，也就是我们常说的要把奋斗目标交给群众，但一下子不能要求太高，一步一步来，使大家跳一下就能够摘下果子来。

"在工作中还有一个期望值问题要密切注意。期望值过高把胃口吊得高高的，超过了客观可能又没有一个安排，就容易出意外。工作中要注意适当引导。

"动机和行为的理论，如何应用到发动人的积极性的工作中去，还需要大家研究，积累经验。

"第五，关于领导人的教养、行为和领导艺术问题。

"这是行为科学家重点研究的一个题目，也是我们过去工作中非常薄弱的环节。国外，由于管理工作的高度科学化、专业化，信息流通非常快，没有电子计算机，就没办法工作。管理要求大大提高了，没有经过专业训练，不具备专业修养和领导能力、领导水平的人，就不能把一个现代化企业经营管理好。比如，福特公司原来是传统家族企业，后来实在竞争不过通用汽车公司，只好把通用汽车公司副总裁挖去，公司才有了转机。德国 AEG 公司几乎垮台，后来把一个油漆成套设备厂的经理 Durr 挖去了，他善于经营，是有名的经理人员。

"今后，我们扩大企业经营管理自主权以后，企业要向独立核算，自负盈亏的方向发展，企业的权力和责任将要相应地扩大，于是选择合格的经理人员成为非常重要的事情。过去，我们选择干部的条件是德才资，后来改为德才兼备，现在加上年富力强，专业知识。这作为总的要求是可以的，但对干做经济工作的干部，则还要制定具体条件。希望真正掌握实权的干部管理部门，研究干部问题，善于把德才兼备、年富力强、知识化、专业化这样的干部标准不断具体化。现在企业管理要有数量概念。比如这个人当厂长有多少分，用数据说话。现在机械工厂整顿有这么一种办法，质量 100 分满分，图纸水平有多少分，文明生产多少分，安全生产多少分……分就是一个标准。这样，就把我们的工作建立在数量的基础上，这就比较接近科学的方法。就象体操运动员一样，一个大姑娘一翻跟斗，翻完了，这个说 9.5 分，那个说 9.35 分，平均八、九不离十。我们对领导干部要有很好的评价条件。笼统地只提德、才、资三个字怎么行呢？领导的才干应当是多方面的，光会设计，就能当厂长吗？管干部的同志要把上级的总的精神具体化。过去干部部门总是很神秘，一般的人不能沾边，只有老干部才能接触，我觉得不对。干部工作，应当是管理人事的一门科学，对于怎样管理人，对人的要求，以及考核、晋级、选举等要有一套合乎科学、合乎实际的办法。我们各个方面的工作都不能凭概念，都应当在四个现代化中现代化起来。

"行为科学家对干部的条件，有这样的说法：

1. 要具有本专业的基础知识，有经济学和经济管理知识，有政策法律、国际贸易的知识，懂得现代化管理方法和工具的运用，还要有心理学、行为科学的知识，善于协调人与人的关系。

2. 要有决策能力，善于分析情况，发现问题。有逻辑思考的能力，具有预见性。要有直觉的判断能力，关键时候有下决心的魄力并能正确地下决心。

3. 要有事业心，主动心，自信心，不满足已有的东西，不固步自封，墨守成规，有创新精神。

4. 善于同人相处，能了解人，有自知之明。

5. 能保持稳定的情绪，能同不同意见的人相处，不埋怨，不沮丧，不失理性；能冷静地根据具体情况，放弃原有目标，转移工作重点；遇事不盲目乐观，保持冷静；为人坦率，不矫揉造作，等等。

"这是行为科学家所谓的素养。"

这一部分，陈咏明听得很有点心惊肉跳。好象一个丑人儿在相亲之前照镜子，觉得自己哪里都不对劲。可是陈咏明心里又暗暗地生出一种追求，他渴望自己能成为这样的一个社会主义的实业家，难道以前他没有这样想过吗？想过，只是很模糊，没有概括得如此清晰，如此激动他心灵深处那隐秘的理想。

他笑了，有些不好意思地笑了。好象让郑子云一语道破了这个秘密。这么一把子年纪了，竟然象个激动的、刚刚做过入团宣誓的共青团员。也许，那干部的条件里，还应该加上这样的一条：千回百折，不失幻想和童心。

不会幻想的人，是不会有成就的。好象被人剪了翅膀，再也不会高飞的鸟儿。可是，那还叫鸟儿吗？

他看着郑子云。他的肩胛因为双肘撑在桌面上而高高地耸起，真象一头耸起翅膀、准备腾然飞起的苍鹰。他成功过，失败过，摔得头破血流。然而，他又要飞了，并不考虑自己已经年迈。也许飞不了多久，就没有了力气，越不过一座高山或一片汪洋，从而葬身在丛山峻岭或汪洋大海之中。然而，那便是一头雄鹰最宏伟的墓碑。

"前面谈的五个方面，是结合行为科学的部分的粗略的介绍，谈一谈思想政治工作的科学性。

"有一点还要说明一下，即思想政治工作的效果，也要有科学的评价标准。有那么几年，学习毛主席著作成了思想政治工作压倒一切的中心任务，但是学习的效果如何，不是去考虑是否能掌握和运用马列主义、毛泽东思想的科学体系，更不是看工作实践，而是看写了多少笔记，摘了多少语录，讲用会上见高低。还有的单位布置任务时，统计发动群众的效果如何，是看誓师大会上有多少人上台去抢麦克风，结果台子也压塌了，麦克风抢坏了好几个，领导同志还说：'不够劲儿！'你们看，这种思想政治工作效果的评价标准，完全是形式主义的，反科学的。思想政治工作的效果如何，不应当是'造就'多少能说会道的、耍嘴皮子的'人才'，而是要看在客观实践中，思想教育的对象能做出什么样的实际成绩来，能为社会主义提供多少新的财富和创造。

"……"

"现在，管理现代化问题正在讨论，百花齐放，百家争鸣，各抒己见。我们概括了五个方面：一是按经济办法管理经济，这是最基本的一条。不按经济办法管理经济，不讲经济效果，不讲科学规律，光吃大锅饭，没有内在动力，什么管理现代化都是空的。许多现代化的方法，什么最佳法、统筹法等现代化的玩意儿，都没用，因为你吃大锅饭，根本用不上。经济核算什么？到时候发工资，我搞那玩意儿干啥？就是搞不起来。皮之不存，毛将焉附？在中国具体情况下，这是最基本的问题，这是我们体制改革的基础。第二条是要学会做发挥人的积极性的工作，要使思想政治工作建成为一门科学。不能发挥人的潜力，企业管理现代化不了，效率提不高，在资本主义国家，实际这是第一条。因为用经济方法管理经济，它实际上一直是那样办的，否则它生存不了，要关门。第三，是要有科学的生产组织。第四，是要应用科学管理办法。如统筹法、网络法、价值工程法等等。第五，是要应用现代化工具。如计算机等，建立信息系统。

"…………

"总的来说，思想政治工作科学化的宣传和行为科学的介绍工作正在开始，各地都很活跃。大学和科研部门起了重大作用，同工业部门的结合正在开始。我知道，H 大学的陈校长，是中国的工业心理学专家。这个学校，明年要开工业心理学专业。这位校长七十多岁了，亲自出马，带着教师和研究生，到工厂做调查研究。工业心理学，是很重要的一个学科。前些年，心理学被打倒了，现在逐步恢复。师范大学是搞教育心理学的。只有 H 大学是真正搞工业心理学的，这是我们国内唯一的一条根。陈校长是英国留学学工业心理学的，他现在有个困难，因为 H 大学是属于地方管的，心理学的毕业生一个省要不了那么多。我给教育部写了一封信，因为中国就这么一条根，能否趁这位老专家健在时，把中国工业心理学的基础打好，教育部能不能特别支持一下，把它做为一个重点专业，由中央管起来，给他一点钱，培养学生，全国分配。

"从长远来看，还要有一个牵头的单位。是否由企业管理协会牵头组织，下面搞个行为科学学会，各地设分会。也可以考虑成立行为科学研究所，哪怕五十人也好。这样，就有个单位来研究这个事了。企业里的书记们过去有意见，这个会，那个会，学术研究活动很热闹，只有书记们没有可以参加的学会，就请他们参加行为学学会好了，我想他们会很高兴的，我也有个学术研究的地方了……"

笑声腾起。

汪方亮也笑了。郑子云的话，在他看来是书呆子的呓语，咬文嚼字、天方夜谭、理想主义。他最好去科学院当个什么院士，当部长是不合适的。

汪方亮认为，改革是势在必行的一件事，但象郑子云这样的一个"洋务派"是行不通的。在中国，办洋务一向是失败的。汪方亮觉得郑子云对中国的国民性，太缺乏深刻的了解。从郑子云讲到的内容来看，他是下了不少功夫的。为什么不拿出些时间来研究一下中国的历史呢？要干大事情，不研究中国的历史是不行的。中国人从汉代开始，干的就是"重农抑商、舍本求末"的买卖。哼！螺旋式的上升。否定的否定。渗透在整个民族遗传基因里的小农意识。

在部里，人人都说汪方亮是"拥郑派"。按照他的能力，他的才情，他能拥护谁呢？郑子云这样的书呆子么？真正使汪方亮尊重的，是郑子云作为一个人的气质（虽然汪方亮自己绝不打算这样做），而不是因为郑子云作为一个副部长、一个适者生存的才干。汪方亮不过是因为拥护改革而已，只是在这个前提下，他才和郑子云说到一块儿去了。

这个世界，是各种矛盾奇妙的混合和平衡。在某一处促使人成功的因子，在另一处恰恰是酿造成失败的酵母。这景况也许和那神秘的、人们至今尚解释不清楚的天赋有关吧！无可救药的悲剧性格。

脸颊还在发热，脑袋是麻木的，舌头是麻木的，全身象散了架一样。只有心脏不肯麻木，它象个让人娇纵坏了的女人，稍一伺候不到，就要给人点颜色看看。讲了四个小时，中间还没有休息。

郑子云想，什么时候，能够对沉积在血管壁上的胆固醇，也象对火电站上结垢的电站锅炉那样，来一次酸洗该多好。道理都是一样的嘛！但梦想是容易的，思维在一瞬间可以建立起一座宏伟的宫殿，而爱因斯坦推广相对论的原理，却花了整整十年的时间。

郑子云闭上眼睛，往靠背上斜倚下去。在这辆汽车里，他觉着比在哪儿都自在，甚至比在家里。他不必应酬，不必勉强，不必不是他自己……

不必……

不必……

这里如同是他的蜗壳。人有时多么需要一个蜗壳。

司机老杨是体恤他的。老杨从不过分殷勤、讨好地有一搭没一搭地和他周旋，不用审度的目光搅扰他，也不同任何人议论他某天为什么车门关得那么重，某天又为什么中途而返……就连车都开得相当经心，加速和刹车时，过渡平稳。不久以前，刚刚吃过中饭，郑子云听见有人敲门。会是谁呢，正是中午休息的时间？原来是老杨。郑子云请他进屋，他不肯，站在门廊里对他说："您再有什么事要车好不好，我家大小子说，好几次瞅见您骑着个自行车在转悠。人家谁上街、看电影不要车哇！"这大概是老杨对他说过的最长的一句话了。

这件小事，使郑子云感动。但他什么也没有说，只是拍着老杨敦实的肩膀，笑着、拍着。他觉着说什么也不合适。装腔作势地唱一段不要搞特殊化的高调？那会伤害老杨那颗纯朴的心；答应老杨，以后哪怕去吃涮羊肉也一定要车？郑子云又不是会"入乡随俗"的人，那反而让他觉得象做戏，难受！

汽车减速了。大约前面不是红灯，便是路面上有坑洼。随后，郑子云觉得身子轻轻地颠了一下。他睁开眼睛，街上，正是一天里行人、车辆的流量最大的时辰。

右转弯，绕过一辆进站的公共汽车。上车的人你推我搡，在车门口挤成一团、两个挺胖的人同时卡在车门那里，谁也不肯让一步，谁也上不去，闹得后边的人挺着急。有个小伙子拿肩膀使劲地把那两个卡在车门上的胖子往车里送。要是不这么乱挤，大家早上去了。

那辆公共汽车，也不等人上完就启动了。其实车上人并不多，车下的人全都容得下的。这么一来，它就把本应是自己承担的负荷甩给了下一辆公共汽车，而等车的人，少说会再消耗掉一倍等车的时间。人为的困难。这原本是可以不存在的。

真正使人疲惫不堪的并不是前面将要越过的高山和大川，却是这始于足下的琐事：你的鞋子夹脚。

马路两侧的街灯亮了。远远看去，象一条波光闪烁的长河。马路当中，一辆辆小汽车的红色尾灯流泻过去，象一艘艘小小的快艇。城市生活中到了顶的美妙景色。

郑子云摇开车窗，风吹了进来，抚弄着他的头发，他的衣领。他觉得自己也象驾了一叶扁舟，驶向永远到不了的地方。他想起自己刚刚做过的报告。这一生，他做过多少次大大小小的报告？回忆不起来了。记得的，只是那被热情燃烧着的感觉。

热极生风。旋风刮过之后，什么也不会留下。

他这次报告，也会象过去的报告一样，不了了之。如一片雪花之于沙漠。他感到沮丧。人在疲倦的时候思想容易变得灰暗。

行为科学家认为领导人物的素养其中有一条：能保持稳定的情绪，不沮丧，不失理性……他刚刚讲过。他的嘴角上浮起那在部里颇享盛名的"郑子云式的冷笑"：刻薄、冷酷。正是他自己，还不具备一个合格的领导干部的素养。

也许不必那么悲观。据他所知，北京、上海、哈尔滨……许多城市的工业管理部门，社会科学研究单位，大专院校，都已开展了这方面的组织、研究工作，有些企业业已开始试行它。生活毕竟前进了，人的思维方法已经变得更加科学。人一旦从迷信和愚昧中挣脱出来，就会爆发无法估量的能量。

参考文献

数据库：

中国作协会员辞典：http：//www. chinawriter. com. cn/hycd/。

卫礼贤翻译中心（Richard-Wilhelm-Übersetzungszentrum）网上可下载数据库。网址：http：//www. ruhr-uni-bochum. de/oaw/slc/uebersetzungszentrum_ en. html。

Hefte für Ostasiatische Literatur（缩写：HOL）《东亚文学杂志》原始数据来源：

1. Baus, Wolf; Klöpsch, Volker：Geplante bzw. abgeschlossene Übersetzungen chinesischer Literatur, in：Wolf Baus, Volker Klöpsch, Wolfgang Schamoni und Roland Schneider：*HOL* 1, 8. 1983, 107-121.

2. Baus, Wolf; Klöpsch, Volker：Deutschsprachige Veröffentlichungen zur chinesischen Literatur 1982/3, in：*HOL* 2, 4. 1984, 130-159.

3. Baus, Wolf; Klöpsch, Volker：Geplante bzw. abgeschlossene Übersetzungen chinesischer Literatur（II）, in：*HOL* 3, 3. 1985, 109-111.

4. Baus, Wolf; Klöpsch, Volker; Bieg, Lutz：Neue deutschsprachige Veröffentlichungen zur chinesischen Literatur, in：*HOL* 4, 11. 1985, 90-123.

5. Baus, Wolf; Klöpsch, Volker; Bieg, Lutz：Neue deutschsprachige Veröffentlichungen zur chinesischen Literatur, in：*HOL* 6, 9. 1987, 126-153.

6. Baus, Wolf; Klöpsch, Volker; Bieg, Lutz：Neue deutschsprachige Veröffentlichungen zur chinesischen Literatur, in：*HOL* 8, 3. 1989, 126-150.

7. Baus, Wolf; Klöpsch, Volker; Bieg, Lutz：Neue deutschsprachige

Veröffentlichungen zur chinesischen Literatur, in: *HOL* 10, 10. 1990, 126-157.

8. Bieg, Lutz: Neue deutschsprachige Veröffentlichungen zur chinesischen Literatur, in: *HOL* 12, 3. 1992, 130-143.

9. Bieg, Lutz: Neue deutschsprachige Veröffentlichungen zur chinesischen Literatur, in: *HOL* 14, 5. 1993, 158-165.

10. Bieg, Lutz: Neue deutschsprachige Veröffentlichungen zur chinesischen Literatur, in: *HOL* 17, 11. 1994, 115-129.

11. Bieg, Lutz: Neue deutschsprachige Veröffentlichungen zur chinesischen Literatur, in: *HOL* 18, 5. 1995, 166-175.

12. Bieg, Lutz: Neue deutschsprachige Veröffentlichungen zur chinesischen Literatur, in: *HOL* 20, 5. 1996, 136-145.

13. Bieg, Lutz: Neue deutschsprachige Veröffentlichungen zur chinesischen Literatur, in: *HOL* 22, 5. 1997, 150-165.

14. Bieg, Lutz: Neue deutschsprachige Veröffentlichungen zur chinesischen Literatur, in: *HOL* 24, 5. 1998, 141-162.

15. Bieg, Lutz: Neue deutschsprachige Veröffentlichungen zur chinesischen Literatur, in: *HOL* 26, 5. 1999, 144-153.

16. Bieg, Lutz: Neue deutschsprachige Veröffentlichungen zur chinesischen Literatur, in: *HOL* 28, 5. 2000, 112-118.

17 Bieg, Lutz: Neue deutschsprachige Veröffentlichungen zur chinesischen Literatur, in: *HOL* 30, 5. 2001, 166-178.

18. Bieg, Lutz: Neue deutschsprachige Veröffentlichungen zur chinesischen Literatur, in: *HOL* 32, 5. 2002, 108-121.

19. Bieg, Lutz: Neue deutschsprachige Veröffentlichungen zur chinesischen Literatur, in: *HOL* 34, 5. 2003, 136-148.

20. Bieg, Lutz: Neue deutschsprachige Veröffentlichungen zur chinesischen Literatur, in: *HOL* 36, 5. 2004, 194-203.

21. Bieg, Lutz: Neue deutschsprachige Veröffentlichungen zur chinesischen

Literatur, in: *HOL* 38, 5. 2005, 154-164.

22. Bieg, Lutz: Neue deutschsprachige Veröffentlichungen zur chinesischen Literatur, in: *HOL* 40, 5. 2006, 131-141.

23. Bieg, Lutz: Neue deutschsprachige Veröffentlichungen zur chinesischen Literatur, in: *HOL* 42, 5. 2007, 164-174.

24. Bieg, Lutz: Neue deutschsprachige Veröffentlichungen zur chinesischen Literatur, in: *HOL* 44, 5. 2008, 128-135.

25. Bieg, Lutz: Neue deutschsprachige Veröffentlichungen zur chinesischen Literatur, in: *HOL* 46, 5. 2009, 134-143.

26. Bieg, Lutz: Neue deutschsprachige Veröffentlichungen zur chinesischen Literatur, in: *HOL* 49, 11. 2010, 115-130.

27. Bieg, Lutz: Neue deutschsprachige Veröffentlichungen zur chinesischen Literatur, in: *HOL* 52, 11. 2012, 150-170.

28. Bieg, Lutz: Neue deutschsprachige Veröffentlichungen zur chinesischen Literatur, in: *HOL* 54, 5. 2013, 129-147.

29. Bieg, Lutz: Neue deutschsprachige Veröffentlichungen zur chinesischen Literatur, in: *HOL* 55, 11. 2013, 162-168.

30. Bieg, Lutz: Neue deutschsprachige Veröffentlichungen zur chinesischen Literatur, in: *HOL* 57, 11. 2014, 148-151.

31. Bieg, Lutz: Neue deutschsprachige Veröffentlichungen zur chinesischen Literatur, in: *HOL* 58, 05. 2015, 156-159.

32. Bieg, Lutz: Neue deutschsprachige Veröffentlichungen zur chinesischen Literatur, in: *HOL* 60, 05. 2016, 179-184.

33. Bieg, Lutz: Neue deutschsprachige Veröffentlichungen zur chinesischen Literatur, in: *HOL* 62, 05. 2017, 147-174.

34. Bieg, Lutz: Neue deutschsprachige Veröffentlichungen zur chinesischen Literatur, in: *HOL* 64, 05. 2018, 101-121.

西文文献：

——： "Köstliches China…", in： Der Standard, 29. 07. 2005, R6.

——： "Kulinarischer Appetitmacher", in： *Oberösterreichische Nachrichten*, 14. 12. 1995, 27.

Álvarez, Román; Vidal, M. Carmen-África（eds.）： *Translation*, *Power*, *Subversion*. Beijing： Foreign Language Teaching and Research Press, 2007.

Bartmann, Christoph： "Schläft ein Duft in allen Dingen. Nicht verfilmbar： Mo Yans, Ballade vom Knoblauchsprößling ‘ ”, in： *Frankfurter Allgemeine Zeitung*, 22. 10. 1997, 44.

Bassnett, Susan; Lefevere, André： *Constructing Cultures*. Shanghai： Shanghai Foreign Language Education Press, 2001.

Baus, Wolf： " Geplante bzw. abgeschlossene Übersetzungen chinesischer Literatur", in： *Hefte für Ostasiatische Literatur*. 1983（1）, 107-108.

Bender, Niklas： "Das lächelnde Bewußtsein. Affenscharf： Mo Yan bringt die Geschmacksknospen auf Trab ", in： *Frankfurter Allgemeine Zeitung*, 3. 12. 2002, 34.

Boos, Juergen： *Books on China*, Frankfurt am Main： Frankfurter Buchmesse, 2009.

Brandt, Sabine： "Die Partei und die Liebe. Zwei Prosabände aus China", in： *Frankfurter Allgemeine Zeitung*, 05. 11. 1988, BuZ7.

Brandt, Sabine： " Die Schönheit chinesischen Rosts. Wieder etwas dazugelernt： Das, Leben ‘, wie Yu Hua es sieht", in： *Frankfurter Allgemeine Zeitung*, 13. 08. 1998, 30.

Brasack, Sarah; Burgmer, Anne： "Ein Riesenreich, aber was soll man lesen? Gastland China, Sinologie-Professoren von fünf deutschen Universitäten empfehlen ihre Lieblingsbücher", in： *Kölner Stadt-Anzeiger*（2009. 10. 14）, 20.

Bucher, Ida： *Chinesische Gegenwartsliteratur*, *Eine Perspektive gesellschaftlichen Wandels der achtziger Jahre*, Bochum： Brockmeyer, 1986.

Chestermann, Andrew: *Memes of Translation: The spread of ideas in translation theory. Revised edition*, Amsterdam/Philadelphia: John Benjamins Publishing Company, 2016.

Cui Taotao: *Der chinesische Literaturnobelpreisträger Mo Yan in Deutschland-Werke, Übersetzungen und Kritik*, Würzburg: Könighausen & Neumann, 2015.

Dath, Dietmar: "Ein Menschenbotschafter", in: *Frankfurter Allgemeine Zeitung*, 13.12.2016, 11.

Dedecius, Karl.: *Vom Übersetzen, Theorie und Praxis*. Frankfurt am Main: Suhrkamp Verlag, 1986.

Dotzauer, G.: "Chinesische Literatur/Meine triumphale Achtung fürs Leben. Zeitgenössische Lyrik und andere Neuerscheinungen aus der Volksrepublik. Texte, die auf einem störrischen Individualismus beharren-fernab von Klischees", in: *Der Tagesspiegel* (31.12.2016).

Emmerich, Reinhard. (Hg.): *Chinesische Literaturgeschichte*, Stuttgart: J. B. Metzler Verlag, 2004.

Even-Zohar, Itamar: "Polysystem Studies", in: *Poetics Today*. Volume 11, Number 1. 1990, 1-252.

Even-Zohar, I.: "The Position of Translated Literature within the Literary Polysystem", in: *Poetics Today*, Volume 11, Number 1. 1990, 45-51.

Fessen-Henjes, Irmtraud: "Übersetzen chinesischer Literatur in der DDR-Ein Rückblick", in: Helmut Martin and Christiane Hammer (Hrsg.): *Chinawissenschaften-Deutschsprachige Entwicklungen. Geschichte, Personen, Perspektiven*. Hamburg: Institut für Asienkunde, 1999, 627-642.

Freund, Wieland: "Die chinesische Blechtrommel ...", in: *Die Welt bzw. Die literarische Welt* (2009.9.26), 32.

Halter, Martin: "Mozart würde Mao lesen. Umerziehung des Herzens: Dai Sijie bezaubernde Liebesparabel", in: *Frankfurter Allgemeine Zeitung*, 11.12.2002, 34.

Hammer, Christiane: "Der Tod im Reisladen", in: *Hefte für ostasiatische*

Literatur, 1998/24, 104-108.

Huber, Joachim, in: *Der Tagesspiegel*, 28. 11. 1993.

Jauß, Hans Robert: *Literaturgeschichte als Provokation*, Frankfurt am Main: Suhrkamp, 1970.

Kautz, Ulrich: *Handbuch Didaktik des Übersetzers und Dolmetschens.* München: Indicium, 2000.

Keen, Ruth: "Jadeklösschen und Kristallteigtaschen", in: *Neue Zürcher Zeitung*, 16. 11. 1993, 25.

Kubin, Wolfgang: *Die chinesische Literatur im 20. Jahrhundert.* München: K · G · Saur, 2005.

Kupfer, Peter: "Lu Wenfu:, Der Gourmet '", in: *Kölner Stadt-Anzeiger*, Sonderseite zur Frankfurter Buchmesse, 14. 10. 2009.

Lefevere, André: *Translation, Rewriting and the Manipulation of Literary Fame.* Shanghai: Shanghai Foreign Language Education Press, 2010.

Li Zhongyue: "Recent Developments in Contemporary Chinese Literature", in: Martin, Helmut (Hg.): *Cologne-Workshop 1984 on Contemporary Chinese Literature*, Köln: Deutsche Welle, 1986, 435-439.

Lu Wenfu: *Der Gourmet. Leben und Leidenschaft eines chinesischen Feinschmeckers.* Zürich: Diogenes, 1993.

Martin, Helmut: *Schöne dritte Schwester-Übersetzungen.* Dortmund: Projekt, 1996.

Martin, Helmut: *Chinesische Literatur am Ende des 20. Jahrhunderts.* Dortmund: Projekt Verlag, 1996.

Mensing, Kolja: "Zwischen Triebstau und Trickbetrug. Ein Glatzkopf und der Kahlschlag der Modernisierung: Yu Hua erzählt mit deftiger Komik vom chinesischen Kapitalismus und seinen Absurditäten", in: *Frankfurter Allgemeine Zeitung*, 29. 11. 2010, 28.

Müller, Eva: "Chinesische Literatur in der DDR". in: Adrian Hsia; Siegfrid Hoefert (Hrsg.): *Fernöstliche Brückenschläge: zu den deutsch-*

chinesischen Literaturbeziehungen im 20. *Jahrhundert*. Frankfurt/M./Bern/New York：Peter Lang, 1992, 199-210.

Müller, Michael："Allein mit dem Virus. Verzweifelter Kampf gegen ein Tabu：In seinem in China verbotenen Roman setzt Yan Lianke den verdrängten Aidsopfern ein Denkmal", in：*Frankfurter Allgemeine Zeitung*, 14. 10. 2009, L8.

Neder, Christiana："Rezeption der Fremde oder Nabelschau?", in：Helmut Martin/Christiane Hammer（Hrsg.）：*Chinawissenschaften-Deutschsprachige Entwicklungen. Geschichte, Personen, Perspektiven.* Hamburg：Institut für Asienkunde, 1999, 612-626.

Nord, Christiane：*Textanalyse und Übersetzen. Theoretische Grundlagen, Methode und didaktische Anwendung einer übersetzungsrelevanten Textanalyse.* 4. *Überarbeitete Auflage.* Tübingen：Julius Groos Verlag, 2009.

rad.："Heldenepos, echt wahr", in：*Frankfurter Allgemeine Zeitung*, 2. 12. 2010, 34.

Reidt, Andrea："Selbstkritik als Zeichen für Charakterstärke. Die chinesische Autorin Zhang Jie las aus ihrem Roman, Schwere Flügel '", in：*Frankfurter Allgemeine Zeitung*, 12. 08. 1985, 25.

Reiß, Katharina; Vermeer, Hans J.：*Grundlegung einer allgemeinen Translationstheorie. 2. Auflage.* Tübingen：Max Niemeyer Verlag, 1991.

Schramm, Wilbur; Porter, William E.：*Men, Women, Messages, and Media：Understanding Human Communication（second edition）.* Beijing：Peking University Press, 2010.

Siemons, Mark："Es war einmal ein keuscher Soldat", in：*Frankfurter Allgemeine Zeitung*, 5. 10. 2007, 42.

Simonis, Heide：Erlesen Zerlesen, in：*Süddeutsche Zeitung*, 04. 05. 1995.

Toury, Gideon：*Descriptive Translation Studies and Beyond. Revised edition.* Amsterdam/Philadelphia：John Benjamins Publishing Company, 2012.

Villon-Lechner, Alice："Man muß sich um die Leute kümmern", in：*Frankfurter Allgemeine Zeitung*, 13. 06. 1985, 26.

Wagner, René: "Kein Blatt vor dem Mund". Chinesen über das Alltags-leben in China, in: *Frankfurter Allgemeine Zeitung*, 19.09.1986, 11.

Wilss, Wolfram: *The Science of Translation*. Shanghai: Shanghai Foreign Language Education Press, 2001.

Woesler, Martin.: "Strömungen chinesischer Gegenwartsliteratur heute", in: Martin, Wösler (Hg.): *Chinesische Literatur in deutscher Übersetzung*, Bochum: Europäischer Universitätsverlag, 2010, 139-159.

Yu Hua: *Brüder*. Frankfurt am Main: S. Fischer, 2009.

Zhang Jie: *Schwere Flügel*. München Wien: Hanser, 1985.

Zhou Derong: "Restaurant für die Massen. Lu Wenfus Roman, Der Gourmet ' ", in: *Frankfurter Allgemeine Zeitung*, 7.12.1993, L6.

Zhou Derong: "Torheit für alle. Wang Meng erzieht die gesamte chinesische Bevölkerung", in: *Frankfurter Allgemeine Zeitung*, 14.01.1995, 28.

Zhu Liangliang: *China im Bild der deutschsprachigen Literatur seit* 1989, Bern: Peter Lang, 2018.

Zimmer, Thomas: "Das Stiefkind der Globalisierung-Einige Überlegungen zum Problem des Übersetzens aus dem Chinesischen". in: Helmut Martin/ Christiane Hammer (Hrsg.): *Chinawissenschaften-Deutschsprachige Entwicklungen. Geschichte, Personen, Perspektiven*. Hamburg: Institut für Asienkunde, 1999, 643-652.

中文文献：

阿成：《神形兼备的挑战》，载中国作家协会外联部编《翻译家的对话Ⅳ》，作家出版社，2017，第15~19页。

阿来：《我对文学翻译的一些感受》，载中国作家协会外联部编《翻译家的对话Ⅳ》，作家出版社，2017，第26~31页。

安必诺、何碧玉：《翻译家还是汉学家？翻译家兼汉学家》，载中国作家协会外联部（编）《翻译家的对话》，作家出版社，2011，第14~17页。

白亚仁：《略谈文学接受的文化差异及翻译策略》，载中国作家协会外联部（主编）《翻译家的对话Ⅲ》，作家出版社，2015，第51~55页。

鲍晓英：《中国文学"走出去"译介模式研究——以莫言英译作品美国译介为例》，上海外国语大学，2014，博士学位论文。

鲍晓英：《译介学视野下的中国文化外译观——谢天振教授中国文化外译观研究》，载《外语研究》2015年第5期，第78~83页。

蔡馥谣：《西方新闻周刊镜像下的中国形象——基于1949-2013年德国〈明镜〉周刊封面的中国符号分析》，载《兰州大学学报》（社会科学版）2014年第4期，第71~78页。

曹丹红：《文学的多元诉求与文学接受的多重可能——从诗学观差异看中国文学的外译问题》，载《小说评论》2017年第4期，第58~65页。

曹卫东：《中国文学在德国》，花城出版社，2002。

陈骏涛：《从一而终 陈骏涛文学评论选1977-2011》，上海文艺出版社，2013。

陈民：《苏童在德国的译介与阐释》，载《小说评论》2014年第5期，第13~20页。

储常胜：《中国当代文学翻译出版：困与道》，载《出版发行研究》2015年第2期，第82~84页。

崔涛涛：《莫言作品在德国的译介与接受》，载《西安外国语大学学报》，2013年第1期，第105~108页。

崔涛涛：《中国文学在德国的译介困境》，载《名作欣赏》2019年第24期，第88~90+93页。

崔艳秋：《八十年代中国现当代小说在美国的译介与传播》，吉林大学，2014，博士学位论文。

戴文静、焦鹏帅：《翻译研究的国际化及中国文学外译路径探索——美国文学翻译家莱纳·舒尔特访谈》，载《国外社会科学》2019年第4期，第148~153页。

德国图书信息中心：《龙舍出版社：一个德国人的中国出版梦》，载《出版人》2013年第10期，第59页。

丁帆、朱晓进：《中国现当代文学》，南京大学出版社，2007。

杜雪琴：《当代中国文学在德国——乌尔里希·雅奈茨基访谈录》，载《外国文学动态》2011年第2期，第51~53页。

冯小冰：《〈美食家〉德译本文化专有项的翻译策略研究》，载《双语教育研究》2016年第2期，第63~72页。

冯小冰：《80年代中国现当代文学德译回顾——基于数据库的量化研究》，载《德语人文研究》2016年第1期，第27~33页。

冯小冰、王建斌：《中国当代小说在德语国家的译介回顾》，载《中国翻译》2017年第5期，第34~39页。

高立希：《我的三十年——怎样从事中国当代小说的翻译》，载《外语教学理论与实践》2015年第1期，第8~11页。

耿强：《文学译介与中国文学"走向世界"——"熊猫丛书"英译中国文学研究》，上海外国语大学，2010，博士学位论文。

耿强：《文学译介与中国文学"走出去"》，载《解放军外国语学院学报》2010年第3期，第82~87页。

顾彬：《汉学研究新视野》，广西师范大学出版社，2013。

顾牧：《书写的桥梁——中德作家、译者谈文学创作与文学翻译》，载顾牧、王建斌（主编）《超越时空的对话——现代语境下的中德文学翻译》，外语教学与研究出版社，2017，第182~218页。

顾牧：《中国科幻小说在德国》，载《人民日报》2018年9月9日，第07版。

顾毅、高菲·《改写理论视角下葛浩文英译〈沉重的翅膀〉译者主体性研究》，载《山西农业大学学报》（社会科学版）2014年第10期，第1060~1063页。

关愚谦：《中国文学如何走出国门？如何成为一个好的翻译家》，载中国作家协会外联部（编）《翻译家的对话》，作家出版社，2011，第48~53页。

哈罗德·拉斯韦尔著《社会传播的结构与功能》中文·英文（双语版），何道宽译，中国传媒大学出版社，2013。

何玲：《我和中国文学——亲密无间的三十年》，顾牧译，载顾牧、王建斌（主编）《超越时空的对话——现代语境下的中德文学翻译》，外语教学与研究出版社，2017，第8~12页。

何明星：《中国当代文学海外出版传播60年》，载《出版广角》2013年第7期，第18~21页。

赫慕天：《在德国翻译文学》，载中国作家协会外联部（编）《翻译家的对话》，作家出版社，2011，第54~59页。

赫慕天：《德国视角下的中国文学翻译》，载中国作家协会外联部编《翻译家的对话Ⅱ》，作家出版社，2012，第156~163页。

赫慕天：《解读中国故事》，载中国作家协会外联部（编）《翻译家的对话Ⅲ》，作家出版社，2015，第94~98页。

洪子诚：《中国当代文学史》，北京大学出版社，2007。

胡安江：《中国文学"走出去"：问题与思考》，载《中国翻译》2017年第5期，第77~80页。

黄友义：《汉学家和中国文学的翻译——中外文化沟通的桥梁》，载《中国翻译》2010年第6期，第16~17页。

季进：《我译故我在——葛浩文访谈录》，载《当代作家评论》2009年第6期，第45~56页。

贾平凹：《与中国文学携手同行》，载中国作家协会外联部编《翻译家的对话Ⅳ》，作家出版社，2017，第90~93页。

加塞尔（Maria Gasser）：《中国当代小说德译研究：中德文学翻译流1990-2009》，北京外国语大学，2015，硕士学位论文。

科内莉亚·特拉福尼塞克（Cornelia Travnicek）：《关于翻译》，载《翻译家的对话Ⅳ》，作家出版社，2017，第103~107页。

李赣、熊家良、蒋淑娴：《中国当代文学史》，科学出版社，2004。

李平：《中国现当代文学基础》（第二版），北京大学出版社，2014。

李琴、王和平：《国内翻译与中国文学走出去研究：现状与展望——一项基于CSSCI源刊的共词可视化分析（2007~2016）》，载《解放军外国语学院学报》2018年第1期，第134~141页。

刘佳：《贾斯汀·希尔和裘小龙笔下的中国形象》，东北师范大学，

2011，硕士学位论文。

　　刘江凯：《关于中国文学研究与中国当代文学——德国汉学家顾彬教授访谈》，载《文艺现场》2011年第1期，第31~35页。

　　刘晓峰、马会娟：《社会翻译学主要关键词及其关系诠释》，载《上海翻译》2016年第5期，第55~61页。

　　刘颖、李红红：《21世纪以来中国文学在德国的译介出版研究》，载《广西社会科学》2019年第1期，第156~160页。

　　刘云虹：《中国文学对外译介与翻译历史观》，载《外语教学理论与实践》2015年第4期，第1~8页。

　　刘云虹：《翻译定位与翻译成长性——中国文学外译语境下的多元系统论再思考》，载《外国语》2017年第4期，第94~100页。

　　陆文夫：《美食家》，人民文学出版社，2006。

　　吕俊：《翻译学——传播学的一个特殊领域》，载《外国语》1997年第2期，第39~44页。

　　马海默：《"寻得魔咒语……"——论汉德文学翻译中的风格问题》，冯小冰译，载顾牧、王建斌（主编）《超越时空的对话——现代语境下的中德文学翻译》，外语教学与研究出版社，2017，第131~140页。

　　马汉茂等主编《德国汉学（历史、发展、人物与视角）》，大象出版社，2005。

　　马会娟：《英语世界中国现当代文学翻译：现状与问题》，载《中国翻译》2013年第1期，第64~69页。

　　马会娟：《解读〈国际文学翻译形势报告〉——兼谈中国文学走出去》，载《西安外国语大学学报》2014年第2期，第112~115页。

　　马会娟：《中国文学应该由谁来译?》，载《社会科学报》2018年8月23日，第005版。

　　孟繁华、程光炜：《中国当代文学发展史》，人民文学出版社，2004。

　　桑稟华：《美国人眼中的中国小说：论英译中文小说》，载中国作家协会外联部（主编）《翻译家的对话》，作家出版社，2011，第121~124页。

　　桑稟华：《解读中美文化交流中的差异》，载中国作家协会外联部（主编)《翻译家的对话Ⅲ》,作家出版社,2015,第191~196页。

孙国亮、李斌:《中国现当代文学在德国的译介研究概述》,载《文艺争鸣》2017年第1期,第102~109页。

孙国亮、李偲婕:《王安忆在德国的译介与阐释》,载《小说评论》2018年第5期,第101~113页。

孙国亮、沈金秋:《张洁作品在德国的译介与接受研究》,载《当代文坛》2019年第6期,第195~200页。

孙会军:《葛浩文和他的中国文学译介》,上海交通大学出版社,2016。

宋健飞:《德译中国文学名著研究》,外语教学与研究出版社,2016。

谭渊:《百年汉学与中国形象——纪念德国专业汉学建立一百周年(1909~2009)》,载《德国研究》2009年第4期,第69~75页。

谭渊:《丝绸之国与希望之乡——中世纪德国文学中的中国形象探析》,载《德国研究》2014年第2期,第113~123页。

陶东风、和磊:《中国新时期文学30年》,中国社会科学出版社,2008。

王东风:《文化缺省与翻译中的连贯重构》,55,载《外国语》1997年第6期,第55~60页。

王国礼:《建国后中国文学的英语外译作品及其传播效果研究》,载《东南传播》2014年第6期,第146~149页。

王建斌:《序》,载顾牧、王建斌(主编)《超越时空的对话——现代语境下的中德文学翻译》,外语教学与研究出版社,2017,第 i - Ⅴ页。

王竞:《怎样让德国出版社对中国文学兴奋起来?》,载顾牧、王建斌(主编)《超越时空的对话——现代语境下的中德文学翻译》,外语教学与研究出版社,2017,第26~32页。

王辉:《从歌德的翻译三阶段论看归化、异化之争》,载《外国语言文学研究》2006年第2期,第62~65页。

韦锦官、古隆中编译《中国文学"走出去"先要中国出版"走出去"》,载《海外新闻出版实录2013》,2014,第354~357页。

吴攸、张玲：《中国文化"走出去"之翻译思考——以毕飞宇作品在英法世界的译介与接受为例》，载《外国语文》2015 年第 4 期，第 78~82 页。

吴悦旗：《德国历史发展中的中国形象变迁》，载《语文学刊》（外语教育教学）2015 年第 10 期，第 77~79 页。

西格丽德·法格特：《翻译工作和译者在德国》，高年生译，载《中国翻译》2000 年第 3 期，第 64~66 页。

谢淼：《德国汉学视野中的中国当代文学（1978-2008）》，武汉大学，2009，博士学位论文。

谢淼：《学院与民间：中国当代文学在德国的两种译介渠道》，载《中国文学研究》2010 年第 3 期，第 110~113 页。

谢淼：《新时期文学在德国的传播与德国的中国形象建构》，载《中国现代文学研究丛刊》2012 年第 2 期，第 33~42 页。

谢淼：《译介背后的意识形态、时代潮流与文化场域——中国当代文学在两德译介的迥异状况》，载《比较文学与世界文学》2014 年第 2 期，第 39~46 页。

谢天振：《译介学导论》增订本，译林出版社，2013。

谢天振：《中国文学走出去：问题与实质》，载《中国比较文学》2014 年第 1 期，第 1~10 页。

谢天振、高立希、罗鹏、邱伟平：《中国文学呼唤伟大的文学作品与杰出的翻译——首届中国当代文学翻译高峰论坛纪要》，载《东吴学术》2015 年第 3 期，第 30~47 页。

徐慎贵：《〈中国文学〉对外传播的历史贡献》，载《对外大传播》2007 年第 8 期，第 46~49 页。

许多：《中国当代文学在西方译介与接受的障碍及其原因探析》，载《外国语》2017 年第 4 期，第 97~103 页。

徐玉凤、殷国明：《"译传学"刍议：关于一种跨文化视野中的新认识——对谢天振先生译介学的一种补充》，载《江南大学学报》（人文社会科学版）2016 年第 1 期，第 99~105 页。

姚亮生：《内向传播和人际传播的双向对话——论建立传播学的翻译观》，载《南京大学学报》（哲学·人文科学·社会科学版）2004 年第 3 期，第 135~139 页。

俞宝泉：《中国文学在民主德国》，载《国际论坛》1988 年第 1 期，第 25~29 页。

余华：《兄弟》，作家出版社，2013。

张春柏：《如何讲述中国故事：全球化背景下中国文学的外译问题》，载《外语教学理论与实践》2015 年第 4 期，第 9~14 页。

张光年：《序言》，载张洁《沉重的翅膀》，人民文学出版社，2012，第 2 页。

张洁：《沉重的翅膀》，人民文学出版社，1981。

张南峰：《艾克西拉的文化专有项翻译策略评介》，载《中国翻译》2004 年第 1 期，第 18~23 页。

张南峰：《多元系统翻译研究》，湖南人民出版社，2012。

张南峰：《文化输出与文化自省——从中国文学外推工作说起》，载《中国翻译》2015 年第 1 期，第 88~93 页。

张世胜：《贾平凹在德语国家的译介情况》，载《小说评论》2017 年第 3 期，第 142~150 页。

张岩泉、王又平：《20 世纪的中国文学》，武汉大学出版社，2009。

张钟、洪子诚、佘树森、赵祖谟、汪景寿、计璧瑞：《中国当代文学概观》（第三版），北京大学出版社，2014。

赵亘：《新时期女性作家在德语世界的译介与接受》，载《小说评论》2017 年第 5 期，第 109~115 页。

郑晔：《国家机构赞助下中国文学的对外译介——以英文版〈中国文学〉（1951-2000）为个案》，上海外国语大学，2012，博士学位论文。

郑晔：《从读者反应看中国文学的译介效果：以英文版〈中国文学〉为例》，载《中国比较文学》2017 年第 1 期，第 70~82 页。

周海霞、王建斌：《经济危机时期德国媒体中的动态中国经济形象——以德国主流媒体〈明镜〉周刊和〈时代〉周报 2009-2010 年涉华报道为例》，41，载《德国研究》2011年第1期，第39～45页。

朱安博、顾彬：《中国文学的"世界化"愿景——德国汉学家顾彬访谈录》，载《吉首大学学报》（社会科学版）2017年第3期，第118～124页。

朱栋霖：《中国现代文学史精编1917-2012》，高等教育出版社，2014。

朱栋霖、朱晓进、吴义勤：《中国现代文学史1917-2012》第二版下册，北京大学出版社，2014。

朱栋霖、朱晓进、吴义勤：《中国现代文学史1917-2013》第三版下册，高等教育出版社，2014。

朱立元：《接受美学导论》，安徽教育出版社，2004。

邹霆：《永远的求索（杨宪益传）》，华东师范大学，2007。

网络文献：

1. Brigitte："O Wie"，载：https：//www. amazon. de/product-reviews/3548255108/ref = cm _ cr _ dp _ see _ all _ btm？ ie = UTF8&reviewerType = all _ reviews&showViewpoints = 1&sortBy = recent，2007。

2. Kautz, Ulrich："Einfach nur Übersetzen geht nicht"，载：http：// www. cicero. de/salon/einfach-nur-uebersetzen-geht-nicht/44850，（时间不详）。

3. Kierst, Jürgen："Brüder der beste chinesische Gegenwartsroman"，载：https：//www. amazon. de/product-reviews/3596178681/ref = cm _ cr _ dp _ see _ all _ btm？ ie = UTF8&reviewerType = all _ reviews&showViewpoints = 1&sortBy = recent，2014。

4. Ramona："Für Chinabegeisterte und viel Zeit"，载：https：// www. amazon. de/product-reviews/3596178681/ref = cm _ cr _ dp _ see _ all _ btm？ ie = UTF8&reviewerType = all _ reviews&showViewpoints = 1&sortBy = recent，2013。

5. Schnackenberg, Martin："Ganz große Literatur"，载：https：// www. amazon. de/gp/customer-reviews/R6PSQD7WVAMAI/ref = cm _ cr _ arp _ d _ viewpnt？ ie = UTF8&ASIN = 3596178681#R6PSQD7WVAMAI，2009。

6. Sterner, Josephine: "Genießbares Buch über den Kommunismus und das große Essen", 载: https: //www. amazon. de/product-reviews/325722785 X/ref = cm _ cr _ dp _ see _ all _ btm? ie = UTF8&reviewerType = all _ reviews& showViewpoints = 1&sortBy = recent, 2013。

7. 李敬泽、王竞:《答德国图书信息中心主任王竞》, 载:http: // book. hexun. com/2008 - 06 - 20/106840088. html, 2008。

8. 田超:《中国文学走出去需要更多"路灯"》, 载:https: //cul. qq. com/a/20151212/028027. htm, 2015。

9. 刘爽爽:《翻译中国文学有多难:像用细水管连接水坝》, 载: http: //news. k618. cn/finance/cjxs/201609/t20160927_9065195. html, 2016。

10. 张中江:《〈人民文学〉推出德文版》, 载:https: //cul. qq. com/a/20151124/033509. htm, 2015。

11. (中国网)《致力于文化交流, 汉学家阿克曼的中国不了情》, 载: http: //www. china. com. cn/international/txt/2008 - 07/08/content _ 159756 93. htm, 2008。

12. (作者不详): "Chinablätter", 载:http: //www. chinablaetter. info/, (时间不详)。

13. (作者不详): "Der Diogenes Verlag stellt sich vor", 载:http: // www. diogenes. ch/leser/verlag/ueber-uns. html, (时间不详)。

14. (作者不详): "Lu Wenfus, Der Gourmet '", 载:https: //www. amazon. de/product-reviews/325722785X/ref = cm _ cr _ dp _ see _ all _ btm? ie = UTF8&reviewerType = all_reviews&showViewpoints = 1&sortBy = recent, 1999。

15. (作者不详): "Über uns", 载:http: //www. wandtigerverlag. de/ueber-uns/, (时间不详)。

16. (作者不详): "Über uns: Der Drachenhaus Verlag", 载:https: // www. drachenhaus-verlag. com/verlagsservice/, (时间不详)。

17. (作者不详):《中国文化译研网简介》, 载:http: //www. cctss. org/bre/agree/introduction, (时间不详)。

18. (作者不详):《中国当代作品翻译资助申请办法》, 载:http: //

www. chinawriter. com. cn/n1/2017/0825/c403985－29495522. html，2017。

19. （作者和标题不详），载：http：//www. hanser. de/verlagschronik/，（时间不详）。

20. （作者与标题不详），载：http：//www. hanser. de/nobelpreistraeger/，（时间不详）。

21. （作者和标题不详），载：http：//www. ruhr-uni-bochum. de/oaw/slc/uebersetzungszentrum. html，（时间不详）。

22. （作者和标题不详），载：http：//www. dnc-online. de/，（时间不详）。

23. （作者和标题不详），载：http：//www. die-horen. de/die-horen. html#geschichte，（时间不详）。

24. （作者和标题不详），载：https：//en. wikipedia. org/wiki/Carl _ Hanser_Verlag，（时间不详）

25. （作者和标题不详），载：https：//www. dtv. de/verlag/ueber-uns-about-us/c－39，（时间不详）。

26. （作者和标题不详），载：http：//s292386895. website-start. de/，（时间不详）。

27. （作者和标题不详），载：http：//www. chinawriter. com. cn/fwzj/writer/85. shtml，（时间不详）。

28. （作者和标题不详），载：https：//www. hanser-literaturverlage. de/verlage/zsolnay-deuticke，（时间不详）。

29. （作者和标题不详），载：http：//www. time-weekly. com/html/2009 1021/5629_1. html，（时间不详）。

30. （作者和标题不详），载：http：//www. fischerverlage. de/verlage/s_fischer，（时间不详）。

31. （作者和标题不详），载：https：//www. projektverlag. de/index. php?route＝information/information&information_id＝4，（时间不详）。

32. （作者和标题不详），载：http：//roll. sohu. com/20111124/n326756 745. shtml，2011。

33. （作者和标题不详），载：http：//www. ostasien-verlag. de/，（时间不详）。

34. （作者和标题不详），载：http：//www. ostasien-verlag. de/zeitschriften/or/or. html，（时间不详）。

图书在版编目（CIP）数据

中国当代小说在德语国家的译介研究. 1978–2017 /
冯小冰著. -- 北京：社会科学文献出版社，2020.10
ISBN 978-7-5201-7077-2

Ⅰ.①中⋯ Ⅱ.①冯⋯ Ⅲ.①小说-德语-翻译-研
究-中国-当代 Ⅳ.①H335.9

中国版本图书馆 CIP 数据核字（2020）第 146911 号

中国当代小说在德语国家的译介研究（1978~2017）

著　　者／冯小冰

出 版 人／谢寿光
责任编辑／刘　丹

出　　版／社会科学文献出版社·人文分社（010）59367215
　　　　　地址：北京市北三环中路甲 29 号院华龙大厦　邮编：100029
　　　　　网址：www.ssap.com.cn
发　　行／市场营销中心（010）59367081　59367083
印　　装／三河市尚艺印装有限公司

规　　格／开　本：787mm×1092mm　1/16
　　　　　印　张：17.75　字　数：271 千字
版　　次／2020 年 10 月第 1 版　2020 年 10 月第 1 次印刷
书　　号／ISBN 978-7-5201-7077-2
定　　价／158.00 元